你的 *Right One* 正在路上

下船、療傷、脫單適用

Love Life

How to Raise Your Standards, Find Your Person, and Live Happily (No Matter What)

打造核心自信，對的人會來找你

全球知名約會教練
Matthew Hussey 馬修・赫西　著

suncolor
三采文化

為保護隱私，書中所有人名及個人資料皆經過更改。

獻給那位電梯裡的女人，奧黛麗．赫西。
獻給媽，感謝你持續傳遞希望。
獻給所有追求愛情，並勇於付出愛的人。
這本書獻給你們。

Contents

前言

因果報應，屢試不爽

我得承認，過去大部分時間裡，我都是個糟糕的約會對象；也許我是位成功的教練和演說家，但當時的我只不過是二十多歲的年輕人。我在自己的影片下面看到這樣不真實的留言：「他會是個完美的約會對象。」許多人以為，像我這樣情商高的人，一定是值得交往的好對象。

他們錯了。

可以百分之百確定的是，我從來就不是一個完美的約會對象，怎麼想都不可能。雖然我一直有足夠的自知之明，看到那些評論會感到心虛，但在二十多歲時，甚至可以說直到三十出頭，我都不知道自己和「完美約會對象」的差距有多遠。

自我開始從事專業約會教練的那一刻起，作為提供女性戀愛建議的十九歲年輕人，我就注定無法當個成功的伴侶。這或許是所有教練、治療師和各類型顧問的宿命：開始對外傳授智慧之前，並未真正獲得啟發。也許只有艾克哈特．托勒

（Eckhart Tolle）除外；他的開悟看起來相當真實可信。大部分的人仍有很多不足之處，而我們卻不願意承認。生命最大的笑話，就是當我們開始義正辭嚴地痛斥某件事時，生活的各個面向便會聯合起來，讓我們在那個領域大跌一跤。

那麼，到底是什麼讓我成為一個糟糕透頂的約會對象呢？

我同時和好幾個人約會，卻沒有公開這件事。大多數情況中，我並沒有說謊，只是因一己之便而沒有主動說出來。有時候我也會說謊，告訴自己這樣做是對的，因為我「不想傷害」對方（我正在努力改正這種對真相的模糊態度）。我偶爾會搞失蹤，也曾經和對方發生關係後，放任態度逐漸冷卻，從來沒有真正承認過我們的關係，甚至並未意識到對方受到了傷害。在某些情況下，即使我內心已經決定不想和她們有更進一步的發展，卻仍繼續尋求那些「希望和我有更多發展的人」的關注。因為被關注的感覺很好，沒有人關注的生活很孤獨。在應該靜下心來面對自己的感受，去解決問題、學習如何獨處的時候，我拿起電話，打給了剛認識的人。

這就是為什麼我創作的內容能打動這麼多人。我告訴女性應該提防怎麼樣的人，而篩選標準通常是參考年輕魯莽的我自己。

並不是說我就不是一名紳士。我有騎士風範嗎？絕對有。我善良嗎？大多時候是。我想善待每個人。我厭惡傷害任何人的想法。我在乎別人的感受嗎？非常在乎。但到頭來，我更在乎自己的感受。

我那種隨意約會的方式，常常傷害到別人。然而，我所造成的最大痛苦，並不是兩人最後沒能發展出關係，反倒是進入關係的時候。

為什麼？原因在於，我認為自己已經準備好了，實際上卻還沒有。我還沒準備好做出真正的承諾或任何形式的妥協，也沒準備好為將來做任何計畫。我仍負面地將關係看作是一種犧牲，但我已經準備好享受戀愛。**我後來才明白，享受戀愛並不等於準備好進入一段關係**。

當時，我並沒有意識到這一點。如果你那個時候問我，我會毫不猶豫地告訴你，我是個很棒的伴侶。我深情，我愛得熱烈，我在關係中付出很多，我尊重對方、關心她們的需求，並且善於溝通。而這些特質，讓我成為對你來說最危險的、防不勝防的壞男人。至少面對明顯是渣男的人，你會知道自己可能遇到什麼樣的情況。你也許還是會出於刺激或難忘的經歷而跟他回家，但你絕對不會期待和他有什麼未來。

如同許多二十多歲時自認無害的人，我以為我的任務就是愛上某個人，然後繫好安全帶，準備來場激烈的戀愛之旅。但那並不是一段真正的關係，只是像乘坐遊樂設施一樣，為了我們的娛樂而存在。一旦搭乘遊樂設施不再有趣，我們就會停下來。無論戀愛雲霄飛車的告示牌寫著「身高限制×××以上才能搭乘」，一段認真的關係，門檻其實都還要高上很多很多。

回顧過往：二十四歲的我已經覺得自己無所不知，或者至少是極度希望全世界都這麼認為。

我看到自己站在比佛利山莊的招牌前，我的第一本書《Get the Guy》已經簽下重要的出版合約，我的 YouTube 影片觀看次數達到數百萬，還有一檔全新節目《遇上愛》（Ready for Love）會在ＮＢＣ黃金時段播映。

截至目前為止，我已經幫助人們六年了。我提供約會各個階段的協助，親自指導數千人，透過公開演講、一對一輔導，或大小團體諮詢，從戀愛開始的每一步，涵蓋至不同程度的心碎。

那些都是在倫敦發生的事，而這裡是洛杉磯，我接下來三個月拍攝期間的新家。我很興奮，也很有信心。我想融入這裡。所以在比佛利花園公園裡，在這座還不熟悉的城市，我不知道也不在乎自己多麼老套，便開始拍攝起我在美國本土的第一支 YouTube 影片：《走出失戀的三個訣竅》（3 Tips for Getting Over Heartbreak）。

在我傳授這些無價的訣竅時，有一位年長的男士站在旁邊。他沒有打擾我，但知道有聽眾在旁邊，我難免有些不自在。這是個奇怪的現象：我明明可以自在地發布一則被數十萬甚至上百萬人觀看的影片，卻因為有一個人在一旁觀看錄影過程而感到害羞。至於那位男士，他似乎對我在陽光燦爛的日子進行即興拍攝感到有趣。拍攝結束後，我們正在收拾東西，這名陌生人走過來對我說：「你從來沒有心碎過，對吧？」他不是在挑釁，但語氣中還是能明顯察覺到某種態度。就像一個生活中經歷過許多挫折的人，也許遭遇幾次人生打擊，甚至是眾多打擊，然後對著一個不經世事（更準確來說，是尚未經歷世事）的人說話。

我感到被瞧不起，很生氣。這傢伙是誰啊？「是你自己要站在那裡看。」我心想：「現在還想來批評我？」雖然我不願意承認，但他確實戳到我的痛點。並不是說我當時給的「訣竅」毫無意義，事實上，它們確實有幾分道理。想不到我在二十二、二十三和二十四歲時所給的建議，有些事——不是全部，但不少——居然真的說對了。不過，從更深的層次而言，我朋友一眼就看出來，這些建議其實並不適用於每個人。

人生閱歷更多、真正經歷過心碎的人才會明白，對於那些努力走出失戀痛苦的人，愉悅地提供「訣竅」，可能不是正確的方式。

我再也沒有遇到第一個批評我的美國人，但如果再見到他，我會告訴他，自從上次見面以後，我已經填補了履歷上的漏洞。老套的劇情上演在那段對我的人生產生重大影響的戀愛經歷。我犯了自己告誡別人要避免的錯誤：為了迎合她，我重新調整自己的生活；我忽視明顯的危險訊號；我假裝自己想要那些其實不想要的東西，只為了和她在一起；我把自我價值感建立在這段交往關係上，讓職涯停擺，忽略了自己更深層的需求；我低潮了好幾個月，花時間在煩惱愛情，而不是享受愛情。這可能是我人生中第一次沒有坐在自己最喜歡的位置：一段關係的駕駛座。

我向來熱愛記錄事物，我會在日記、手機，或任何可以隨手塗鴉的地方記下我的想法。但是，我的日記裡並不是寫滿「親愛的日記」這類內容，而是我為了幫助自己度過那一天所留下的話。從這個意義上，閱讀這些筆記可以清楚理解我當時試圖解決的痛苦。回顧我在那段關係中的紀錄，最讓我感到害怕的不是我試圖抵抗的明顯焦慮，而是我為了說服自己留下所寫的「鼓勵」。

即使只是快速瀏覽一下，也會看到這些溫柔且充滿愛意的自我對話，像是「如果有誰能夠承受這件事，那就是我。」「這是勇士訓練，如果我能處理好這件事，那我就能處理好任何事。」「不要指望生活變得容易，要努力變得更強大、更有韌性。這是一個讓我成長的大好機會。」

讀到這些內容，你可能會以為這是海豹突擊隊的某種精神訓練。實際上，我是在寫我的戀愛關係。我當時就是這麼不快樂。我對這種不愛惜自己的情況感到慚愧，也震驚於我將決心和痛苦容忍度用在錯誤的目標上，有多麼危險。我大部分的核心需求都沒有得到滿足，卻仍舊樂意在這段關係中扮演殉道者。

諸如此類的筆記有很多，只是內容太尷尬，我不好意思放進這本書。我在一大堆工作相關的待辦事項中，找到一段特別悲傷的話：

「我的期待讓我現在整個人一團糟。以前，我只是珍惜擁有的一切，但後來，感激變成了期待。」

從這段話可以看到一個可怕的理由，來解釋我當時的自虐行為：問題不在於「我的需求沒有得到滿足」，而在於「我有需求」。我只需要回到珍惜擁有這個人的狀態，不要對她抱有任何期待。忘記安全感、穩定和被愛的感覺，你擁有她，已經很幸運了！

初嘗心痛的滋味後，我清楚地意識到這段感情並不適合我。閱讀這些筆記的當下，我依然為當時那段關係中的馬修感到傷心。儘管如此，我還是很感激這些紀錄。它們提醒了我，在錯誤的方向上耗費精力有多可怕。

每當我建議你重新評估讓你痛苦的行為，別認為我自視甚高。我也曾落入同樣的陷阱。別理會生活中那些對你所做所言不以為然的人。相信我，他們很可能也做過一些瘋狂的事情。

當我們的瘋狂行徑引領我們走上錯誤的道路，或者即使我們都做對，卻仍遭無情打擊時，有家可回是很重要的：一個充滿愛、真理和療癒的地方。在我最糟糕的時刻，第一個停靠站便是我的父母、兄弟、拳擊教練和最親密的朋友。我非常幸運，當時能有他們集體的經驗和智慧。然而，儘管生命中有這麼多充滿愛的人，給予我積極的態度和解決方案，我依然發現，治療痛苦最好的解藥是更多的痛苦。不是我自己的痛苦，而是別人的痛苦——我需要和其他正在經歷痛苦的人交流。

在人生最黑暗的時刻，總有一個非常特別的場域，能讓我找到需要的交流。在那裡，我不再覺得孤單，可以感受到自己最好的一面，煩惱也會就此消失。那就是站在台上或者在課程中，傾聽他人的心聲，聽他們說出內心話，討論他們提出的問題，並制訂應對方案。等到我們可以稍微鬆口氣、放寬注意力，再來幫助他們找到所需的信心；幾乎每一次，我都會提醒這些人，他們其實已經擁有這份信心。能夠身處這樣的社群，始終是我職業生涯中最美好的一部分，讓我得以自在地接納他人的痛苦。

如果要我站在核物理學家會議的講台上，我會開始冒冷汗。（不知道這些物理學家是不是剛好失戀？是的話，我可以幫忙。）但如果是站在痛苦中的人群面前，我會感到如魚得水。

疫情封城前最後一場《Love Life》巡迴演講中，我站在台上，進入當晚的問答環節。我看到一名坐在會場後方的男人舉手。這裡我先解釋一下，前幾年我的活動很少有男性參加，因此只要有男性出現，如果又剛好是聲音低沉、身材結實的德州人，他就會格外顯眼。

「你叫什麼名字？」

「我叫羅伊。」他回答。

羅伊有種滄桑的帥氣，第一眼看起來並沒有顯得太過緊張。但是，能夠站起來表達自己的痛苦、擔憂或困惑，非常需要勇氣。於是，我問他：「嗨，羅伊，你好嗎？」

「很好，馬修。謝謝。我有個前任常常提到你，所以我想來看看。」這幾句話引發全場大笑，接著是一陣熱烈的掌聲。羅伊明顯放鬆了下來。

「嗯，謝謝你來到這裡。」

「我喜歡你說的所有內容，但我是個男人。」說到「男人」這個詞的時候，羅伊把聲音壓低了一點，接著很直率地說：「所以我只是想搞清楚，我能從男性的角度學到什麼。」他說得很慢，似乎不是因為緊張，而是激動。「我很……我想是『矜持』吧！我老是糾結在自己的痛苦，畢竟……我們是人嘛。但我有個問題。」他切入正題。「我的前任很快就走出來了，這真的很傷人。我們交往大概五、六年，但她那麼快就走出來，讓我覺得是我不夠好。我只是想知道，要怎麼改變觀點，去放下這些事情？我必須這麼做，如果不放下，我這輩子都會不快樂。」

語畢，全場爆發熱烈掌聲，讚揚羅伊的誠實，隨後陷入長時間的靜默。我思考著自己與羅伊有多相似，不只是心碎的痛苦，還有看著自己放不下的人大步向前的那種迷惘。後來，另一處傳來的聽眾聲打破了沉默：「這裡有二十個女人要給你她們的電話號碼！」全部的人都笑了，包括羅伊在內。

「羅伊，你正在經歷極大的痛苦。這是什麼時候發生的？她什麼時候展開新生活？」

他解釋說最近發生的，幾個月前的事。

「這一定非常痛苦。」我說。「一部分痛苦來自於你不斷說服自己，她在某種程度上是那個對的人，而你的『對的人』現在和別人在一起了。這樣想不對。我認為，只有當兩個人選擇對方時，他們才可能是對的人。無論你多麼愛一個人，無論對方有多麼完美，如果她沒有選擇你，她就無法成為你的夢想伴侶。」

「你之所以悲傷，是因為你認為自己失去了應該在一起的人。但我可以向你保證，你沒有。除非她選擇你，否則她就不是你應該在一起的人。你可以因為她不是對的人而感到失望，但不要悲痛得彷彿她就是對的人。她不是。失望需要一點時間來克服，但比失去摯愛的感覺更容易恢復。你並沒有失去那個人；真正的愛情還在未來等待。我向你保證，更美好的事情會降臨在你身上。」

讓我重新闡述一下我對羅伊說的話：**假如你也在努力放下一個沒有選擇你的人，你可以因為他沒有成為那個對的人而感到失望，但不要把他當成是對的人，並對此悲痛不已。如果他沒有選擇你，他就不是對的人。**

既然談到這個話題，我希望讀完這本書時，你的自信心能達到「沒有選擇我，是他們的最大損失」的程度。這個問題也許剛好是你現在的處境；如果你的自信心不足，一旦有人沒選擇你，你就會自然而然懷疑自己的價值。

我繼續對羅伊說：「接下來是自尊心的問題：她選擇了別人，為什麼不是我？那個人有什麼好的？為什麼我不夠好？我收過一個很棒的建議，就是『消滅你的自尊心』。一部分的你必須死去。現在，你正經歷地獄般的痛苦，真的糟透了。有人把你的心挖走了，簡直像把你推入地獄。但我希望你能從地獄中走出來，並且和我們分享這段經歷。看看那個沒有經歷過這一切的羅伊？那樣太無聊了，我不想要那個羅伊。我想看到一個經歷過風雨、傷痕累累的羅伊。讓我們變得強大的，往往是生活中遭遇的挫折，而非事事順遂。因此，你現在經歷的一切，就像是一鍋美味的燉湯，為你的人生添加風味。它讓你變得更有層次、更具同理心，讓你對別人更友善、更能感同身受，而且，它能夠在你的下一段感情中帶來更多價值，讓你成為堅強的人。通過這一關之後，還有什麼好怕的？你已經死過一次了！沒什麼嚇得倒你！」

你可能會注意到，我並沒有直接給羅伊「三個讓你走出傷痛的建議」，因為我自己也體驗過那種心碎。幸運的是，那晚陪伴在羅伊身邊的是一個經歷過磨難、更謙卑且準備好幫助他的馬修。就像我相信羅伊會因為經歷痛苦而變得更有價值一樣，我自己也因為這些痛苦，成為對身邊的人事物更有價值的存在，也成為聽眾更好的同行者。對於那個在未來等待著他的人，羅伊現在已經能夠成為更好的夥伴。

一段真正的感情，需要雙方的勇氣；需要我們放下防備，讓對方看到真實的自己；需要好奇心和遠見，才能完全了解對方，真正看見他們，接納他們在鏡頭前的光鮮亮麗和隱藏幕後的亂象；需要用包容和慷慨的心，去看待對方的缺點，而非鄙視；需要足夠的信任和力量，讓對方也能包容我們的黑暗面。除此之外，兩個人需要對他們想要的感情有共同的願景，並且每天朝著那個方向努力。真正成功的感情，不是透過尋找，而是建立。

在接下來的內容中，我將分享一些經驗和故事。它們改變了我的人生，也改變了關注我的數百萬人的生活。我期望自己在公共場合和私底下的表現，足以贏得這些人的信任。

那麼，這些數以百萬計的人是誰呢？十五年前，我為異性戀女性製作影片，雖然她們仍是我的主要觀眾，但如今我的受眾更加多元，有更多像羅伊這樣的人，LGBTQ+ 群體也從我的工作成果中獲得了幫助。愛無所不在，流向四面八方。我的所有建議都根植於人性。我很感謝觀眾們，能夠看透我在影片中使用的有限代名詞；這些代名詞可能讓某些人覺得我傳達的訊息與他們無關。在本書中，我努力消除這些障礙，使用更具包容性的語言。無論本書相關人士的性別或性取向為何，我們都有可能以相似的方式，在感情中跌倒。因此，無論你是誰，我相信你會在這些書頁中找到自己的身影。希望你能夠感到被理解，無論你愛誰、如何愛，也無論你的身分認同為何。

我仍在學習如何更妥善地掌握書中涵蓋的概念，但我已經比從前進步了很多。我們每個人在愛情中都會遇到需要建議的時刻。我一直認為，約會和感情話題是很好的切入點，可以讓我們了解自己的心魔、不安、創傷、希望和夢想，也能幫助我們了解自己在生活其他面向可能面臨的困境。

談論愛情，就無法不談生活。如果一個人與生活本身的關係不好，那麼他也無法擁有真正的愛情。想擁有絕佳的愛情，我們也必須培養對生活的熱愛。不論你處於何種階段，歡迎在接下來的篇章中，探索愛情和生活都需要的工具。

Being Single is Hard

1

單身太難了

距離我開始提供約會建議，已經超過十五年了。起初主要是針對一小群男性進行諮詢，後來有些女性發現這些建議很有幫助，也請我為她們提供諮詢課程。隨著女性人數逐漸超過男性，有時我會良心不安：我憑什麼告訴女性應該做什麼或有什麼感受？我對女人了解多少？但這些疑慮幾乎總是在事後才會出現，比如課程結束後，當我有機會回顧整個過程，或開始記錄這些活動，我可以重聽一遍錄音或觀看影片的時候。這種不安在現場從未發生過。如果有位女性向我傾訴她的生活危機，期待得到抒發、見解或某種計畫，在那個當下，我只能相信自己的經驗，試著把以前回答類似問題時所學到的一切傳授給她。

目前為止，我已經在這樣的情況中投入了大量的時間。無論對方是誰，有什麼背景或身分認同，能夠幫助他們擺脫眼前困境的回答，才是正確的回答。更理想的結果，是可以引導他們制訂長期策略。本書內容都是我反覆驗證的答案。比起空泛的正面思考，我更喜歡實用的建議。我希望大家踏入真實世界時，知道自己可以採取什麼實際步驟，包括一些可以做的事和應該停止的事。

有一件小事，讓我稍微能夠理解女性可能感受到的、持續來自家庭和已婚朋友的壓力，有時候，這種壓力似乎來自四面八方。那就是我身為男性，在談論約會和感情關係時所承受的壓力。每次記者或觀眾問我是否單身，我總會覺得厭倦又沮喪，因為這個問題已經問過無數次了。如果我回答正在交往中，他們會說：「哦，那太好了。」然後不再追問。如果我說我單身，他們會說：「怎麼會？你可是戀愛專家耶！」

我可以在此坦承，這件事其實讓我很困擾嗎？雖然不是每次，但每回答這個問題超過二十次，我就會開始懷疑自己，無法讓生活順其自然地發展。我發現自己陷入我所警示的情況：給自己施加過多的壓力，非找到一個重要的人不可，同時又必須不斷抵抗做出錯誤決定的可能。而這只是因為我想要在「擁有一段關係」這個選項上打勾——我必須提醒自己，這個選項並不重要。

讓我一口氣解釋清楚。首先，我並不是什麼「戀愛專家」。對我來說，重要的不是某人是否處於一段關係中，而是他們是否對現狀感到滿意。我從未主張人人都應該談戀愛；我只是幫助他們找到想要的關係。其次，我不認為自己的戀愛經驗是我的最強資歷。我在撰寫本章時恰逢訂婚，對我來說很幸運，但這個標籤本身不應該成為一種榮譽。僅僅是處於一段關係中，並不會讓我或任何人獲得成功。我指導過的許多人在結束關係的那天，反而驕傲地表示自己更成功了。我們都至少認識一對情侶，他們的關係在社群媒體上看似幸福美滿，實際上卻瀕臨崩潰。

讓我描述更真實的情況：

如果你因為我的工作而找到愛情，我會很高興。

如果你因為我的工作而與不應該在一起的人分手，並恢復單身，我也會一樣高興。

如果你在讀完本書後，決定不急於尋找一段感情，因為你愛上了自己的生活、愛上做自己，不再試圖尋找某個讓你感覺良好的人來填補內心空洞，這才是最理想的結果。

單身的日子向來不輕鬆。即使擺脫了外界對於尋找伴侶的壓力，我們仍然必須面對自己的親密感需求。在十五年的教練生涯中，我遇過無數女性，她們覺得自己的約會生活毫無進展。每當遭遇拒絕和心碎，失望和絕望便隨之而來，直到她們開始覺得「每個人都有適合自己的另一半」這個古老理想只適用於其他人。你開始對約會失去興趣，不是你永遠感覺不到火花，就是你感覺到火花的人最終傷害了你，或與你的期望不同。你對自己說：「也許我該接受自己永遠找不到伴侶的現實。」然後，昔日朝夕相處的朋友們開始成雙成對，淡出你的生活。這種失望逐漸變成堅信不疑的想法：既然只剩下我還獨自一人，那一定是我出了什麼問題。

這些想法在每一段失敗的關係中變得越來越強烈。即使我們努力保持積極的心態，內心深處仍隱藏著一種持續的恐懼：也許這個世界已經改變得太多，也許真正的關係已經不復存在。更嚴重的是，你會覺得：也許這種關係對我而言根本就不曾存在。

我們在一段感情中付出了幾月或幾年的光陰，後來出現問題，結果又回到原點，這種感覺可能會讓人相當沮喪。我們的愛情似乎沒有一個能夠累積財富的帳戶，每當有人離開，我們就必須和新的對象重新開始，一段感情關係的計時器重置為零。然而，我們的生活或身體卻沒有重置按鈕，它們會不斷走下坡。如果戀愛是一場桌遊，它就不會像「大富翁」那樣能夠穩定累積房子和酒店，而是像蛇梯棋；每段新戀情都像是一個可以攀登的梯子，而每次分手就像是滑梯，瞬間把我們帶回曾經的孤獨中。但這不一定是壞事；我們還是有重新開始的機會！

看到朋友們相繼配對而覺得自己被拋棄時，別忘記，任何人都可能隨時回到單身狀態。長久穩定的伴侶也會分開。對於維持二十年婚姻或伴侶關係的人來說，結束會不會比第六次或第十六次失戀的人更糟？這個問題沒有正解。有些人在分手後會對新的獨立生活感到成就和平靜，而有些人失去了從前生活中的舒適、朋友或確定感，因此覺得自己完全被拋棄。

無論你處於什麼狀態——約會、被甩、離婚或自願單身——每個人都必須面對單身所附帶的情緒。相比失戀的創傷或離婚的末日感，單身的日常挑戰和壓力，可能會讓人感到莫名的沮喪。如果問題是內心深處的空虛，你該如何應對？話雖如此，沒有伴侶還是會讓人感到痛苦。一旦開始累積各種小小的痛苦，最後就會變成一種慢性病。有時候，當你有很多事情要做並且感到自信，或至少愉快且全神貫注在生活上，壓力是可以控制的。但有時候，你可能會感覺自己不斷與別人看不見的敵人對抗。單身的痛苦也可能在最美好的時候襲來。當你陶醉在一段極致的體驗時，這份特別的幸福感卻提醒你：沒有人與你分享。你激動不已時，沒有人聽你訴說。在你只想靜靜享受一切時，身邊沒有人陪伴。

有些人會將這種缺乏感視為實際損失，彷彿單身的每一年，就是錯過了與未來伴侶共度的一年。這種「每個人都有命定伴侶」的想法，非常接近下一章會揭穿的錯誤觀念。但失落感也是生活的一部分。作家克里斯多福・希鈞斯（Christopher Hitchens）說過：「隨著年齡增長，你會明白一個悲傷的道理：你無法交到老朋友。」在感情中同樣適用：你無法回到過去，與從未交往過的高中初戀結婚。而有些人——尤其是那些經常與已婚朋友比較的人——感受會更深。如果某位老朋友與另一半在一起十年，你很容易會拿自己目前的單身狀態來比較，然後說，即使你今天遇到了某個人，也永遠無法彌補已經失去的那十年。

我認為，還是有理由抱持希望。隨著年齡增長，我們越來越了解自己喜歡做的事、喜歡什麼人。我們能更快地趕上同輩的進度。我不是說你要根據以前所有約會災難，快速列出一份危險訊號清單（確實也不要忽略它們），但在你往後的生活裡，仍然可以遇到瞬間靈魂相吸的伴侶。我通常討厭這樣的說法，不過靈魂相吸其實沒有那麼神祕。你們都走過各自的人生道路，知道生活如何讓彼此變得謙卑。經歷了這些以後，你們更能夠認識和欣賞對方身上柔軟的部分。

無論是離家鄉千里之遠，還是住在老家附近，我們都希望自己出社會後成為與過去不同的人。在某個時刻，你會遇到讓你想起這一點的人。即使他們來自完全不同的地方，卻有著相同的渴望。追求的目標、驅策的動力，以及決心達成的事情往往定義著我們。同時，我們拒絕的事物——為理想而必須說「不」的事物——也塑造了我們。我們要經歷很多，才會了解自己無法忍受的事情。每當你把某些事情拋在腦後，就與過去的自己和曾經會做的選擇漸行漸遠。然後，有人出現在你面前，和你有類似的經歷，你們在彼此身上看到自己的影子。這不是魔法，或者說，就算是魔法，那也是你在十九歲時無法擁有的魔法。

單身不容易，有時就像永遠無法消除的痛楚。本書的一個核心目的是提供一套工具，幫助讀者在戀愛中獲得更多的機會。另一個重要的目標，是幫助大家活在當下，享受生活的美好，同時對機會保持開放。然而，這可能會變得複雜。有時，「對機會保持開放」可能演變成「懷抱希望的等待」，或者「只是等待某件可能今天、甚至永遠不會發生的事情，感覺生活的其他部分都毫無價值」。

希臘神話中，潘朵拉忍不住打開被告誡不該打開的盒子。她一打開盒子（誰能忍住不打開？）看到盒子裡裝滿各種不知名的疾病和邪惡，通通飛出來，永遠折磨著人類。她立刻意識到自己做錯了，在「希望」逃脫之前，迅速關上了蓋子。暫時不提這個神話像夏娃的故事一樣，似乎將世間一切錯誤歸咎於擁有健康好奇心的女性；這個故事很有趣。你可能會想：「希望」有什麼問題？「希望」怎麼可能像疾病一樣，具有破壞性和致命性呢？

多年來，我一直在忍受慢性疼痛。我被診斷出耳鳴，也就是耳朵裡有嗡嗡聲作響。許多時候，這種嗡嗡聲伴隨著各種你想像得到的頭痛症狀：疼痛、眩暈、頭部和耳內抽痛。解決這個問題，成為我生活中耗費最多心思的事。如果你以為我沒有抱持希望，那就大錯特錯了。我幾乎找遍了所有我聽說過的療法；身為加州居民，我真的聽了很多種說法。我找過整骨師，他調整頸脊的手法，感覺快把我的頭和身體拆開。我參加了一種叫「聲浴音療」（sound bath therapy）的療法，坐在一個房間裡，有人用頌缽為我演奏「個人音樂會」，另一位則「對著我的心」吹奏迪吉里杜管。我去看專治偏頭痛的醫師，他開了需要每月自我注射的三種藥物。我看過一位又一位耳鼻喉科醫生，其中一位建議我戒掉咖啡、酒精、糖、鹽和辛辣食物，另一位則告訴我，下一步是服用抗憂鬱藥物。如果我真的戒掉他們要求的那些東西，我可能就真的需要抗憂鬱藥物了。

我做瑜伽，每天早上喝芹菜汁，花了六百美元去看牙醫和戴牙套。我去找針灸師，他幫我做了一種內耳和下巴的按摩，把手指同時伸進我的嘴巴和耳朵，從內部按摩整個區域。我還去看了另一位中醫師，他開了一款複雜的草藥茶包，非常難聞，像是泥巴混合熱水的味道。我堅持服用了整整一個月，可以說是希望戰勝經驗的典範。

疫情期間，我飛往慕尼黑接受治療，需要抽取大量的血液（雖然實際上沒到那麼多，但感覺就是這樣），然後將血液放入離心機中，分離出抗發炎蛋白（anti-inflammatory proteins），再將這些血清重新注射到我的下巴、脖子後方和肩膀。每天二十次，連續四天。當時正值聖誕節前夕，我只想跟家人在一起，結果卻成了大飯店中為數不多的住客之一。我們每個人都有不同的病痛，幽靈般地在這家空蕩蕩的德國酒店中徘徊。我花了一大筆錢來感受孤獨和痛苦，唯一的收穫是從此不再害怕針頭。

可以說，我被希望折磨了好幾年。每次聽到有新療法，我就會充滿期待，覺得救贖快來了，這次的新療法一定可以改善我的情況。我緊繃的神經系統會平靜下來，不再陷入過度悲觀的思考模式。我可以想像、感受到病痛的結束，甚至有了具體的日期，也就是我開始治療的那一天。我會興高采烈地和朋友們談論這個新的奇蹟療法，即使我依然感受到疼痛，但光是得到緩解的可能性，似乎就對我的大腦產生了一些作用。舉這個例子是要說明，我理解一個單身很久以後的人，興奮地和朋友分享某場有趣約會時的那種心情。我完全能夠理解。他們開始懷抱希望，永無止境的單身低潮或許即將結束。

我會開始注意這種慢性疼痛的關聯，是因為科學家發現，慢性疼痛會重置大腦。持續性的疼痛會使疼痛感受器失控，因而處於一觸即發的反應狀態，比沒有疼痛的人反應更快。這表示現在你不能只是治療疼痛，還必須重新連接大腦。不過，即使在這種狀態下，我似乎仍有一個小小的逃生口：每天早晨，在我剛剛醒來，還沒完全清醒、還沒想起自己是誰的那一刻，我會短暫體會到無痛的感覺。

旅行過的人會明白這種感受。你在陌生的地方醒來，問自己：咦，我在哪裡？奧斯汀？新加坡？機場的凱悅酒店還是朋友家？對於心碎過的人來說，這種感覺再熟悉不過。你剛起床，在事情尚未拼湊起來、在你還沒想起自己的感受之前，會有十到十五秒感受不到痛苦的緩和時間。然後你就會看到今天的頭條新聞，就像昨天的一樣，反覆提醒你失戀的事實。一旦意識到這一點，你會對自己說：好吧，該面對了。現在我想起來自己有多痛苦了。

你可能會在一天之中重溫那種短暫的緩和感。我會投入自己正在做的事情，心情愉悅，突然間身邊的人問我：「今天頭痛感覺怎麼樣？」我不得不承認：「哦，你說到重點了。我不太好，不過在你問之前的那十分鐘其實還行。」那些一直告訴我「相信我，你會好起來」的人，其實並沒有幫到我。折磨人的希望，反倒讓我無法享受當下；等待一切好起來的那一天，讓我無法真正享受生活。每當情況沒有改善，希望總是又落空。

後來，我終於學會改變自己對疼痛的態度。我發現，疼痛的感覺每天都會變化。我對此產生好奇，開始記錄那些疼痛程度七或八的日子，與疼痛程度四或五的日子之間有什麼差異。當你每天都要面對疼痛，程度的差異就會變得非常重要。計算程度差異同樣適用於單身生活的痛苦；我們可以對與平常生活稍微不同的經驗產生好奇心。就像早晨醒來的那一刻，我越能保持好奇，疼痛回到原來狀態的所需時間就越長。

這種好奇心，就是本書將要討論的，讓你以社會實驗者的角色，看待自己的生活。比如，約會對象沒有像之前那樣迅速回覆你的訊息，你通常會感到焦慮，並擔心自己會受到傷害，因為你喜歡對方多過於對方喜歡你。也許你會因此在下次見面時表現冷淡，或使用攻擊性的語氣。但如果你嘗試不同的反應，像是直接承認自己因為想聽到對方的消息，感到有點失落，也許這種脆弱和坦誠，會帶來意想不到的好結果。

當然也有可能不如預期，但沒關係，結果不是重點。現在，你開始學習如何稍微調整方向，來探索不同的反應。我們可能習慣於自己的固定模式，而不了解真正的經驗範圍有多廣泛。但是，當我們願意嘗試不同的思維，就像突破牢籠一樣，這樣的好奇心會幫助我們擺脫恐懼，並減輕恐懼所造成的影響。這種將生活變成一場社會實驗的態度，會帶來意想不到的結果。即使結果只是稍微不同，比方說，疼痛量表從七至五的差異，你仍然可以利用這個變化來重塑你的生活。表面看來，這些微小的行為變化或許並不起眼，但在內心產生的效果，卻可能讓人震撼。重點不在於得到稍微不同的反應，而在於你的參與和好奇心，使得不同的反應成為可能。這種變化讓人感到解脫，也顯示出大腦正在重塑的跡象。

How to Tell Love Stories

2

你想擁有怎樣的愛情故事？

我有位朋友最近結束了一段關係。從一開始，她就暗示另一半想要結婚。一段時間過後，她索性直接說出自己的想法。儘管如此，直到他們交往第七年一起去卡波（Cabo）度假，男友依然沒有求婚。天時地利人合的條件下，男友做了什麼呢？整整兩週的假期，他只是愉快地潛水、享受陽光，完全沒有求婚的跡象。於是，她和男友分手，七年的感情就此結束。

一個月後，她開啟另一段新戀情，讓朋友們相當驚訝。然而，那段關係很快就結束了。接下來的幾個月裡，她反覆經歷類似的情況：在幾個星期內遇到新對象，開始向朋友抱怨，然後又分手。這種行為讓人困惑不解，因為她總是迅速進入新戀情，而且約會對象完全沒有共同特質。她沒有特定的喜好或固定的模式，那些男人只是短暫出現在她的生活中。不過，他們有個共同點，那就是每個人都為她帶來了一個新的愛情故事。她是一位工作能力很好的女性，在紐約銀行業擔任重要職位，但她的朋友們就像坐在戲院前排，觀看凱特·哈德森（Kate Hudson）或茱兒·芭莉摩（Drew Barrymore）的愛情電影。

每一個男人都為她帶來令人興奮的嶄新愛情故事，她可以和朋友分享這個故事，也可以講給自己聽。即使這些故事更像是悲喜劇，仍然讓她感覺自己參與其中，而非只是旁觀者。即使這些故事不盡如人意，仍然能讓我們感覺自己在世界上並不孤單。在我們最低潮的時候，有任何故事都比沒有故事來得好。

但她講述的這些新鮮故事，掩蓋了更痛苦的真相。表面上，她的行為被朋友們視為強迫症，是她自己非當愛情連續劇的演員兼製作人不可——但實際上，這一切行為都是受內心深處的恐懼和絕望所驅使。多年來，別人一直以為她是最可能擁有美滿婚姻的人，但突然間，她發現自己被擠到隊伍後頭，一個個朋友趕上她，邁入成功的關係，而她卻不惜一切代價尋找替代對象。這突顯了愛情故事中最大的矛盾：**有時候，找尋愛情最重要的一步，就是學會如何在沒有愛情的時候，一個人也能幸福**。而這正是讓她感到恐懼的那一步。

愛情故事往往充滿危險，情節總是那麼誇張、戲劇化，甚至有點超現實，使得故事講起來更有趣。巴瑞・曼尼洛（Barry Manilow）的歌曲〈Somewhere Down the Road〉就是一個例子。歌曲開頭，巴瑞表現得像是一個在關係結束後，試圖用成熟的方式重新詮釋分手的人，讓大家感覺沒那麼糟。他提到兩人交往的時機不對，以及她決定去追逐夢想，聽起來就像心理健康的成年人。但是到了副歌，曲風變得激昂。他憧憬著兩人再次相遇，並且語帶肯定地大聲唱出，有一天她會明白，她應該和他在一起。

如果前任傳送這樣的簡訊，想必會讓人毛骨悚然，但每當這首歌響起（通常是在等候室的時候），老巴瑞還是能喚起我內心的浪漫情懷。大概是因為他講故事的方式吧。誰的理性能抵擋一個說得精彩的愛情故事呢？我看《鐵達尼號》的時候，不知道哭了多少次。儘管蘿絲已年過百歲，似乎仍無法忘懷她十七歲時，那個才認識四天的男孩。

我從來不想失去那個受戲劇性故事打動、讓我心痛的自己，但如果讓這部分的自己來主導我的人生決策，那我就完蛋了。我們必須把對情歌或催淚電影所產生的感性情緒，與現實生活的冷靜理性分開。這不只是為了幸福，也是為了生存的必要調整。

有時候，如果我們想要重新展開生活，就需要放下對自己和世上其他人所講的故事（或講述方式）。這並不容易。許多人都經歷過那種熟悉的後悔感，在分手多年後，即使我們知道那段關係結束是有原因的，仍然會感到遺憾。但願那些短暫的白日夢不會成真；我和高中女友不會在瑞士某個滑雪纜車上重逢，也不會在巴塔哥尼亞的賞鯨遊覽中重逢。用強烈的現實來對抗這些感覺，很重要。**放下舊愛情故事的第一步，是重新設定我們生活中真正重視的東西**。要做到這點，我們需要決定一個值得擁有的愛情故事應該是什麼樣子。只有這樣，我們才能開始對自己講述一個不同且更健康的故事。

那個離開的人——或在傑克和蘿絲的故事中，被凍死然後沉入北大西洋的那個人——真的是「對的人」嗎？與我們曾經有過美好關係的那個人，真的是我們一生的伴侶嗎？如果真是如此，那麼搖頭丸就會是最珍貴的物質，因為它可以在短短幾小時內讓人產生強烈的感覺。但那是一種體驗，不是關係。關係是持續性的。你不會在短暫的親密感中找到值得擁有的關係模式，這種短暫的高潮感隨後就會消失。想想如果一覺醒來告訴朋友，你的搖頭丸夥伴是你命中注定的人，會顯得多荒謬。但這往往是我們想要講述的愛情故事。

這引出了一個問題：我們該去哪裡尋找真正值得投入時間和情感的人？

白手帕攻略法的限制

在《Get the Guy》中，我試圖解決一個我一再看到的問題：許多女性跟她們不感興趣的男性約會，或是跟那些對她們不好、符合壞男友清單的男人來往，也有些女性的感情生活毫無動靜。我希望她們能有更多選擇，更好的選擇。很多人苦苦尋找優秀伴侶，最終卻只能和糟糕的對象約會。因此，我認為，只要幫助她們獲得更多跟好對象約會的機會，問題或許就能改善。

之所以遇不到優秀的對象，問題似乎在於第一次接觸的被動態度。太多女性被教導，應該由男性主動出擊。雖然這一點已經有所改變，交友應用程式確實讓所有人都更容易跨出第一步，但習慣仍然會影響我們的行為。所以在尷尬的情況中，人們往往會回到預設的行為模式：靜靜等待別人來接近自己。

當你獨自站在滿是人的房間裡，會有什麼樣的人接近你？通常是習慣主動接近別人的人。這不一定是壞事，但確實可能是警訊。至少，等待別人接近的方式，通常會讓你錯過那些沒有主動習慣的人，或者那天剛好不想主動的人。過去曾有很多次，我想與某位女性交談，卻總是找不到勇氣。以不那麼尷尬的方式靠近之後，要和她說什麼？而我並不是唯一有這種感覺的人。猶豫本身不會讓我們成為不好的對象，只是讓我們成為尷尬的進攻者。

來談談「白手帕攻略法」。所有認為自己不敢主動接近男人而顯得老派的女人，其實都忽略了真正的「老派」作風。一百年前，在需要遞出名片、正式介紹自己的年代，當女人看上某位心儀對象時，她會「不經意地」在他面前掉下一條手帕，然後繼續走過。男人感覺到可以大顯身手的機會，便會拾起手帕，用紳士的態度開口：

他：小姐，咳，你可能掉了這個？
她（更像是自言自語，而不是對他說）：哦，天哪，我弄掉了嗎？

就這樣，突然冒出一個對話的機會。男人以為是他主動開啟話題，然而我們知道，其實不是。因為女人在掉下手帕的那一刻，早已選定了她心儀的對象。

這就是我們要做的功課：太多人（不只是女性）一生都在等待「被選中」，而現在，是時候自己去選擇了。雖然這個策略通常適用於女性，但每個人都可以從中獲得啟發。我總是在等待有人給予許可，才敢去碰碰運氣。不過，白手帕技巧把這個順序顛倒過來，提供了一種巧妙的方法，允許別人主動接近我們，而且是我們選定的對象。這麼做，不僅降低了風險，還能讓對方毫不知情地以為這次邂逅完全是出於他的主動。

在《Get the Guy》中，我談到一些現今可以實際操作的「掉手帕」方式。我並沒有錯估這個動作的力量。許多女性告訴我，她們運用這個建議，遇見了本來可能永遠不會相識的人，而且現在已經結婚。然而，我犯了一個很大的錯誤：我低估了人們即使有豐富的選擇，仍會在感情生活中做出糟糕決定的可能性。

當她最初希望撿起手帕的男人，實際上是個不折不扣的混蛋時，為什麼她還是那麼關注他？為什麼不直接把手帕拿回來，丟給別人呢？即使女性有很多其他選擇，她們還是花了幾個月，甚至幾年時間和錯誤的人在一起。手帕並沒有解決這個問題。似乎無論是誰在做選擇，都不重要；某些內在因素導致糟糕的選擇，使得我們過度重視某個人身上不好的特質，而忽視了另一個人身上不錯的特質。如果不修正這些本能，我們將繼續做出帶來痛苦和悲慘的決定。

事實上，我們甚至開始迷戀那些幾乎沒撿過手帕的人。二〇一八年的 Love Life 巡迴講座中，我在都柏林的聽眾面前，邀請他們提出目前最感困擾的問題。我在整個職業生涯中都是這樣做，而我團隊裡重視可預測性的人一直認為這樣很冒險。但總會有一個問題，讓我相信意料之外的價值。都柏林也不例外。一位穿黑衣、黑髮、面帶微笑的女士發問：「怎樣才能忘記一個你從未約會過的人？」

聽眾旋即哄堂大笑。我知道她觸動了大家的神經。這感覺是個完美的例子，可以說明我們需要改變自己講述的故事。我對她說：「關鍵在於，你想要哪一種浪漫，遠遠凝視對方的浪漫，還是想要與現實生活戀愛的浪漫。我不再為那些對我沒有興趣的人感到興奮了。我沒有力氣為那些不想要我的人小鹿亂撞。如果有人不想要我，對我來說就算結束，因為我知道這個人只會讓我非常不快樂。」

在那之後，會場後排的另一位女士站了起來。她自信地對著麥克風說話，略帶東歐口音，開始講述自己的故事，聲音響遍全場：「我們遇到一個男人時，剛開始，他會想展現自己性格、價值觀和所有美好的一面，看起來相當完美，出色迷人。所以我就愛上他了，真蠢。」她拍了拍自己額頭，做出一個「哎呀，我又搞錯了」的動作，引起聽眾共鳴，跟著她一起笑了起來。

「然後，三、四個月後，這個男人逐漸露出馬腳，一切開始崩塌。他變得完全不同，對你很差，而且情況越來越糟。但你已經深陷其中，你已經愛上了他。兩個問題。首先，該如何辨識陷阱，例如他的真實性格是什麼？其次，如果你已經墜入愛河，該怎麼擺脫他？」聽到第二個問題，幾乎所有聽眾都起立為她鼓掌。

我插嘴說：「我接下來的回應大概會是『你應該離開那傢伙』。」

她早就預料到這一步。「我已經離開了。我們今天早上分手了。」她以一種既驕傲又若無其事的口吻說。聽眾聽到這個意外的轉折，立刻爆發出笑聲和掌聲。看來對於她問我該怎麼做的事情，她已經去做了。

「哦，原來如此，非常好。你們在一起多久了？」

「一年三個月。」

「老實說，你從什麼時候就知道這段關係是個錯誤？」

「真的要老實說……？」她的手又放到額頭上。這個動作現在已經成為她對忽視問題感到尷尬或羞愧的標誌。

「真的。」

「老實說，從一開始就知道了。」

「結果卻交往了一年三個月。為什麼？」

「因為我不想一個人。」

「『我不想一個人。』謝謝你的坦誠。對了，今天早上分手真是個好時機！」

「我也是這麼想的！」

我喜歡這位女士的自信。她巧妙選擇了分手的時機，考慮到可能有機會在活動中分享她熱騰騰的愛情故事。這不只提醒了我們故事的力量，也顯示出故事的影響力會因講述的場合而有所不同。毫無疑問，把你的愛情故事講給一個陌生人聽，和告訴一群會記住你的人，兩者效果截然不同。如果日後遇到認識的人，他們很可能會提起你的故事。她的故事簡直是她個人的獨立宣言，這麼說一點都不誇張。

她的兩個問題，充分說明了我決定寫這本書的原因。第一個問題是「該如何辨識這些陷阱？」本書前半段，我們將著重於約會和關係中值得注意的事項。一旦了解了，你就不會再忽視它們。因此，如果對方做出一些讓人覺得不值得投入感情的行為，你就會完全意識到這一點。

她的第二個問題，總結了本書後半段的重要主題：「如果你已經墜入愛河，該怎麼擺脫他？」其實這是長久以來都存在的問題：怎麼做到「自己知道應該做」的事？這就像是在問：怎樣才能讓自己去健身？我知道自己應該去，這對我有好處，能讓我活得更久、感覺更好，生活品質更高。我知道現在的生活方式讓我感到不安和不快樂，飲食影響了我的情緒，我無法感到自豪。如果不改善，可能會對健康造成重大問題。

我們常常賦予「愛」這個字眼過於特殊的意義。「但我愛他」聽起來很浪漫，可是換個說法，「但我愛披薩，我就是無法放下。我還沒準備好。」我說無法放棄披薩，你可能覺得完全可以理解，不過，你懂我的意思。「愛」這個字，可以隱藏很多東西：對孤獨的害怕、對某人的執迷；因為對方讓我們反覆經歷某種模式（即所謂的「創傷羈絆」），誤以為我們需要他才能生存的錯誤念頭；過度美化某人而犧牲自己的辯解。我們會在接下來的篇幅中詳細探討這些問題。現在可以確定，這位女士提出了兩個基礎問題：我怎麼知道該做什麼？了解以後，如何調動內在的力量去做到？

一起蓋一座城堡

讓我們從了解開始。為了知道在特定情境下該怎麼做，我們需要先問自己一個約會的基本問題：什麼值得我們重視？

我們需要有意識、甚至抱持懷疑態度，大聲問出這個問題。如果讓潛意識來決定什麼值得重視，常常會做出非常危險的錯誤判斷，例如：「這個人很重要，因為我對他的感覺非常強烈。」但感覺不一定正確。感覺的強度不等同於重要性，至少不是一定。要確定一個人是否值得成為我們生活中長期關係的候選人，可以使用我稱之為「四個重要性級別」的模型。

重要性級別一：欣賞

這個級別比較容易理解，所有人都經歷過。我們會受到某個人吸引，也許是因為他擁有我們敬佩、欣賞，或是我們希望自己能具備的特質。可能是他有一種迷人的魅力，像是讓人心動的笑容，也有可能我們只是單純覺得他很性感。不管是什麼原因，他的身上總有些特點，讓我們無法移開視線，除非他看向我們——這個時候，我們可能會匆忙低頭看書，或是轉向朋友，或是繼續先前還沒因為他而分心的事。如果我們無法停止思念的對象，是我們有機會多次見到的人，我們會開始將這種情況視為迷戀。這是一種持續的、令人困擾的感覺，使得我們無法把這個人從腦海中抹去，也讓我們表現得像個傻子。我記得聽喜劇演員比爾．伯爾（Bill Burr）談過，當一個真正搞笑的人突然面對現場觀眾時，會發生什麼事：

> 好幾次聽到喜劇演員在後台把故事講得逗趣橫生，我都會跟他們說：「兄弟，這真的太好笑了，你一定要在舞台上講這個哏。」他們卻回：「不了。我不是那樣的人，我不適合。」我會說：「這就是你，你剛才不就說了嗎？」我有個觀察，當你走上舞台，面對人群講話那種怪異的感覺，讓你開始意識到「我站在舞台上，我正拿著麥克風」，整個情況就會變得不對勁。你會花上八年、十年、十二年甚至十五年，努力回到走上舞台前的那個自己，那個在酒吧裡逗人發笑的你。因為你當時只是走進酒吧，即興發揮，感覺很自在。後來你上了舞台，就會變成「喔糟了，大家都在看我。我得掌握現場。呃，我的手該怎麼擺，怎麼把麥克風從架子上拿下來？」然後就變成這樣了。過度關注自己，真正的自己就會完全消失。

這段話大致上描述了多數人被某人吸引的狀況。就像喜劇演員站在觀眾面前會緊張，因為他希望觀眾喜歡他，感覺一切都很重要。我們在面對自己喜歡的人時，會忘記自己逗趣、放鬆、真實的一面。單是喜歡他們這個事實，就讓任何一件事都變得非常重要。我們後來會發現，這個階段根本不是什麼重要的事。實際上，級別一「欣賞」一點都不重要，只不過是種心理錯覺。

重要性級別二：相互吸引

接著進入更有趣的領域：你喜歡的人似乎也喜歡你。至少，他把注意力放在你身上。也許他經常稱讚你、想見到你，記住你上次隨口說的話。也許只是彼此肉體的吸引力，例如我們所說的化學反應。也許是你們思想的契合度，像是我們認為的心靈相通。也可能兩者皆有。但在這個階段，你的心和思緒都因為找到了那種難得的喜悅而興奮不已：你喜歡的人也喜歡你！

我記得那種感覺，高中時期我發現暗戀了很久的一名女孩也對我有意思。在我老家艾瑟克斯，我們用「有意思」（fancied）來形容，聽起來像是有點稍縱即逝且輕佻的情感，而不是胃裡不斷翻騰的那種焦慮、作嘔的渴望。我可能會對一塊巧克力餅乾或一杯茶產生興趣，但我那種複雜無比的感情——如果那個女孩能讓我成為她的男朋友，我的人生才會完整——似乎不可能簡化成「我對你有意思」這麼簡單的表達。不過現在回頭看，「有意思」這個說法似乎正好說明了我們外表裝得很酷、內心卻扭成各種結的狀態。

那時候，這份情感就像是世界上最重要的事情，上了高中之後也沒有變得比較容易。隨著年齡增長，我們的生活範圍也隨著責任增加而縮小。很多人發現，要找到一開始就喜歡的人越來越難。年紀越大，我們越容易感覺自己在世界上不那麼顯眼，彷彿自己最光彩的時光已經過去。再加上，我們的標準往往更高，或至少變得更挑剔；我們越清楚自己想要什麼，對我們有吸引力的人就越少。所以，能夠遇到一個自己喜歡的人，而那個人也對我們有好感，這種情況既罕見又珍貴。

這種化學反應的瞬間，是造成大多數人戀愛痛苦的根源。級別二「相互吸引」看似如此重要，是因為無論這種吸引持續多年還是只有一晚，都蘊含了我們一直深切渴望的東西：今後幸福美滿的生活。還有一首歌讓我深有感觸：在電影《Hello, Dolly!》中，麥可．克勞佛（Michael Crawford）唱出他對一名剛認識的女人強烈的感情。顯然，他是個單純的人，似乎確信「頃刻就能獲得一生的愛」。觀看這部電影時，我被他那種純真和理想主義打動了。儘管我知道，從專業角度來看，他對剛萌生的愛意賦予了過多的意義。

我真的很喜歡這首歌，歌詞傳達出人們在相互吸引的火花中，所感受到的愛的承諾。不過，它或許該附上警語：我們也只需要一瞬間，就能在心中編織出一段史詩般的愛情故事。我們的心可能會瞬間知道愛情來了，但並不能保證對方的心也會有相同的感受。

重要性級別三：承諾

就像金融廣告常說的：「過往的績效表現，不代表未來的收益保證。」在愛情這一塊，相互吸引也不能保證雙方的意圖一致。可能有一方想要建立一段長久的關係，而另一方只是尋求一場短暫的熱戀。雖然兩人之間都有強烈的吸引力，結果卻會截然不同。這就是為什麼，某人成為我們生活中真正重要人物的過程中，重要性級別三是極其關鍵的一步。

承諾，就是兩個人對一同前進的道路達成共識：我選擇和你在一起，你選擇和我在一起。對大多數人來說（雖然並非所有人），通常包含對普遍接受的一夫一妻制條件達成共識。

我指導過的大多數人都知道，承諾遲早是一段關係的重要條件。他們有時會忽略，承諾是衡量關係價值相當重要的指標。換句話說，「與某人保持親密」並沒有你想的那麼重要或有價值。

已經數不清有多少女性來尋求我的建議，開頭總是這樣說：「我生活中有一名很棒的男人，我們很聊得來，可以聊上好幾個小時，在一起時非常開心。我們很有默契，關係也很親密。」

我問：「那問題是什麼？」

十之八九，她們會給出類似的答案：

- 我不知道這段關係會發展成什麼樣子，他沒有進一步的計畫。
- 有時我們幾天不說話，我覺得他根本不在乎我，但又怕提起這個話題。
- 我想跟他一對一，但他還沒準備好。

雙方沒有共識去建立某樣東西，就不會有真正的關係。相互吸引（重要性級別二）就像是兩個人共同發現一塊看似有潛力的土地。這塊土地也許位於山坡上、湖邊，或者城市的黃金地段。這塊地很棒，景色如畫，但目前還沒有任何建設。要發揮這塊地的潛力，需要兩名建設者，並且兩人都說「好，我們來這裡建一座美麗的城堡吧」。我經常發現，即便另一個人早已消失在樹叢中，有些女性卻還在欣賞那塊地。他可能偶爾會回來點燃幻想，卻從未真的打下樁柱，自然也沒有動工。問問自己，我身邊有一名建設者，還是只有一段關係？關係無法建造城堡，只有建設者才能辦到。

這就是為什麼，我試著安撫那些因失去關係而哭得太厲害的人。他們其實不是為了曾經擁有的東西哭泣，而是本來以為可以擁有的東西。如果你與某人有相互吸引的感覺，但他消失或選擇離開了（或是你自己選擇離開），不要過度悲傷。真正適合你的人，是那個願意說「好」的人。無論你多麼看重他的潛力，那個說「不」的人，永遠不會是對的人。如果他不願意說「好」，他對你的感情生活就不再具有任何價值，也不再是你愛情中的一個選項。

想一想，如果你的生活中出現一個人，你們相互吸引（級別二），而對方也對你做出了承諾（級別三），但他突然被公車撞了，遭遇不幸。這種情況下，沒有人會因為你感到悲傷而去責怪你。現在想像一下，如果你對一個拒絕給予承諾的人感到相同的情緒——那個人並沒有死去，仍然四處走動，或者坐在家裡，上亞馬遜訂購一些荒謬的物品——他只是選擇不跟你在一起。那這個人對你的感情生活還能有多重要呢？

查爾斯・布考斯基（Charles Bukowski）有一首詩，其中一節寫道：「但正如上帝所說／蹺著二郎腿／我看到我創造了很多詩人／卻沒有創造很多／詩」。

在你的愛情旅程中，你可能會遇到很多詩人，但我向你保證，真正的詩少之又少。詩人可能說得頭頭是道，但一首詩需要付出努力，並且必須實際創作出來才能存在。詩，是從一段關係中生長出來的。你會為你們一點一滴建造起來的美麗事物感到驚豔。詩人可能會深情凝望那塊土地，但在你們共同開始建立經得起時間考驗的事物之前，關係中不會有真正的詩。如果沒有真正的詩，不要過於高估詩人。

重要性級別四：契合度

人們總說愛能克服一切，在生活中或許如此，但諷刺的是，在愛情中，愛不一定能克服一切。契合度才是關鍵。兩個人可能答應彼此，也就是有了承諾，但能不能順利合作還是另一回事。你們的團隊合作能力如何？你們對理想關係的看法是否一致？你們有相同的目標嗎？要是各自擁有不同的目標呢？目標可以互補，還是代表著完全不同的未來？

契合度不等同於相互吸引。我在生活中遇過很多我覺得有吸引力的人，無論是工作、友誼還是愛情，但並不表示我們之間一定契合。我可能和某位認識的人感覺親近，但如果那個人不可靠，有扭曲事實的傾向，還老是遲到，我們很快就會發現彼此就連當朋友都合不來。契合度不只是針對負面特質，也包括單純的行為差異，或者兩人想要的生活方式不同。在一段關係中，如果一方極度內向，另一方極度外向，儘管這些特質本身無所謂好壞，但這樣的差異可能足以引發關係中的實際問題，無論雙方一開始有多親密。

關係不能光靠親密感來維持。真正的考驗，是你們的信念和行為能自然契合的程度，並且當差異浮現時，你們能否妥善處理好。在這個階段，有一個簡單的問題：「他擅長應對我嗎？」這不正是最浪漫的事嗎？我們在約會中花了很多時間來決定誰適合自己、誰不適合，有些錯誤是完全無法接受的，但在關係中，我們都會有很多對與錯。誰最擅長應對我們難免的情緒崩潰？而我們又最擅長應對誰的情緒崩潰？和你在一起的人是否享受這個過程？面對觀點完全不同的問題時，他是否有耐心或能夠以輕鬆的態度處理？反之，你能不能做到同樣的事？即使兩人有差異也能帶來樂趣嗎？不順利的時候，你們還會在一天結束時相互依偎嗎？契合度不在於一切都達成共識，而是享受你們日常共同決策的情緒起伏與互動過程。只有通過第四個、也是最後一個重要性級別「契合度」，愛情故事才能成為人生故事。

55 你想擁有怎樣的愛情故事？

Retrain Your Instincts

3

本能是魔鬼

有一個關於戀愛的迷思，就是不知道什麼原因，愛情彷彿是可以憑本能指引的特殊領域。然而，這是假設我們在童年時期，已經對每種情況培養出良好的本能。實際情況是，我們在某些領域所形成的本能，對幸福和健康完全沒有好處，甚至可能有危險，雖然這並不是我們的錯。在某些情況下，我們的本能甚至可能危害我們的性命。這就是我的拳擊教練馬汀・雪諾（Martin Snow）看到我在擂台上眨眼時所說的：「小子！你的本能反應會害死你。」他要我想像有一道急流將我們捲入大海，我們的本能反應就是趕快游回岸邊，但水流比我們強大得多。所以，我們必須抵抗這種自然本能，繞遠路，沿著海岸線平行游動，即使湍急的激流把我們帶到更遠的地方，也要等到脫離危險流域，才能從平靜的水域中回到海灘。

在拳擊擂台上的情況也是如此。一拳朝我的臉揮來時，我的本能反應是眨眼。我必須訓練自己克服這種自然本能——它在最關鍵的時刻可能會害我失明——並學會如何防禦、格檔，或閃避直接揍過來的那一拳。

這就是我們決定喜歡上某人的早期吸引力階段。有一種誘惑，讓我們臣服於這種感覺。清空行程，看看對方是否願意一起飛往巴黎，或者開始打聽公司在他們附近的小鎮是否設有辦公室；一個月前，我們甚至還沒注意到這個小鎮。才約會過一兩次，內心就開始小鹿亂撞。我們可能會想得太遠，然後陷入浪漫的天性，衝進幻想的世界。

雖然你迫不及待想要找人分享，但事實證明，在這個階段把消息告訴你最要好的四個朋友，可能是最糟糕的決定。他們當然和你一樣擁有浪漫本能，這樣只會放大風險。你把極具魅力的新對象所傳來的訊息拿給他們看，結果全部人一起瀏覽他的Instagram，還指出你們多麼般配。「看，他是音樂家，好酷喔！」「哇，他分享和姪子的合照，看起來是個好人！」「他的穿搭風格完全是你的菜！」接著，朋友們開始自封為你的愛情經理，關心起你和這位夢中情人的約會情況。現實怎麼能與這種幻想相比呢？他紮個型男髮髻、背著吉他，你就興奮成這樣，關係要怎麼自然發展？

這些興奮情緒，讓你變得極為激動，迅速朝向某個幻想場景衝刺。然後，宇宙中某些東西發生了變化，你原本瞄準的那顆行星突然開始遠離。你投入很多幻想的對象漸漸變得疏遠。

你們之間的能量改變了。對話變得斷斷續續，訊息也越回越簡短，內容完全沒有提到未來的計畫。曾經激發幻想的那些小細節，那些讓你興奮到無法言喻的迷人事件，似乎不再發生了。如此美好的事情，怎麼會消失得比出現更快？

為什麼對方突然變冷淡？

到底發生了什麼事？原因實在太多，難以一一列舉。也許他收到前任的訊息；也許他喜歡浪漫刺激的戀愛，實際相處卻感到有些壓力。有的人覺得工作比約會更重要；有的人同時和好幾個對象約會，且剛與其中一位開始認真交往，只是那個對象不是你；有的人享受你熱烈的情感，後來發現無法予以相同的回應；有的人兄弟住院；有的人突然買了一匹馬。

首先要明白的是，我們無法確定原因。本能性地想像偵探一樣找出原因，可能迅速變成危險行徑。這是一個殘酷的事實：我們經常無法得知原因。追求這種無法確認的答案，因而感到沮喪，只會讓自己不快樂。還記得上次朋友想約你出來玩，而你覺得那週事情很多、不想抽空赴約的時候嗎？你會直接跟對方說：「嘿，你不是我最要好的朋友。雖然一起出去玩可能很有趣，但我現在真的沒有動力。就這樣吧？」還是：「嘿，我這週超忙的。不過等事情告一段落，我很樂意一起出去玩。」我們往往無法做到完全誠實，因為這樣會很可怕、很花時間，也可能不方便或很無禮，那麼，我們為什麼要期待一個幾乎不認識的人會完全坦白呢？（即使我們和他睡過，而且喜歡過他。）

儘管如此，有人突然疏遠時，我們自然會懷疑是不是自己做了什麼事，讓對方失望離開。**習慣把問題歸咎於我們自己，原因在於喜歡上某個人之後，常常會有的危險本能：太早把對方看得太重要**。

人在感覺自己突然間變得太重要時，通常會退縮離去。沒有人希望還沒證明自己的價值，就成為別人最優先的考量。想像一下，你剛去參加面試，就被告知：「想不想擔任我們的執行長？明天就開始怎麼樣？」這種情況或許在某些公司偶爾會發生一兩次，但一般來說，若要爭取最高職位——約會不正是尋找最適人選的過程嗎？——你會預期要參加多次面試。從這方面來看，約會真的很像做生意：不能輕易讓出位置，只能靠自己努力爭取。因此，當事情進展得太快，我們自然會想：「為什麼是我？他還不了解我，我也沒做什麼，我怎麼會這麼有價值？是不是他有問題？難道他沒有其他選擇嗎？」這種情況在新戀情中是致命的雙重打擊；你的價值會隨著熱情上升而驟降。發生這種情況時，幾天前看似完美的人突然從你的訊息列中消失，也就不足為奇了。我們必須非常小心地對待這種本能，避免自己對於某個角色的期望，過早轉移到可能有一天會填補這個角色的新對象身上。

不幸的是，這個階段還可能出現另一種不利的本能衝動：我們感覺到一段新關係逐漸疏遠時，會選擇積極行動。突然間，這段戀情變得如此重要，足以我們動員所有資源來挽留。為什麼會這樣？這種像鬥牛犬般的本能，或許在工作犯錯時很有用，可以向上司表明我們願意付出一切來彌補過失，但在約會初期卻不太有幫助。原因有很多，首先，這並不合理。你以為某樣事物即將減少時，價值就會上升，這個觀念是錯的。況且，這種可能發展的關係，真的有珍貴稀有到像在全國尋找適合移植的肝臟一樣嗎？如果你們最初是在街角的咖啡店相遇的話，可能就不是如此。其次，這是急躁的表現。如果我們想要立即見到結果，就會賦予眼前的事物更高的價值——這種情況好發於酒吧的打烊時間；隔天早上清醒後發現，前一天衝動的結果通常沒有那樣的價值。

第三，也是最麻煩的，是自尊問題。自尊心使我們高估眼前這個幾乎不認識的人，並低估自己的價值。我們怎麼會認為，一個漸漸疏遠我們、變得不確定的人，正是我們需要的呢？事實上，恰恰相反。對方的冷淡反應是你需要的證據，證明他不適合你。這種情況下，適當的反應會是：「嘿，最近我們之間感覺有點不一樣。雖然目前為止認識你真的很有趣，但我覺得也許我們應該暫停一下，因為你現在生活很忙，而且我們要的可能不太一樣（如果說得不對，請指正我）。」這違反了我們所有的本能，因為我們急切希望兩人繼續走下去，現在卻成為「按下暫停鍵」的那一方。但是，如果仔細看看這段訊息，你會發現自己並不是關上了門，而是提出邀請，希望對方能夠付出你一直期望的努力。

如果我們被一個逐漸疏遠自己的人所吸引，我們必須懷疑自己。這個人究竟有什麼好的特質？性感？高大？自信？有魅力？迷人？這些都不是成為好伴侶的特質。我最近和拉瑪尼・杜瓦蘇拉博士（Dr. Ramani Durvasula）進行了一次精彩的談話，她專門幫助人們走出與自戀者的關係。她警告，那種含糊不清的回答——他身上就是有某種特質！——會觸發警報，而且很可能是創傷羈絆的指標：你被他吸引，是因為他擁有某種你無法具體說明的特質，而受其所激發的你內心的情感，才是促使你不斷嘗試的原因。

如果你的第一反應，是因為某種神祕的品質或感覺而持續嘗試，那麼最好記住一些容易辨識的好伴侶特質：待人友善且有同理心、總是可靠地陪伴在你身邊、溝通良好、誠實且值得信賴。他會是很棒的隊友，關心你的日常生活和你面對的挑戰，並願意在你遭遇困難時給予支持。

小提醒：如果這些特質讓你想逃，那麼你可能並不是在尋找一段關係。

然而，一般人描述自己喜歡的新對象，很少會提到這些特質。大家在談論難以忘懷的人時，通常會列出諸如魅力、自信、大膽、性吸引力、共鳴感、能夠談論各種話題，以及對對方「有強烈的感覺」等等。這些都是很棒的特質，但不足以讓你說出「這個人將會是很棒的夥伴」。

如果你具備這些好隊友特質：值得信賴、友善、盡責、善於溝通、始終如一、慷慨大方，你就擁有了值得爭取的稀有品質。這也是你應該保護的特質。如果有人不認同你的這些品質，那麼他永遠不會珍惜你身上的價值。你應該和他保持一定距離，直到他認同為止。在此之前，他絕對不值得你去追求。

你會遇到一些相處起來很愉快的人，但他們是否真正具備建立美好關係的條件？如果他們在幾次約會後就開始疏遠，那答案可能是否定的。在伴侶身上，你能找到最重要的特質之一，就是對你的確定感。適當情況下，你一定會願意為某個人努力。羅密歐與茱麗葉儘管面對家族仇恨，仍譜出一段雙方都渴望的關係。姑且不提他們還是年輕人，甚至尚未達到真正關係的階段；他們對抗的不是不確定性，而是外在的困難。他們對彼此的感情絕對不冷淡。羅密歐並沒有說：「我該不該擔心爬上她的陽台後，發現她正在寫挑逗的信給帕里斯？算了，我還是會為茱麗葉和我們的愛情奮鬥！」

問問自己，你是否正和某個人上演《羅密歐與茱麗葉》的戲碼，而最大障礙是他的猶豫不決？如果劇本這樣寫，你又何必要接這個角色？在我們的愛情故事中，唯一值得擁有的人，是那些珍惜我們所付出的人。這項原則的第二部分是，如果我們不看重自己所付出的東西，對方也不會珍惜。如果對方覺得即使疏遠，我們還是會為了他奮鬥，他會認為我們過於執著，接著開始質疑我們的自信和價值感。

對於他的疏遠，我們的反應應該是讓他知道，這種冷漠或突然的變心會帶來什麼後果。當然，我們曾經嘗試過，他也體驗到我們的能耐，但當他表現出猶豫的樣子，就不再值得我們投入努力了。是他自己放棄了獲得美好事物的機會，他需要知道這一點。你仍然可以保持友善，但要讓他看到你的強烈情感就像太陽閃焰一樣，可以來得快、去得快。告訴他：「是的，我被你吸引了。我們相處很開心，你總是讓我笑出來，而且，你確實很令人心動。但這些都沒有比適合我的人更重要。」

降低熱度

我在指導別人時，最不想說的話就是「放輕鬆一點」，因為這樣的要求本身就會顯得過於緊張。不過，我們應該記住，儘管關係剛開始令人陶醉，但那也是最容易出現不確定感的時期，無論是對方還是你自己。連結感與親密感以難以預測的速度成長，時而前進，時而後退。感覺到自己過度投入，並認為你必須退後來彌補某些錯誤，這都是很自然的。你無法用自己的確定性來克服這種不可預測性；經歷這種不確定性，對雙方來說都是正常且合理的。儘管這些情感起伏讓人感覺不穩定，但這都是自然流動的過程。沒有永恆的感受，感受會逝去。正如詩人萊納・瑪利亞・里爾克（Rainer Maria Rilke）所寫：「讓一切都發生：美麗與恐懼。只要繼續前行。感受是恆無止境的。」

有時候我會收到一些邀約，希望我去某個地方演講，或參與某些聽起來很棒的活動。但當某些複雜的安排無法確定是否能成功，我就不會考慮它。這種情況下，我會說：「我們再看看。」這不是一句振奮人心的話，實際上可能很掃興，有時也會讓我的團隊感到沮喪。他們希望和我一起想像，這些難以置信的機會可能帶來的美好結果。但「我們再看看」會有效降溫，並提醒我和任何可能因此感到失望的人，事情在實現之前都不是真的。這樣一來，我也能專注於實際可以控制的事情，例如確保生活其他重要面向持續推進，而不是等待、希望這個機會能夠實現。

約會也是一樣。**第一次約會不應該抱持太高的期望。如果對約會過於興奮或挑剔，就會混淆我們對實際情況的判斷**。你當然可以有些基本的期望，例如禮貌、守時。如果對方遲到一小時，那就說明他沒有做到基本的尊重。不過除此之外，第一次約會就是享受樂趣，並且展現出我們好的一面。在第一次約會中，我們想看看對方是不是個好伴侶，同時也希望自己是個好伴侶。第一次約會之後，我們要保持良好的平衡，以確保自己專注於當下。這就是一種有意識的約會方式：如果是第三次約會，就專注於第三次約會，不要一下子跳到第五十六次。讓自己享受每個階段，放慢腳步，看清楚對方真實的樣子，這樣你們兩個都會更放鬆。請注意，別把不存在的性格特質投射到他們身上。

要告訴別人這些事情，真的很難。要別人質疑自己的本能，可能會讓他們感覺像是在說「你不應該相信自己」，這與本書所傳遞的訊息正好相反。重點在於意識到這些本能是非常正常的反應，且深具人性特徵，但同時，它們也可能傷害我們。例如，屈服於某個表面上看起來符合我們理想的人；為某人專門空出行程；過早投入感情；被朋友的興奮情緒感染，變得更加投入；關係進展過快；某人突然消失時渴望獲得解釋；太早將某人看得太重要，卻忽視了自己；根據難以描述的特質來評估感情，而非真正能成為優秀伴侶的特質；在某人疏遠時更加努力挽回；對方疏離時認為是自己的錯，過度修正自己的行為。

我們必須打破這些本能。起初可能讓人覺得非常違反直覺，卻能讓我們的愛情生活更平靜、更幸福。這些做法是：

- 放慢腳步。
- 降低熱度。

- 對方不尊重或不回應我們的付出時，記得「暫停一下」。
- 重視有存在感的人，而不是難以捉摸的人。
- 以輕鬆的好奇心取代過於強烈的情感，讓對方有空間做自己。
- 在樂觀和「我們再看看」的心態之間取得平衡。
- 關注真正能使人成為好伴侶的特質。

就像遭遇急流時，一開始可能覺得繞遠路回到岸邊與直覺相悖，結果卻更實際且持久。

這些方法能幫助你在關係發展初期找到正確的觀點，還能讓你對那個人更具吸引力。正如拳擊教練馬汀所說：「生活發生變化時，我們不依賴本能，而是依賴我們的訓練。」時間一久，你的新訓練甚至可能成為你的新本能。當你體驗到更直接、更有意義的愛情生活，你會更加感激這些本能。

最糟的本能，就是低估自己所能提供的價值。千萬不要因為不值得的對象，或尚未證明自己價值的人而貶低自己。這就是在你真正有機會了解某個人之前，必須保護自己的心，不被幻想所迷惑的根本原因。一開始，你所看到的只是對方早期、且往往是最好的行為。初期給你的感覺，並不能反映他的真實性格。這只是他的影響力。真正的性格是穩定的，只有經過時間的考驗才能衡量。

Beware Avoiders

4

迴避話題的人，比騙子更危險

愛情騙子

想要識破天才型說謊家，幾乎是不可能的事，但他們確實存在，像是能夠通過測謊儀器、欺騙聯邦調查局探員的聰明詐騙犯和診斷為精神病的患者。坦白說，在你發現他們的真面目之前，和這些行騙技能高超的說謊家相處，可能會非常有趣。他們似乎擁有驚人的家世背景、不可思議的精彩生活，美好到難以置信。他們讓人覺得任何事情都有可能發生，甚至是承諾。這一類人，是邪教的成因之一，也是不健康關係的根源。對這種程度的說謊家而言，生活和說謊已經沒有區別。受騙者往往很難走出騙局，而且，根據他們說謊的時間長短和親密程度，造成的傷害可能具有強大毀滅性，甚至導致嚴重創傷。我接觸過很多曾經遭受這樣欺騙的人。

不過，幸運的是，具備如此高超說謊技巧的人並不多。更常見的情況是，我們經常忽略那些再普通不過的偽君子。當然，我們不可能剛認識就立即察覺到對方的所有細節，但當我們開始對某人產生好感，幾乎每個人都會無視一些東西。熟練的說謊者，正是依賴這種選擇性盲目。令人驚訝的是，他們幾乎不需要說什麼就能達成欺騙的效果，全是因為我們選擇相信。

一開始，說謊者不必依賴你的默許，就能對你撒謊。但要繼續演下去，他們需要一個心甘情願的觀眾，因為如果你長時間與說謊者相處，就會開始注意到他們言行有些不一致，所說的話和日常生活中的行為之間，出現大大小小的矛盾。第一次發現他們說謊時，你甚至可能會有轉移視線的衝動。你不想顯得神經質多疑，也不想破壞一段有潛力的關係。

但對於說謊者來說，言行不一致的情況永遠不會消失。如果哪一天，你不再願意忽略這些言行不一，整個表演——謊言基本上是一場戲，一個他想讓你一同參與的幻想——就會瓦解。如同魔術師需要觀眾願意放下懷疑的心（不會真有人相信紙牌魔術展示了通靈能力吧？），說謊者也需要有人願意相信他們的把戲，然後坐下來享受這場演出。

但在所有表象之下，還是有個真實存在的人——言行不一的人。如果我們意識到這一點，並決定要做些什麼，直接把他貼上說謊者標籤，可能不是最好的開始。然而，指出這種不一致的情況，讓他知道你已經注意到他所說和所做之間的差距，可以將對話帶入更中立的範圍，也能提醒他注意這個情況。人們說謊的原因很多，從不安全感、缺乏控制感，到說謊成癮和精神病態。但解決問題唯一的方法，無論是緩解不安全感、協助成癮治療，還是甩掉精神病患者，就是看看你把這個話題攤開來談的時候，會發生什麼事。

稍後會談到，為什麼我們會和明知對自己有害的人維持關係，以及如何打破這個循環。不過現在，我想談談另一種類型的人。他們比明目張膽說謊的人更常見，可以在不說謊的情況下哄騙你：迴避型戀人。

迴避型戀人

我覺得我們對「說謊者」或「騙子」這些詞的使用過於廣泛。的確，世界上確實存在強迫性說謊者，但大多數人並不像強迫性說謊者那樣，受到操控和不安全感的驅使。這並不表示大部分的人都會說實話，只是他們沒有那種心理病狀，讓他們能夠毫無掩飾地說出赤裸裸的謊言，或迅速編造聽起來合理的虛假故事。

相反地，他們會給出輕描淡寫的迴避性回答，聽起來幾乎和實話一樣正常。如果你問某人對你們的關係有什麼看法，而對方回答：「聽著，我和你在一起很開心，但我剛剛結束一段關係，現在還不確定自己想要什麼。」這就是你需要的實話；也許他沒有明說（迴避者通常不會明說），但你也不需要浪費精力去解讀他的話。任何不明確的回答，比如「寶貝你在說什麼？我們當然要在一起啊！」都意味著，是時候重新評估你應該投入多少時間和精力在這段關係上了。

說謊者會千方百計對你撒謊；對他們來說，謊言像是一種毒品，而他們非常樂意提供這種毒品。迴避者正好相反。他們在某些話題上——通常是那些能夠建立真正親密感的話題——會刻意避免說任何話。雖然大多數人說謊的方式可能有些笨拙或明顯，但仍然可以巧妙地避開不想討論的話題。說謊者和迴避者確實有一些共同特徵。首先，他們都不喜歡面對事實。然而，當說謊者像情人節送巧克力一樣散布謊言時，迴避者會選擇巧妙轉移話題，或故意忽略重點。

二〇〇六年的電影《戀愛沒有假期》（The Holiday）中，有一幕非常關鍵，完美展示了典型迴避者的特質，以及對迴避行為的正確反應。盧夫斯・塞維爾（Rufus Sewell）飾演的賈斯珀是一名瀟灑迷人的操控者，他從英國飛到洛杉磯，去找凱特・溫斯蕾（Kate Winslet）飾演的艾莉絲。此時的艾莉絲在沒有他的日子裡，終於開始享受一些快樂。賈斯珀的目標只有一個：讓艾莉絲回到他的掌控之中。

雖然艾莉絲對賈斯珀突然邀她一起去威尼斯感到興奮，但她還是問了他，是不是真的有空去旅行。賈斯珀以典型的迴避台詞回覆：「我不是特地飛過半個地球，來見你了嗎？」她意識到，這並不是她問題的答案，於是直接問他和未婚妻分手了沒。賈斯珀再次嘗試逃避回答：「希望你能明白我現在有多困惑。」艾莉絲意識到自己多年來應該做的事情，告訴他：「我奇蹟似地發現，自己不再愛你了！」

作為典型的迴避者，賈斯珀從未說謊，卻也從未給出真實的答案。不過，面對直接的問題，即使他用謹慎的措辭加以迴避，還是暴露了自己的本性。艾莉絲看到他面對直接詢問時搖擺不定，終於鼓起勇氣，中止了他用巧妙迴避繼續困住她的有害關係。

擔心說謊者沒有用；我們隨時都有可能成為謊言的受害者，對此我們無能為力。唯一需要做的，是在發現被欺騙後決定該如何應對。然而，長遠來看，迴避者可能比說謊者更危險。因為迴避者讓我們成為他們的舞伴，利用我們對可能面對痛苦真相的話題的抗拒，來維持他們的逃避行為。

我們也可能出於自身利益，做過類似迴避的行為。你是否曾經發現，某人喜歡你的程度，超過你喜歡他的程度？你會立刻告訴他嗎？除非你一直以來都是聖人，否則答案很可能是否定的。我們都曾在不願付出代價時轉移話題。迴避困難的對話是人之常情，雙方都可能會這樣。

不幸的是，選擇迴避困難的對話，實際上可能會導致自己更加不幸福。因為在一段關係中，絕對不會只有一個迴避者。如果我們遇到不舒服的問題，卻從不提出來，那麼我們只是在配合對方。這種情況不只發生在關係「懸而未決」的階段、你還不知道自己在對方心中地位如何的時候，也會在世界各地的婚姻中上演。那些婚姻表面上遵循一套劇本，卻忽視了其他面向的戲劇性問題。

單純提防迴避者還不夠，我們必須積極確保自己不會成為迴避者的幫凶。如果你想確保自己不會無意間助長迴避者，就必須勇敢提出令人害怕的問題。問題本身可能並不可怕，真正讓我們猶豫的，是最後知道真相的後果。但是，溝通並不會讓你失去任何東西。正常的關係是你們溝通後，事情變得更好。如果其中一方說出真相，你們的關係因此變差，那麼是這段關係本身出了問題。

用「可怕的問題」決勝負

我常在現場活動開始時問一個問題：「在座有誰單身？」大多數人會舉手。接著，我會問：「那有誰正在交往中？」通常只有百分之二十的人會舉手。接下來的問題，讓大家有點措手不及：「那有誰，不確定自己是否在交往中？」現場有些人難為情地舉手。

他們的境遇讓他們感到困惑，不知道自己到底處於什麼狀態。這些人會在社群平台上私訊我，問我他們與剛開始約會的對象是什麼關係。在撰寫這個章節的期間，我正好收到一位名叫瑪麗亞的女士傳來的訊息，也正好提到這個問題：

我和這個男人已經來往／約會快五個月了，一切都很順利。我們每天都會聊天，儘量多見面。有時因為工作繁忙，會有很長的時間沒辦法見面。他跟我之前認識的男人都不一樣，他紳士、善良、聰明，和他在一起我覺得非常舒服。不過，我很害怕和他談論我們的關係現狀。我們是否對彼此專一？之類的。我知道他對我有好感，我也對他有好感。問題是：該怎麼詢問我們的關係現狀，又不至於讓對話太過深入？

有一些對話，我們寧可避開不談；有些像瑪麗亞連提都不敢提的對話，讓我們感到恐懼。但害怕對話，其實是害怕我們即將聽到的結果。拒絕對話，經年累月下來，最後會導致我們拒絕面對事實，也就是關係的實際狀態，以及所有無法說出來的感受和目的。漸漸地，逃避誠實對話的時間越長，我們的現實關係可能會越來越遠離心目中的理想關係——一個我們不敢暴露在現實光芒下的脆弱理想。

尤其當我們認為這些問題會改變關係的動態，加速我們依戀不捨的舊關係瓦解，我們就會避免直接提問。困難的問題，會迫使關係改變形式，無論是現實中的關係，還是我們心目中對關係的看法。**很多時候，我們會因為心目中對某段關係的幻想選擇停留，而不是因為現實生活中經歷的關係，給予了我們真正想要的東西。**

我原本打算把這一章的章名定為「如果不清楚自己在關係中的位置，就問吧」，但這樣會忽略過程的困難程度。問一個問題，或許只需要一點點努力，卻要做好面對後果的準備、心碎的可能。這次對話，甚至可能成為這段關係的最後一次，因此需要投入大量的心力，需要真正的勇氣。這表示我們需要準備好面對逝去的未來；這是我們毫無準備的全新現實，一個我們原本不打算今天開始的新生活。

如果我們還沒準備好接受答案，或者還沒準備好在得到答案之後，做出對自己最有利的行動，最後可能會處於這個境地：現實處境與心中的理想不再相符。在獲得新資訊的情況下，原本的想法可能有偏離現實、變成幻想的風險。

比方說，瑪麗亞希望她目前約會的男人有長期在一起的打算，但她發現他並不想交往，覺得兩人在一起只是玩玩，或者仍然想和其他人約會。如今，她知道雙方的期望不一致，清楚看到這段關係的侷限性，處於明知山有虎、偏往虎山行的危險之中。

如果她一直不問，就可以假裝不知道自己在浪費時間。等他終於承認在一起的這段時間裡，從未認真對待她時，她就可以當個受害者。但如果她問了那個令人害怕的問題，他也證實自己沒有認真對待這段感情，比起單純因他的答案而傷透了心，她的感受可能會更強烈。某種程度上，知道真相並繼續前進是最佳情況。而最糟的情況是，儘管她受了傷，卻沒有能力離開。也許她已經不再相信自己有能力離開，這也是為什麼她一開始會避免這個對話。發現自己陷入這樣的處境，除了感到失望之外，她可能也會覺得自己堅強、有尊嚴的女性形象遭遇重大打擊。

如果她不選擇離開，就得接受這個新世界；如果她想繼續投入這段不認真的關係，就得找到讓「2＋1＝4」的方法。這個世界是認知失調的誕生地，而且這種失調不只是影響到她。經過這次對話，他也必須創造自己的認知失調形式，來維持這段關係。被迫回答那些他不願回答的問題，而且還不是在他選擇的時機，這種情況現在會變得非常「真實」。如果她繼續跟他見面，她對於關係缺乏進展的負面感受（這些感受之前只是他可以忽略的潛在問題），現在會成為每次約會的不速之客。一種有意識、潛伏的沮喪情緒，取代了他們先前互動時的輕鬆氣氛。

截至目前為止，他一直享受著不談論這件事所帶來的自由。因為他們從未討論過，所以他並沒有主動撒謊。但現在，既然他們已經談過了，他的意圖（或缺乏意圖）已經攤開，事情就變得不那麼浪漫了。他會假裝沒注意到那些浪漫、但最終空洞的舉動；這些舉動讓她誤以為未來關係會有進展，而她則要承受這種進展無法實現的持續痛苦。

因此，她會想：「不行，還是改天再談這件事，繼續享受這段浪漫吧。」畢竟，她很喜歡這個男人，非常喜歡。要是讓現況破裂，她還能期待什麼呢？再次獨自一人，沒有人能和她產生真正的化學反應？回去使用交友軟體，經歷一連串令人失望的約會？讓這段關係繼續發展，肯定比較好。她知道自己喜歡這個人，對於可能產生的好結果懷抱希望。再說了，兩人相處的時間越長，他對她的依戀就有可能加深，對吧？

最近在我的網路座談會上，一名學員對我說：「本來都好端端的，直到你開始要求東要求西，情況就變了。」她的用詞，突顯了我們在缺乏自信時，會壓抑任何直接表達需求的手法。這裡的「要求東要求西」其實應該改成「表達你的需求」。

為什麼我們想要維持一段只有對需求保持沉默，才會正常運作的關係？顯然，有時候問「我們到底是什麼關係？」非常不合時宜——想像一下電影《戰慄遊戲》中凱西．貝茲（Kathy Bates）飾演的角色，在第一次約會結束時轉頭對你說：「我度過了一段美好的時光……那我們現在是什麼關係？」——但是，逃避討論彼此的真實意圖，會浪費寶貴的時間，也是對自己不尊重。

如果你已經跟某人在一起了好幾個月，但仍然不確定你們兩人是什麼關係，或者甚至不清楚你們是否認定彼此，那麼是時候進行對話了：

嘿，我跟你在一起真的很開心，我喜歡你，每次見面都覺得自己越來越喜歡你。不過，我不太清楚我們之間的關係定位……我不想就這樣假設我們認定彼此，但我想讓你知道，我現在沒有和其他人約會，因為我是認真地對待這段關係。我想知道你是否也有相同的想法，還是你希望保持開放式關係，去和其他人約會。如果是這樣，那也沒關係。但我應該知道這一點，以便決定是否繼續投入更多的時間和精力。

說這些話的時候，語氣要溫柔，但回答要果斷。畢竟，你的時間和精力是很寶貴的。

我們都害怕面對不想聽到的答案。我明白，這種恐懼會阻礙我們進行真正需要的對話。但我也知道，透過培養自信和拓展視野，這種情況會有所改變。你會發現，即使是你曾經覺得最可怕的答案，也不過是指引你找到更值得投入時間和精力的方向。當你真正重視自己時，詢問這些問題是很自然的，因為你會更加努力，保護自己的時間和精力，而不是對目前的關係懷抱幻想，或更危險的、對未來的幻想。我們無法消除所有迴避者，但我們也不必這樣做。只要提出那些令人害怕的問題，並根據答案採取行動，就不必再擔心時間被浪費在這樣的人身上。

不過，儘管有事先警告，你仍然可能上了迴避者的當，被他們的各種詭計、情感漏洞、盲點和障礙所迷惑。這種情況經常發生，卻沒有人願意承認。其實也很合理，因為不願承認這種情況本身，就是讓迴避者得逞的原因之一。但是，當我們所避免的、最害怕的事情真的發生，某種奇怪的互動模式就會開始主導。我們開始說服自己，接受迴避者扭曲的邏輯，有時甚至成功到別人質疑我們已接受的思維時，我們會感到驚訝。如果你懷疑這種情況可能適用於你，那麼請參考下一章的警告。

Do Not Join a Cult of Two

5

單向的不快樂崇拜

面對有人在現場活動中站起來，或在網路上緊急發問時，我學會了在開始回答之前先停頓一下。這是為了幫助對方放鬆；在一群人面前談論自己最私密的問題，不是那麼容易，無論是面對實體聽眾還是虛擬聽眾。稍微了解一下情況，總是有幫助。而且我也發現，對方提出來的問題，未必就是他們真正想解決的問題。因此，先從相關的話題開始談起，可以讓我們更接近實際的問題。

我碰過上千則提問，其中有些問題非常個人化，需要花很多時間才能解開，有些問題則比較簡單。**如果說有什麼通用建議，能在關係開始時避免最痛苦的情況，那就是：不要輕易假設你們認定彼此！**

有人會辯解，約會過那麼多次，兩人經常見面、每天聊天、簡訊發不停等等，就已經暗示兩人認定彼此了。這樣說似乎不無道理，尤其是兩個人相處時間那麼長，要動用到魔法部的時光機，才有可能同時和別人約會。

我從來不想成為浪漫破壞者，對本該是兩人柔情密意、打得火熱的美好過程抱持懷疑。但看到許多人因此受傷後，我可以說，單純從統計學的角度來看，你們應該主動且預防性地討論關係認定的問題。因為不討論的後果，比你提起這個話題時可能感受到的立即不適，還要嚴重得多。

無論如何，唯一真正尷尬的對話，就是你發現你們兩人的想法完全不同。例如，對方告訴你他想要認識其他人，你卻表示自己不想。然而，這樣的對話才能讓你們在未來避免更多的痛苦。

事實上，這樣的對話不一定會破壞浪漫的氛圍。若處理得當，反而可以增添浪漫感。如果你們的想法一致，只對彼此有強烈的吸引和慾望，那麼這樣的對話其實會很有趣：「你只想和我在一起？太好了，因為我也只想和你在一起。我們現在就去某個樓梯間慶祝一下。」

以下是一些提出這個問題的說法，以及不同情況下的變化。假設你們還在約會的初期階段，你可以這麼說：

「跟你在一起的時光真的很棒，但現在如果有人約我，我不知道該怎麼回答。我不想讓這段關係添加不必要的壓力，因為我很享受認識彼此的過程。但我喜歡你。在我們決定這段感情是否真的可以發展時，我希望給彼此一次機會，看看它會發展到什麼程度，不去跟其他人約會。」

或者：

「我沒有跟其他人約會。我想知道你對這段感情的想法是什麼。」

你也可以適當表達脆弱，展現真實的自我：

「我很敏感。如果後來發現你在和其他人約會，我會很受傷，因為我真的喜歡上你了。我們不需要現在決定這段關係是什麼，或為它貼上標籤，但如果我們還有機會和其他人約會，而不是認定彼此，我會用不同方式來看待這段關係。你覺得呢？」

親密關係也可能是認定彼此的前兆。如果你們會有親密接觸，在此之前，你需要了解彼此的立場，可以這樣說：

「我喜歡你，也深受你吸引，但如果你目前的生活比較隨興，我不希望我們有更多的親密接觸，即使我知道這會很有趣。順便說一下，如果你現在的狀態就是這樣，那也完全沒問題，我只是想講清楚，因為我不想跟一個同時和其他人保持親密的人發生親密關係。我不是那種人。」

我想強調，這不是要用來對別人施壓。施加壓力往往不會有效果。更重要的是，忠於自己和自己的需求，同時表明你不會因為對方所處的階段而批判他，即使這意味著你們需要分開：

「說這些並不表示我們必須趕快進到下一步……只是說明如果你現在不在那個階段，我寧願先慢慢來，直到你有相同的感受。如果我們最後沒有發展到那個階段，也沒關係，不是所有感情都要有結果。」

保持善良、冷靜，這才是真正的力量。即使對方和你不在同一個頻率上，你也願意毫無怨恨地轉身離開。

如果你發現自己陷入某種「曖昧關係」，這樣的表達會有所幫助。這些話語都有溫暖和魅力，同時也很坦率。務必將這些話語變成你自己的語氣，透過它們傳達你的獨特風格。無論如何，你必須完全擁有它們。這意味著理解它們為什麼有效，這樣你才能堅定地使用這些話語，並持之以恆。記住，個人原則不是策略，策略可以是靈活的，但即使結果不如我們預期，個人原則也要保持一致。

有時候，某些擁有相同困擾的人會問我：每次談到承諾的話題，他們的伴侶總是顯得冷淡、難以捉摸或完全不露聲色。不過，無論這種情況會帶來什麼困擾，這些人非但沒有質疑這種狀況，反而接受對方提供的條件，甚至準備在朋友面前為這段關係辯護，彷彿他們是某個令人興奮的新戀情聯盟一員，而這段關係最棒的地方，就是不知道何時或是否還會再見到對方。

有一次，在我們的網路座談會中，一位名叫柯拉的女性上線提問——嗯，很難確定她到底想問什麼。她介紹自己將近一年的關係，是一段兩位「企業型人物」之間的戀情，由於行程繁忙而難以經常見面或交談。她的朋友們可能看出她比表面上更喜歡對方，一直想知道這段關係到底是什麼，讓她開始感到困擾。

她在描述他們之間的關係時，我發現她的問題似乎缺少了什麼，好像她在推銷一些自己也不太相信的東西。於是我問：「你不想要更多承諾，是因為你對這種隨興的關係感到滿意，覺得尋找愛情不如工作重要嗎？還是說，其實那是他的真實感受，而你以此為藉口。實際上，你內心深處渴望從他身上得到更多，只是擔心如果要求更多，他會嚇跑？」

她笑了笑，然後說：「嗯，我想如果對自己誠實的話，應該就是這樣。」她挪用他的藉口，來保持和他的關係，結果卻壓抑了自己的聲音。當她跟朋友談話時，說話的不是柯拉，而是那個男人。他像腹語師操控她的發言，以維持他滿意的現狀。柯拉的情況聽起來可能不尋常，但她的困境其實並不少見。複雜的情況，往往更難面對。像她這樣的「曖昧關係」與一見鍾情相反；這些關係是隨著時間逐漸形成的奇怪妥協。你一再被推擠到某種狀態，直到幾乎脫離現實，彷彿你加入了一個只有兩人的小圈子。

這種導致認知失調的詭異關係邏輯，需要好幾個月才能形成，而且很難解開。某次網路研討會上，一位自稱「籠中鳥」的客戶（是不是她覺得自己被困在籠子裡？）試圖解釋她的情況，但她解釋得越多，就越難理解。她住在密西根州，已經和一名加拿大公民「約會了好幾個月」，但最近他不像以前那樣頻繁傳訊息，差不多一個星期沒有消息了。她承認溝通很困難，並列出了一些原因：他住的地方訊號很不穩定；他是醫生，工作忙碌；她沒辦法在 iPad 下載他最常用來傳訊息的應用程式；他們主要在星期天見面，約在美國或加拿大，但最近他在等待簽證，無法來看她。她似乎很開心他們最近有更多肢體接觸，他撥弄她的頭髮、用手摟著她，她最近還去他家過夜。但他似乎在等待某個時機。

「所以他還沒有吻我。」

她的故事中出現太多警訊，也有太多值得問的問題。她經常到另一個國家找他，和他約會了好幾個月，竟然沒有問他為什麼還不吻她？由此可見，她是如何在這段奇特關係的形成過程中成為共犯。儘管她提出各種藉口，例如，她一直在克服過去的某些事、他們都很害羞、他的行程繁忙……但她其實一直活在幻想之中。她害怕提出一些簡單到不行的問題，因為那可能會威脅到脆弱的現狀。我越是想從她那裡得到答案，她的回應就越是離題和情緒化。

我們的交談已經進行了將近二十分鐘。儘管她提到種種危險訊號，卻還沒有提出一個真正的問題。然而，參加這個網路座談會本身就是一種提問。她可能不願意直接問她的醫生朋友任何威脅到這段關係的問題，但他過去一整個星期都沒有傳訊息，顯然欠缺基本禮貌。這件事已經持續了這麼久，對她的認知失調造成了真正的挑戰。於是，她終於找了一個她知道不會對她虛情假意的人尋求幫助。

對於所看到的真實情況保持誠實，是我們能提供給彼此最基本的善意。尤其是當你看到朋友在一段戀情發展初期，被各種新的情感壓得喘不過氣時，他們似乎已經失去了分辨幻想與現實的基本能力。這是「不要只有兩人世界」的衍生規則：「朋友不是回聲室」，要成為提供現實觀點的人。

不過，籠中鳥的情況就像柯拉的情況一樣，其實並不少見。我不是說所有男人都在刻意誤導女性，也不是說每段扭曲的關係總是男人在主導。然而，有很多男生喜歡他們目前的狀況，不願意跨出自己的舒適圈。無論有意還是無意，他們會試圖說服伴侶接受自己的觀點。他們可能會說：「每次你提起這件事，只會破壞好氣氛。」或者「你想太多了。」這種狀態不會一蹴而就，但他們會循序漸進，把女性的想法引導到離她們最初的期望越來越遠，直到情況糟糕到她們需要上網與我討論時，我和其他聽眾都會想問：事情到底是怎麼發展成這樣的？

如果你在一段關係中感到不對勁，解決辦法很簡單：不要擔心破壞現狀，搞清楚你自己真正想要的是什麼。這樣做會產生兩種結果：一是趕走無法滿足你要求的人，無論你的要求是認定彼此，還是約會了十幾次後的一個吻；二是激發出那些也有相同期望的人。

總會有人試圖說服你接受他的理由，接受為什麼他不能給你想要的，或無法滿足你的需求。你不需要評估他的藉口是否合理，只需要對自己誠實，看看他提供的現實是否足夠讓你感到幸福。這樣可以避免你耗費心思去解讀別人的話語。告訴自己：他有他的理由（無論真假），但我有我自己的現實。而決定關係是否繼續下去的，是我的現實，不是他的理由。

Red Flags

6

避雷清單！
這些對象愛不得

我在 YouTube 上搜尋「危險訊號」，想看看外界有哪些建議——結果發現，很多建議都是出自於我——雖然說是參考指南，這些觀察還是可能讓人感到困惑又不知所措。以下是從各個頻道摘錄的例子。他都不稱讚你？危險訊號：拒絕給予者（withholder）。他過度稱讚你？危險訊號：愛情轟炸者（love bomber）。他從不過問你的事？危險訊號：自戀者。他太頻繁過問你的事？危險訊號：控制欲太強。他不尊重自己的媽媽？危險訊號：還不夠成熟。他跟媽媽太親近？危險訊號：同上。

你一旦開始瀏覽這些危險訊號，可能會忘記人終究是人，會有缺陷、容易犯錯。不是每個人都能在約會之前，完全從創傷中恢復過來。如果我們把這個「掃描器」對準自己會怎樣？是不是也會找到危險訊號？知道這些資訊是否真的有幫助？如果每種特質的極端狀況都被視為重大危險訊號，那麼「適愛對象」的池子中還會剩下誰？

對危險訊號的執著，使我們的注意力分為兩個方向：過去和未來。除非我們先對自己的關係進行深入調查（即使對於那些最糟糕的關係，也抱有一絲矛盾的驕傲），詢問自己到底哪裡出問題（試著將每位前任對應到某個警訊）以及我們多快察覺到這些問題，否則我們無法真正理解危險訊號的價值，或者忽視危險訊號所帶來的傷害。即使我們已經忽視了太久，對幸福感和自尊心造成一定的損害，知道自己早就察覺到危險訊號這件事本身，也有情感宣洩的作用。某種程度上，這是在盤點我們的傷疤，證明我們活過且愛過。另一方面，這也是告訴自己：「不，回過頭來看，我並非盲目或瘋狂。我一直知道，在圖書館裡拿著蠟燭的是梅教授（Professor Plum，桌遊「妙探尋兇」的角色）。」

思考未來，我們可以將這些危險訊號轉化為省時且避免痛苦的指南。如果我能在第三次約會就發現不合格的行為，那麼就不必浪費一整年的時間，直到第五十三次約會才提出來。這種先發制人的做法，對大家都有好處。時間有限，為什麼要無謂地受苦，或是陷入我們明知會帶來痛苦的情境中？

那麼，哪些危險訊號值得我們特別注意呢？在任何特徵都可能終止關係的情況下，無論現在還是未來，哪些特徵會造成最大的傷害？我將危險訊號精簡成接下來的幾種；如果我們選擇忽視，這些警訊可能會帶來諸多痛苦。

講多位前任的壞話

我原本想把這一節的名稱定為「講前任的壞話」，但後來發現，有些人的前任真的爛到極點。談論自己在過去關係中所經歷的痛苦時，任何人都不應該壓抑自己的感受。了解別人的痛苦，並分享自己的經歷，是一個走向親密的重要階段。

不過，你可能會遇到這樣的人，他會說「我所有前任都是混蛋、瘋子」。這類人有兩種可能。第一種，他無法對自己在關係中可能存在的問題負責，因此不願意檢討自己需要改變的地方，反而會把話題轉向別人表現不好的地方。一般人被解雇時也會有類似情況。第二種，他的前任確實是極度惡劣的人，但他偏偏被這種人吸引！第一種人一有衝突跡象就會對你發難，然後把你變成他一堆「瘋狂前任」的最新案例。第二種人則會試探你，看看你有沒有可能成為讓他感到興奮、自在、需要拒絕的瘋子，而這只是為了讓他自己感覺良好。如果你不想成為戲劇性關係的一部分，他會覺得你很無聊，或把你當作威脅，並可能在傷害你之後，再去找下一個願意配合他扮演這個角色的人。

人前人後兩個樣

有人試圖打動你、誘惑你，和你上床或讓你愛上他時，會表現出另一個模樣，也就會出現這個危險訊號。壞人會這樣做，毋庸置疑，但即使是那些表現得體的人也會這樣。我們都知道，跟兄弟姊妹相處時，通常會展現出喜怒無常的自己，和外出約會的自己截然不同。不過有時候，你確實可能與看似非常善良的人約會，像傑奇醫生（Dr. Jekyll）那樣；但當他和其他人互動時，卻顯露完全不同的邪惡面貌，像海德先生（Mr. Hyde）那樣。（譯註：比喻出自英國小說《變身怪醫》，傑奇醫生喝了自己調製的藥劑，分裂出邪惡的海德先生人格。）

我們都知道，應該仔細觀察一個人如何對待他認為對自己沒有幫助的人，尤其是那些只是在做分內工作的人，比如服務生、咖啡廳店員、代客泊車者，或年長的客服人員。但這方面的好評未必總是可信。也許你的約會對象知道你在看他；只要有觀眾，就仍然是表演。真正的考驗是，他以為你不在場，或忘記你在場的時候，會如何待人接物。並不是建議你竊聽手機，或在他的工作場合安裝攝影機，但要留意他的表演是否有死角。不要被他對你的讚美蒙蔽了雙眼，以至於沒看到他的行為實際上有多麼善變。

最後一個警告：看到某人對其他人不好，卻對我們特別友善，我們可能會很享受這種感覺。有時候，對其他人無禮的人對我們好，我們會覺得自己在某程度上好像馴服了那頭「野獸」。我們感覺自己很特別，覺得自己是別人的心頭肉，真是太美好了。這賦予我們一種獨特的地位。在看《權力遊戲》時，誰不想成為「龍母」丹妮莉絲．坦格利安（Daenerys Targaryen），擁有噴火三頭龍那種獨特的愛護，讓其他人無法靠近？但在現實生活中，我們必須提防自己登上那樣的神壇。那是個圈套。某人對你的好，和對其他人的不尊重，這兩件事永遠不應該並存。由此推論，你就會知道，如果他們決定將對你的光芒轉換成火，你會有什麼樣的經歷。

愛情轟炸

一場活動中，有位女士提到她認識的某個男人在早期就表現出「非常強烈」的情感，還當場引用了他為她寫的詩，形容她如同女神一般。我告訴她，我覺得這個人很可能會是災難。聽眾對我的悲觀發出明顯不滿的聲音。然而，後來這位女士繼續講下去——爆雷提醒！——原來這個男人確實是災難。他來匆匆，去也匆匆。

「愛情轟炸者」就是形容像這個男人一樣虛幻的存在。一開始用大量的讚美來轟炸你，奉承程度與他實際了解你的程度完全不成比例。他會一頭栽進愛情裡，想要你跟上他的步伐。如果你的熱情不如他高漲，他往往很快就會感到被冒犯。

愛情轟炸這種行為有其迷人之處。碰上迅速對我們墜入愛河的人，感覺像是走進了電影片場。這正是他們所指望的：利用我們對浪漫愛情故事的幻想和渴望。需要注意的是，愛情轟炸者有不同的類型。有些人對愛情抱持不成熟的想法，並且不太會控制衝動；有些人則是惡意的操縱者，知道我們急於尋找愛情，而迅速發展的關係，可能會讓人誤以為那就是我們一直渴望的東西。惡劣的愛情轟炸者，正是利用了這種本能。

因此，我們必須保持警覺，不讓自己對美好愛情故事的渴望蒙蔽了雙眼，忽略這個人異常急促的步調所帶來的不和諧感。為什麼一個幾乎不了解我的人會告訴我，我是他的摯愛？我在如此短暫的時間內就變得如此重要，不是很奇怪嗎？當然，找到一個看出我獨特之處的人是件好事，但這是真的嗎？我們也不過喝了一次咖啡而已啊？

那麼，如何區分愛情轟炸者和那些在早期階段真的對我們非常心動，而無法克制情感的善意之人呢？有一個好的起點，是問問自己，這種強烈的情感是彼此都有同感，還是完全由對方主導。問問自己：我的投入程度與對方是否一致？我是否曾經說過「我也非常想你」？或是「對，我真的想放下一切，和你在一起」？

記住，如果一個人真心對你著迷，剛開始意識到你們之間的關係有多麼重要，他最不想做的，就是表現得過於強烈，或將不理性的情感表露出來，因而搞砸這段關係。雙方都會小心翼翼地互相試探。如果雙方都有好感，感覺到彼此之間的感情正在增加，互動可能反而會變得相當拘謹和生疏，甚至顯得有些過時。

如果你注意到對方在這麼早的階段，表現出來的熱情和強度感覺過於突兀，那也沒有必要立即判斷是不是警訊。你可以嘗試建議他放慢進度，對方的反應將顯示出他的真實意圖。也許他會有些不好意思地向你道歉，然後稍微退一步，希望你們能重新找到共同的步調，那這就不一定是警訊。或者，他也有可能繼續按自己的方式行事，彷彿你什麼都沒說過。

耐心、克制和延遲衝動的能力，通常是重視關係的人所具備的特質。他們會重視建立關係，而非當下的激情。如果有人對你希望按照自然步調發展的念頭毫無興趣，或者在對你表達愛意時，似乎沒有考慮到你的反應，那就要當心了。

這通常意味著他的愛情觀不成熟且不受約束，或者他對你的印象，是你無法企及的完美投射。兩種都表示，如果你露出缺陷和人性，他的「愛」，很可能在高峰後出現嚴重的下滑。也就是說，應該留意那些用過度愛意，掩蓋其挑剔本性的愛情轟炸者。我的 YouTube 頻道有一部名為〈如何判斷一個男人是否對你進行愛情轟炸〉的影片，一名觀眾在評論區做出完美的總結：

> 哈哈，我記得曾經和一個傢伙短暫約會過，他在我們分手後坦承，他在每段關係開始時，都會認為對方是他將來的妻子。然後，慢慢地，他發現對方不

是理想對象，就會逐漸疏遠對方，直到最後分手。實在太荒謬了！我花了很多時間檢討自己，以確保不會再吸引到這種男生。

更糟的情況：愛情轟炸者可能善於操控，甚至是惡意操控。他故意這麼做，目的是讓你投入更多感情，超乎這個階段通常會自然給予的程度。專家會告訴你，這些都是自戀的特徵。首先，製造出極端強烈的情感後，卻因為發現對方有些人性上的缺陷就拋棄對方，是非常自私的做法；換句話說，就是當關係開始從幻想浪漫轉變為真正的承諾時，才突然抽身。第二，這是一種物化行為。自戀者或是表現出自戀行為的人，只是希望你愛上他，以此感受自己是愛情中至高無上的存在。他不在乎這會對你造成什麼後果——「你愛上我了？太好了！那我可以繼續前進了。」這就是為什麼我告訴大家，要小心那些特別美好的初次約會。這種人會給你印象深刻的第一次約會，因為他急切想要讓你感到驚豔。你可以理解成這是因為他對你有興趣，但事實上，從頭到尾，這一切都是為了他自己。請記住，一個情感健康且認真建立關係的人，不會尋求觀眾，而是尋找連結。真正的連結，絕不會只是單向流動。

不肯道歉

你可能遇過那種無法道歉的人。連一句「對不起」都說不出口的人，同時展現出兩種特質：缺乏謙遜的態度和過度不安。區區三個字應該不難說出口，但在需要道歉的時候卻保持沉默，實在讓人憤怒。更糟的是，這樣的行為會阻礙未來的成長。承認自己所犯的錯誤或造成的傷害，是一種基本的認知行為，可以成為改變和成長的橋梁。一個無法道歉的伴侶，要麼無法成長，要麼只能暗中成長，遠離那種在開放和相互認可中茁壯成長的支持。無法及時道歉的人，往往會在自己安排的時間內，帶著自認為改變的版本重新現身，準備為改進過的新形象爭取讚譽，卻從未為過去的錯誤道歉，也不承認自己曾經造成的傷害。拒絕任何道歉的交流，意味著否定了有效爭吵所帶來的好處：需求的溝通、敏感問題的探索；理解到相較於個人自尊，成為一段發展中關係的一部分更加重要的安心感。對方不肯道歉的行為，迫使你和一個堅持孤獨之旅的人在一起。這表示你的旅程也會是孤獨的，最後你可能會發現自己一個人痛苦著。

除了錯過道歉和寬恕所帶來的好處與聯繫，不願說「對不起」還可能使我們失去理智。為什麼？因為無法道歉的人有個特徵：傾向於操縱別人，讓別人覺得自己總是錯的，或者完全誤解現實。有時，這種操縱甚至會演變成恐嚇或更糟糕的情況。按照一連串可預測的步驟，不肯道歉的人會導致我們自尊心下降。這就是為什麼，不肯道歉是一個很大的警訊。避開那些不肯道歉的伴侶，我們才可以保持開放的心態，迎接真正的連結。

不遵守大大小小的承諾

無法每件事都說到做到，並不一定就是說謊者，我們可能只是無法完成所有計畫、但意圖良善的普通人。然而，有些人經常打破他們的承諾，總是說會做某事，最後卻沒有做到。當說話不算話成為一種模式，你就該當心了。

反過來看，如果有人一言既出，必定履行承諾，無論是傳送說好要給的網址連結，還是介紹你認識他們的朋友，那個人就值得我們重視。這個行為看似簡單，但在一段關係的早期階段，履行承諾與否，是判斷一個人會不會在你需要時給予支持的重要方式。打破承諾的理由五花八門：

- 他真的很想做到，但事情太多。

- 他真的不善於時間管理。
- 他承擔太多事情，想要取悅每個人。
- 他有注意力不足過動症（ＡＤＨＤ）。
- 他認為就算做不到也沒什麼大不了，因為不是什麼特別重要的事。

以上多數問題，我都曾犯過。我們可能都曾經犯過。那麼，要如何區分一個人是努力做到最好、值得給予機會，還是根本不值得信賴、在關係中會讓你失望？人生到了某個階段，我們唯一擁有的就是信用，以及關心我們的人是否相信我們的承諾，或覺得可以信賴這些承諾。因此，我們應該努力去建立、維護或修復這份信用。如果你遇到一個人，要麼根本不在意自己的承諾變得毫無價值，要麼在所有證據都可疑的情況下，反倒譴責不相信他的人，那就快跑吧。

在此要特別注意，無法信守承諾和不肯道歉，這兩個警訊是最危險的組合——我稱之為「暗黑組合」。如果這兩種特質出現在同一個人身上，他會格外具有傷害性，對他人或關係造成更大的傷害。我不是要你去尋找一個完美無瑕的道德典範，但如果你喜歡的人三番兩次破壞承諾，不妨問自己以下四個問題：

- 這種情況是否在不同類型的承諾上發生過很多次？
- 他是否曾經承認自己未能達成期望？亦即，他是否主動提到自己的失敗？
- 他道歉了嗎？
- 他是否保證下次遵守承諾，以挽回自己的信用？

還是他……

- 繼續裝作沒事，希望你不會注意到？
- 試圖說服你，認為你在小題大作？
- 撒謊說自己根本沒有承諾過，讓你覺得是自己瘋了？
- 告訴你他不需要為忙碌、壓力大、沒時間或無法履行承諾而道歉？
- 攻擊你以前的錯誤來轉移注意力，說他從沒提過這些事，因為他對你「沒那麼吹毛求疵」？
- 知道你因為上次提起時結果很糟，現在害怕再提起，所以繼續違背承諾？

顯然，這是一條通往情感虐待的道路。不過也別急著下定論。如果有人本來說要幫你買麥根沙士，卻帶了罐胡椒博士可樂來，或者無意間忘了做他答應要做的事情，請多寬容一點。但如果有人總是無法兌現承諾，只會讓你越來越失望，那麼還是趁早放手，去尋找你可以依賴的夥伴吧。

溝通模式不一致

有人不斷傳訊息給我們，這種熱情很容易讓人感到興奮。但這樣的風險在於，我們可能會以熱情強度來衡量一個人的潛力，而不是根據溝通模式的一致性。不過，誰沒遇過那種一小時內狂發五十則訊息，然後又整整一星期不聯絡你的人呢？

雖然每天工作結束後才傳訊息給你，或是固定每隔幾天打個電話，可能不那麼令人興奮，但這種穩定的溝通模式，其實是有意義的。這樣的溝通是否足夠，取決於你們的契合度，並不算是危險訊號。

真正的危險訊號，是溝通模式的不一致。比較輕微的清況，這表示對方並不想和你有什麼認真的關係；他不是在尋找一段感情，而是想要一些經驗。當他在某個星期六早晨醒來，突然想要被愛、想要親密感和陪伴時，你剛好在那裡。但之後他又消失了，回到他的生活中，彷彿你根本不存在。他不在乎這種缺乏一致性的行為會破壞你們之間的進展；事實上，這樣的安排對他來說正好有利。他偶爾聯絡你，可以繼續吸引你的注意力。那些溝通中的空白則讓關係不可能發展，進而將你們的關係凍結在現狀。

更糟的情況，這表示他過著你不知道的雙重生活。他停止與你聯繫時，可能正在和生活中的另一個人聯絡。如果你疏遠這樣的人，發現他突然又變得更加積極，請不要感到驚訝，他只是想確保在需要你的關注時，你仍然會在他的掌控之中。

忽視警訊的代價

在我其中一堂大師課上，我請 Love Life 俱樂部學員回顧他們的關係，分享忽視警訊帶給他們什麼代價。問題還沒問完，聊天室就已經開始熱鬧起來。回應大致分成三類：

對方突然離開

「莫名其妙被甩掉，還因此產生嚴重焦慮。」

「最後對方無聲無息地消失。」

「結婚四個月後就把我甩了。」

通常早期就會有一些警訊，顯示對方言行並不一致，感覺和你不同，或者投入感情的程度沒有你那麼深。你可能會覺得事情結束得很突然，或者對方的消失難以理解，畢竟他曾經向你表達過感情，甚至採取過一些行動。但更誠實地看待這段關係，會發現其實早就有徵兆，透露出對方最終會突然離開。

陷入虐待關係

「我遭受性侵，花了多年時間治療，才不再因為他的行為而責怪自己。」

「我辛苦打拚的一切、我想要的未來、我的積蓄、我的工作、我的理智，一切都沒了。」

當我們感到不安、需求沒有被滿足，或者對方的關注毫無一致性時，便容易忽視那些早期的警訊。我們甚至可能說服自己，只要再多投入一些，這些不安感就會消失。但問題從來沒有消失，恰好相反，我們投入得越多，情況反而越糟。

雙方目標不一致，浪費青春

「他不想要認真交往，所以我接受了『炮友』關係，結果他愛上別人，然後把我甩了。」

「我浪費了十二年，失去一直想要的、生兒育女和組織家庭的機會。」

你渴望一段深厚、忠誠的關係，對方卻不想。你想要一夫一妻制的專屬關係，但他根本不相信這種形式。你想要一個家庭，但對方完全沒興趣擁有個孩子。如果早期忽視了雙方目標不一致的問題，我們可能會繼續投入時間和精力，卻沒意識到我們和旅伴根本不在同一條路上。直到多年後，我們才意識到，或者終於接受，我們其實一直朝著完全不同的方向前進。

一段關係結束後，我們往往會回頭檢視，試圖找出早期的警訊。那些徵兆本該提醒我們，這段關係從一開始就注定要失敗。我們很容易責怪自己，那些事後看來再明顯不過的警訊，為什麼當初沒有注意到？就像看恐怖片，明明知道凶手在外面，聽到樓下有聲音時，卻不是拿著鑰匙迅速逃離租屋處，而是帶著故障的手電筒，慢慢打開地下室的門。那個大家都在喊「你到底在幹嘛？快逃啊！」的人，就是我們自己。我們就是那個渾然不覺的受害者。

事實是，這種情況可能發生在任何人身上。我們容易因為無力或不願意面對警訊而感到羞愧，但我們也可以把它當作一次提醒，告訴自己，不要再讓自己被牽著鼻子走，不要因為走得太快而看不見警訊，也不要因為渴望被愛而沖昏腦袋。因此，我們應該在遇到障礙時停下來思考，並在一時衝動投入關係之前，先清楚溝通我們的需求和顧慮，避免讓自己陷入情感上或現實中難以脫身的困境。

處理警訊最棘手的部分，是判斷某人所做或所說的事情是否符合警訊的標準。如果符合，該立即斷絕關係嗎？還是留在原地看看會不會再次發生？在事情變得更糟之前，是不是該表達一些想法？

作家羅伯．葛林（Robert Greene）給了這樣的建議：「判斷一個人的品格，要注意他過去的行為模式。因為人會在過去的行為中展現自己。他從行為中透露自己的樣子。即使試圖掩飾，仍然會顯露出真實的自我……人的行為不會只有一次。」

如果葛林對人性的觀察是正確的，那麼一個人過去的關係、這些關係如何結束（如果你有幸知道真相）、他在你之前如何對待他人，以及他現在如何對待你和其他人，都值得我們深入了解。「人的行為不會只有一次」是不錯的經驗法則。我一定會把這個建議，列入任何我想給所愛之人使用的「如何活下去」手冊中，這也是它出現在這裡的原因。

如果我們真的依照這個建議來生活，那麼應該問問自己：「剛剛發生的那件事有多糟？如果這種情況在我的下半輩子不斷發生，那我將過上什麼樣的生活？」如果答案介於「完全無法接受」和「與我所想的快樂平靜生活背道而馳」之間，那麼離開可能是明智的選擇。

不過，再把焦點轉回到我們自己身上。我們一定也做過一些發誓不會再犯的事情，也許是無意間傷害了他人，後來意識到它所造成的傷害，讓我們徹底改變自己。這種改變的能力，才是品格的標誌。如果我們可以把自己的某些重大失誤視為特殊事件，而非未來行為的預測，難道不該也給予他人同樣的機會嗎？

這些警訊的目的，是幫助你辨別那些我認為將來一定會造成痛苦的行為，無論你以多麼寬容的態度去解釋它們。然而，即使在這些情況下，我們也知道，生活未必總是黑白分明，壞事也有不同的程度。

對方是真的在對我進行愛情轟炸，還是只是有點過於激動了呢？對方是否有說對不起的障礙，或者這次只是自尊心作祟？對方掙扎著要不要給承諾，是因為做不到，還是因為即將克服過去讓他一直退縮的創傷？對方在溝通模式上的不一致，是因為他暗地裡有另一種生活，還是純粹因為我們的關係處於早期階段，我對他而言尚未那麼重要，所以是可以理解的？即便是不忠這種大多數人都會譴責的行為，也有很多人問我，應該將這種行為視作對方的真正本質，還是接受對方的真心懺悔，並相信他不會再犯？

這是個複雜的問題。

事實是，儘管本章節提出了一些重要的警訊，但我其實對所謂的「警訊」感到不安。這些理論把情況過於簡化，而現實生活往往不是那麼簡單，選擇也並非總是非黑即白。我在遇到我的妻子時，還沒有準備好認真給予承諾，但後來我變了。人有時候是會變的。依賴這種變化，或將自己的未來寄託在這樣的改變是個壞主意；這樣只會把問題拖延到未來的生活中，讓未來的自己面對痛苦和責任。但在當下把事情看得更清楚，有助於判斷這是應該停止的訊號，還是一個去深入理解對方，並加深彼此親密關係的機會。

如果你認為這個問題值得討論，看看是否可以改善，我稱之為「黃燈」。假如你遇到一些不喜歡的情況，但你想先探討一下，再決定是否要放棄，那麼這個特徵或傾向就會暫時成為黃燈。黃燈會在情況改善時轉為綠燈（繼續前進！）；如果情況沒有改善，黃燈則會變成閃紅燈（快點退出！）。

怎麼判斷呢？怎麼知道黃燈會變成什麼顏色？你可以透過對話來找出答案。這是我工作中的核心原則：棘手的對話能改善我們的生活。羅傑斯先生（Mr. Rogers）曾經說過：「任何問題只要可以提出來，就是可以處理的。」在浪漫關係中，一切都必須提出來，否則我們永遠無法知道這個問題是否可以改善。

大家來找我討論時，問題往往會有這樣的模式：「馬修，我不喜歡他這樣。你覺得會有改善的可能嗎？」但當我問他們這個很明顯的問題——「你有沒有跟他談過這個問題？」——他們的回答幾乎總是沒有。問題在於，我應該是第二個和他們談論這件事的對象，卻通常是第一個。

我看到很多人明明察覺到對方沒有想要認真交往的跡象，卻選擇忽視，期待只要與對方更親近，就能改變他的心意。一年後，他們發現對方依然停留在最初的狀態：根本不想建立關係。

通常我們不直接與對方討論，是因為擔心這樣會嚇跑對方。但如果讓恐懼和不安引導我們，只會忽略將來可能困擾我們的警訊。如果我們將害怕嚇跑對方的恐懼，放在了解對方是否符合我們標準的需求之上，就會打造出通往不幸的捷徑。我們需要調整這個觀念：我最大的恐懼，應該是把生命浪費在不會讓我幸福的人身上，而不是害怕嚇跑對方。**即便是我們認為合適的對象，如果他不願意為我們的幸福付出，那他對我們來說也是不對的人。幸福才是最重要的，而不是那個人。**要與某人一起找到幸福，我們必須勇敢地溝通那些讓我們猶豫的問題。當我們意識到，值得擁有的關係其實是在棘手的對話中形成，就更容易展現這種勇氣。

Have Hard Conversations

7

越難啟齒的話題
越該早點談

大約八年前，Trojan 戰神保險套邀請我擔任代言人，宣導安全性行為的公益活動。根據他們的新聞稿，身為「世界知名的戀愛專家」，我的工作是負責探討人們如何陷入危險行為。他們首先派我飛到紐約市，與多家媒體和雜誌進行訪談，這些單位都有各自的受眾和其獨特的風險。例如，某家雜誌的編輯告訴我，現在仍然存在一種大男人主義的文化，許多男性不願意使用保險套，而女性害怕溝通，更不用說讓哪個男人好好戴上保險套了。

從很多方面來看，安全性行為都是棘手對話的起點，不論是異性戀伴侶還是同性戀伴侶，對每個人而言都是如此。多少人的生活因為關鍵時刻有人覺得太尷尬、害羞，甚至感到威脅，而不敢進行這些不舒服的對話？我們的文化沒有幫上任何忙。我記得在擔任代言人時，被帶進一個錄音室，接著又安排進入一個又一個廣播電台。我一連進行了許多通勤高峰時段的訪談，無法分辨當時是哪個電台，也不清楚我在和哪個地區的聽眾對話。但其中一名廣播主持人似乎來自保守地區，他在歡迎我到某某廣播頻道時說：「現在我們邀請馬修．赫西先生來跟我們談談——我只說一次——『保險套』。那麼，馬修，你覺得這是怎麼回事？為什麼這麼多人進行不安全的性行為？」

當時我毫不猶豫地回答：「嗯，顯然部分原因是在於像你這樣的人，例如認為在廣播訪談中，『保險套』這個詞最多只能提到一次！」說實話，如果我當時多想一下，情況可能只會更糟。幸好，這一切很快就結束了。

另一個遲早會面臨的棘手對話，是要不要孩子的話題。雖然「孩子」在輕鬆的話題中只是閒聊而已，例如「當然啦，誰不想要孩子呢？」但在更具壓力的情況下，這個話題往往會涉及生理時鐘的問題，我們會在第11章詳細討論。我見過很多人因為對生小孩的看法不同，一次次地迴避與伴侶進行棘手且可能結束關係的對話，導致未來更大的傷害和遺憾。我親身經歷過這種遺憾，這讓我堅信：任何棘手的對話，只要能夠避免未來遺憾的痛苦，都應該列在我們的優先清單上。

我們對進行棘手對話的意願和態度，外在會反映出我們內心建立的新標準，基於對我們想要的生活方式的充分認識而生。了解你的標準和進行棘手對話密切相關。一旦你確定自己想要什麼生活，並且能夠表達出來——例如「雖然你很性感，但沒有保險套的話我無法繼續」或「你很有趣，我和你在一起很開心，但如果你不願意承諾進入一段關係，我無法繼續」或「我確實喜歡和你在一起，很遺憾我們在這件事上意見分歧，但我的計畫是，無論有沒有你，都要在四十歲之前擁有一個孩子」——就能找到你所需要的明確性和力量，抽身離開無法滿足你需求的處境。

談判的規則不會因為你處於交往關係中、情感和性愛混雜在一起而改變，你必須隨時準備好離開。如果你在找工作，在沒有得到更高的職位、薪水增加，或更符合你想做的事之前，你不會考慮離開當前的工作。如果你在賣房子，你會知道必須達到怎樣的價格才值得搬家。不論是哪種情況，如果基本條件沒有達到，你都應該禮貌地結束談判。

艱難的對話源自內心對自我標準的堅持，並且是將此標準落實於外的途徑。有一名在 YouTube 頻道追蹤我的女粉絲，把我為關係陷入停滯者所設計的訊息範本傳給了她的約會對象。對方回覆：「這聽起來不像是你會說的話。」會有這種反彈完全正常，也在意料之中。在家庭治療法中，這種情況被稱為「系統保持現狀的傾向」（homeostatic pull），即任何系統都希望維持現狀。聽到這樣的回覆，我的反應通常是：「太好了！現在你們正朝著不同的結果邁進。」很明顯，這位男士感覺到事情正朝新的方向發展。他在試探她的信念有多堅定。他想知道這是不是容易半途而廢的決心——換句話說，只是一種策略——還是她建立了一個非常真實的新標準，並讓他知道，現在他們都必須遵守一套新的規則。

對於他的訊息，正確的回應應該是：「實際上，這才是我。但因為我喜歡你，所以我一直在等待，看看這段關係會朝哪個方向發展。現在我發現這段關係並不是朝我所期待的方向前進，所以我必須對自己也對你誠實，告訴你我真正需要的是什麼。」然而，她卻慌了，回道：「你說得對。這聽起來不像是我會說的話。我在YouTube 頻道上看到一位戀愛專家，然後把他的訊息範本傳給你，因為我們之間沒有任何進展，我覺得很難過。」就這樣，她放棄了自己剛剛設定的界線。事實上，他說得對：這確實不像是她會說的話，但這正是重點所在。這是一個新的標準，代表她現在開始認真對待自己和自己的需求。不幸的是，這個標準缺乏深厚的自信作為後盾，因此第一次遇到阻力就瓦解了。因為這樣的退縮，她在改變兩人關係所取得的進展都消失了。而這位男士也了解到，她試圖建立的任何標準都可以視而不見，因為她會在第一次遇到阻礙就放棄抵抗。

這就是為什麼棘手的對話、那些建立在標準基礎上的對話如此重要：不去正視問題，就不能改善問題。反之，我們忽視的任何事物、所有視而不見的行為，其實都是在默許它發生。儘管如此，我們還是選擇迴避這種局面。首先，我們怕自己說錯話，擔心自己結巴或尷尬，所以非常沮喪。其次，我們怕嚇跑對方，也害怕如果嚇跑對方之後要面臨孤獨和遺憾。第三，我們害怕面對現實的處境，無論是一段關係早期溝通頻率不一致的問題，還是後期提及婚姻或孩子的問題。害怕面對任何可能結束關係的話題，反而迫使你們重新回到約會的叢林。

我們必須承認，面對這些事情真的很困難。如果你已經幾個月甚至幾年沒有約會或認真交往過，開始談論標準可能會感到害怕，擔心這樣的對話會讓你失去一個久違的好機會，彷彿還沒成交就先把所有條件都亮出來。這種情況下，你可能會願意拿掉一些條件來促成交易。如果你已經有一段時間沒有得到親密的關注，幾乎難以想像這種親密關係是可替代的——這就是我們所說的稀缺心態。

專注於如何避免嚇跑對方的想法（暫且不談對方如果因為棘手話題被嚇跑，那對方可能本來就不是你想要的人），你會忽略信任某人並表明自己真實關切所帶來的正面結果。適度表現脆弱，讓別人知道你在意什麼，是勇敢、令人喜愛的表現，而且行為本身就能創造出一種親密感：你願意敞開心扉，告訴對方關於你的事。

同時，你也告訴對方該如何看待你。生活並不簡單，人確實需要一些指引。讓對方知道這次對你來說不是隨便勾搭，你之後準備建立一段真實而持久的關係，而他應該將你歸入哪個類別。你堅持的價值觀，使你有別於不太認真的關係。有些女性因為恐懼而被動，或者堅信被動才是適合女性的行為。太多時候，她們的失敗並不是因為對方不夠喜歡她們，而是因為她們繼續以「隨便」的心態相處，彷彿她們真的很滿意停留在「隨便」這個類別。這就是希望愛情和關係自然而然發生的真正隱憂。當然，愛情是雙向的，但有時候你仍然需要指揮交通！

最後什麼樣的標準成為棘手對話的主題，其實不重要，這場對話本身就為這段關係增添了重量和目標。我有位朋友和他喜歡的女生見過幾次面後，就去休士頓參加一場工作會議，接著又順便去了奧斯汀度過一個長週末。當他回來打電話給那名女生時，她說：「你不在的時候我有點擔心，因為我都沒有收到你的消息，懷疑你是不是和別人睡了。」說實話，我幾乎可以肯定他一定有，但這不是重點。她這麼說，立刻讓他用新的眼光看待她。他不僅意識到她不是那種可以隨便對待的女生，甚至覺得她這樣說讓他有點興奮。他們最後開始認真交往，因為他意識到，她對他是認真的。她的直接表達也顯得很性感，讓他從隨意勾搭的曖昧期清醒過來。也許無論如何最後他們都會交往，但看起來，這段對話確實改變了整個局面。

最難的對話，是與自己對話

我喜歡進行艱難的對話，這已經不是什麼祕密了。在第5章「籠中鳥」的例子中，我們看到有些人參加我的課程，是因為他們身處一個棘手的局面，難以對自己坦誠。他們知道，如果把自己的困境告訴我，我會樂意扮演那個永遠不會迴避棘手對話的朋友。雖然這不是科學觀察，但我感覺大約有一半的人真正需要進行的棘手對話，其實是與自己對話。如果是這樣，我所能做的，就是為他們示範如何與自己展開這類對話。

我在雪梨舉辦巡迴演講活動時，有一位穿著保守的澳洲女士站起來提問，她一手拿麥克風，另一手拿著 iPhone，彷彿已經習慣在這樣的場合面對群眾。但是，一開始描述自己處境中的矛盾，她的脆弱就表露無遺。她說，她在遇見這個男人之前單身了八年，兩人認識將近一年。她真的很愛他，但「我們沒有任何名分」。他們「試著努力每兩個星期見一次面」，但當兩人分開時——她語帶哽咽：「我覺得他好像忘了我。」她非常確定自己感情的強烈程度；如果他向她求婚，她已經準備好嫁給他，甚至願意「為他擋子彈」。但每次分開後，他們卻總是在爭吵。

「兩人在一起的時候感覺很好吧？」我問。她不太熱情地回了句「嗯」，這讓我確定她不是為了尋求認同才站出來的。後來，她承認他們每兩個星期才相處兩天，因為他上夜班，而且住在幾小時車程以外的地方。於是，我請她算算自己一生的時間。她已經快四十歲了，按照目前的預期壽命，樂觀預估還能再活五十到六十年，但這些年裡，每兩個星期只有兩天的幸福時光。「但你們在一起時應該吵得更凶吧？」我猜測：「所以即使在一起，你們也未必每分每秒都開心。」

「我得承認，爭吵大多是我挑起的。」她說。

「當然會這樣，因為你不快樂！」她應該能感受到我替她感到憤怒。這種認為自己有問題、因為自己有需求的想法，對她造成了深刻的傷害。「你覺得一個人有多少個人生？我想只有一個。我可不敢冒險相信有更多人生可以重來。」在她逐漸恢復冷靜時，我講解了「未來假期」心態的危險——一年之中有五十個星期，都在等待休假那一週才能感到快樂——以及她有可能以同樣的方式消磨掉自己的一生。

「你沒有時間不快樂。」我說：「你沒有辦法假裝自己可以浪費每次跟他分開的十二天，假裝有時間花在焦急等待下一次見面。」

她像是一個正在經歷悲傷五階段的人，從否認（但我們想要在一起！）轉為討價還價（可是我在爭吵中傷害了他……都是我的錯）。

「好吧，假設都是你的錯。你可能在這裡表現得非常溫柔和脆弱，但私底下可能令人難以忍受。」在場的笑聲表明大家都覺得這個想法很荒謬。

她也笑了，並配合著說：「我生氣的時候是這樣沒錯。」

我問她兩人爭吵的主要原因是什麼，她的聲音再次哽咽：「因為他不理會我的簡訊，或者不回覆。他不主動找我，也不會關心我。」

「所以，即使你們可能不是以最有效的方式爭吵，但問題的根本是，你並沒有從你們的關係中得到你需要的東西。你可以開始嘗試更有成效的爭論，但如果你們關係的根本問題沒有改變，你依然會感到不快樂。你可能會這樣不快樂地度過一生。你想要五年後依然這麼不快樂嗎？」

她搖搖頭。

在她承認不想要未來的五年或十年內繼續抱有這種感覺後，我直截了當地點出她的處境：「你所相信的這件事，你所堅持的這份快樂，實際上並不幸福。」

「那他為什麼還留下來？」

「因為你還在這裡！如果你允許別人軟弱，他就會軟弱。如果你讓他利用你，他就會利用你。」這是典型的逃避行為——當然，他表現得很明顯，但她也有一些這樣的行為，只是程度較輕而已。很慚愧，我曾經也有過這樣的行為，這正是為什麼我如此強烈地想幫助她意識到，如果任由他這樣下去，他會繼續以隨便的態度對待她。即使是那些後悔自己曾經傷害別人或浪費時間的人，也無法把時間還給別人，或讓對方不再受傷。所以，在當下保護自己是非常重要的；不要指望別人擔任我們的後盾。「現在你看不到這一點，因為你被對他的愛蒙蔽雙眼。但他不給你想要的東西，卻仍然留在你身邊，這就是自私。他很自私，而你卻沒有保護自己。」

這些話對她來說很難接受。她知道自己可能會面對一些難以接受的真相，仍然選擇面對，這需要極大的勇氣，但照顧她的感受並不是當下的重點。事關重大，她還剩多少年的時間，短期的痛苦和種下一顆種子的長遠重要性相比，算不了什麼。

每週浪費在一個沒有那麼愛她的男人身上，等於每週錯過真正對的人，或者沒有享受到自己內心的平靜。即使那個人還沒出現，但總會有個適合她的人，值得她愛、也認為她值得被愛。

現場響起掌聲，聽眾紛紛表示對她的支持與認同。「現在我來列出你的選擇，你自己決定該怎麼做。離開，過你的生活，遇見某個能滿足你需求的人，讓自己快樂。你有孩子嗎？」

「兩個男孩，十六歲和十八歲。」

「那麼你可以選擇給他們樹立一個堅強女性的榜樣，或是讓他們看到一個任由別人隨意對待自己的人。」我想把她的注意力引導到她一直忽略的、那些被虐待的現實：「不在意某人的心，就是一種虐待。你不會這樣對待自己所愛和所關心的人。你不會只是把他們拴在身邊，讓他們在你需要的時候出現，每兩個星期見面一次，只因為這樣對你來說很方便。」

她接著做了一件很常見的事，把對話從更深層的真相（她想要的東西和對方不一樣），轉移到關係中比較不那麼痛苦的障礙上：「那你在那種情況下會怎麼做？」她問：「他住得很遠……」

「你要提醒自己，只要兩個人都想維持這段關係，就一定會找到方法。」這位女士的困境顯然引起了現場群眾的共鳴，掌聲再次爆發。她自己也深受觸動，特別是當她意識到自己的最終決定將如何影響兒子們。他們可能看到她遇見一個能滿足她需求的人，因而顯得幸福、平靜。或者，他們可能會看到她繼續維持這段不滿意的關係，經常處於高度焦慮的狀態。當我們把問題縮減成這些明確的選項時，決定似乎不算太困難。我給了她最後一個建議：「對了，如果你離開後，他突然有所覺悟，意識到自己錯過了什麼，那時候你才真的需要做決定。但現在沒有任何選擇，因為他根本沒有提供你想要的選項。」

我鼓動聽眾給她熱烈的掌聲，同時走上前擁抱她、安慰她，並輕聲地重申我剛才公開說過的話：適合她的人一定會出現。實際上，最棘手的對話並不是她需要和他談的那段，而是她需要和自己進行的對話：接受他不是自己期望中的那個人。

及早面對

這位女士之所以在一年後覺得這場對話特別困難，部分原因是事情已經拖了太久。困難的對話，往往會隨著時間變得更加棘手。我們的需求越久沒有被滿足，就越容易積累成怨恨和憤怒。我們的身分也會逐漸固定在過去所扮演的角色中，突然要讓別人尊重我們新的樣貌變得更加困難。換句話說，我們已經習慣了他目前看待我們的方式，所以要求他用不同的方式看待我們時，會覺得害怕。當然，事實是我們認為風險隨著時間越來越高，因為我們已經投入了很多：我們與某人所建立的關係、投資的時間、以這段關係為主所調整的生活方式——這就是所謂的沉沒成本謬誤。於是，我們立下了我稱之為「有朝一日的賭注」：寄望於有朝一日他會奇蹟般地改變，變成可以滿足我們需求的樣子。

如果我們能學會及早開啟困難的對話，我們會發現自己能更輕鬆地進行，就像只是向別人解釋我們是誰、需要什麼，不會因為他的長期誤解而形成心理壓力。我們也不必把一切都押在「有朝一日的賭注」上，可以透過小規模的對話嘗試，來獲得關於某人潛力的真實反饋，不必下很大的賭注。

然而，即使在剛開始面對困難對話的階段，我們也無法忽視說錯話的恐懼。可能因緊張不小心說錯話，甚至把事情搞得一團糟，最後討論變成不斷澄清：「不，我的意思完全不是那樣。」

困難對話是一門需要學習的語言，就像其他語言一樣，也有更優雅、更有效的表達方式。學習語言時，展示實際運用的範例，通常比抽象教學更有用。如果你擔心在困難對話中顯得過於激烈，或者說錯話，我在後面列了一個範例，我們可以一起探討。這個範例並非適用於所有困難的對話，但依然是不錯的參考，看你是否能發現自己的說話方式與這個範例有何不同。這並不表示你的方式是錯的，但可以讓你看清，語言結構的不同會如何影響結果。

尋求中立地帶

在接下來的對話範例中，我將提供一些短句，有助於將情緒化的討論引導到更圓滑的中立地帶。我第一次構想這段對話時，假設了一個情境：你感覺自己被騙了。撒謊被抓到並不是最嚴重的過錯，我們多少都有誤導他人的時候，但提起別人說謊這件事，可以看作是進入棘手對話世界的一個小小起步。不過，我所略述的表達方式也適用於其他情境，例如，某人做了某些讓你受傷或感到困擾的事情，也可以使用。所以在原本出現「欺騙我」或「對我撒謊」的地方，你會看到我留下空白處，就像填字遊戲一樣。想像一下，你們經歷了一場混亂、情緒化或反應激烈的爭吵，而這是你澄清誤會的後續對話。

「知道你——（填入具體行為）讓我感到不舒服／受傷／害怕。我一直在思考這件事，意識到我應該直接和你談談。事實上，我不能接受像你這樣與我親近的人——（再次填入具體行為）。我無法接受，所以想談談為什麼會發生這樣的事情，我想了解導致這種結果的原因，這樣我們才能確保不再重蹈覆轍。」

讓我們來解析一下其中詞語的用法，以及它們為什麼有用。

「不舒服」、「受傷」和「害怕」是很好的詞，因為它們不會對他人做出評判，而是專注於表達我們的感受。這些詞帶有一些模糊性，讓你有空間來調整自己的表達，就像是你還沒決定自己到底該有什麼感受。

「我一直在思考這件事，意識到我應該直接和你談談」這句話非常適合用在不確定自己對事情的看法是否正確的灰色地帶。像是在說：「我不確定我的擔憂是否合理，或者我是否陷入了不理性的過度思考，所以我選擇直接跟你當面談談。」這樣的表達可以讓你們在困境中更接近彼此，重新確認你們之間的信任足夠堅固，能夠處理困難的對話。

「我不能接受像你這樣與我親近的人——」這句話聽起來像是一種讚美，意思是他／她與你非常親近，因此在你的生活中占有重要位置。但正因這個位置非常重要，所以你對他有一定的期待。這樣的表達既突顯了對方的重要性，又不會覺得你的標準是在批評對方的個人特質。也就是說，關注的重點不是對方，而是對方在你生活中的角色。與我們在類似情況下經常說的話「你再也不能這樣做」相比，比較能減少自我感。「你再也不能這樣做」雖然沒有錯，大膽且果斷，卻可能觸發自我防衛機制。我們希望對方可以聽進去你的話，而不是盲目反抗他所認為的抨擊、批評，或被指使的感覺。

既然排除了自我感，你可以用稍微強烈一點的語氣繼續對話。

「我無法接受，所以想談談為什麼會發生這樣的事情，我想了解導致這種結果的原因，這樣我們才能確保不再重蹈覆轍。」

「我無法接受」是為了明確表達出自己的界線。

「想談談為什麼會發生這樣的事情，我想了解導致這種結果的原因」是要展現同理心，表達你希望了解對方行為背後的原因。這也是了解對方是否具備自省、自覺及適度自我批評能力的機會。

「這樣我們才能確保不再重蹈覆轍」這句話實際上展現出解決問題的團隊精

神。如果我們選擇繼續（也就是，建立這段關係），就必須確保這種情況不會重演，因為它與我們雙方所期望的關係文化不符。

進行困難的對話，是確立界線和標準的關鍵方式之一，而界線和標準是改善戀愛的核心。你可能像我、或和我合作過的上千人一樣，內心有一個喜歡取悅他人的部分，喜歡主導局面，非常害怕掀起波瀾，所以會找任何藉口不說出心裡話。然而，只要掌握本章所述的技巧，並看到它們的實際效果，我們可以開始鍛鍊這塊可能已經萎縮的肌肉。最終，為自己發聲將成為我們再也不會缺少的一部分。

生活中的一切都需要練習，困難的對話也不例外。隨著我們越來越擅長進行這些對話，它們也會變得更加容易。令人振奮的是，用對話語，就能為一場困難的對話打開大門，讓人更願意走進其中；相反地，用錯話語，則可能讓人乾脆轉身離去。這不僅適用於當某人做了我們不喜歡的事，我們需要與對方進行的困難對話時，也適用於當我們希望自己受別人喜歡和接受，而需要說出難以啟齒的話語時。

我記得多年前在倫敦舉辦的一個週末活動，那時我還會安排參與者在白天學習，晚上到城裡實地演練。當時，這樣的安排是可行的，因為只有三十位女性參與。如今若是要兩千人同時去一個地點，可能就有點太多了。活動第二天，我詢問她們的回饋，一位女士對我說：「馬修，我聊得很開心，但心裡一直掛念著我的孩子，不知道該何時提起。」另一位女士似乎沒有問題，只是興奮地想分享她的故事，於是舉手說：「我和一個很有魅力的男士交換了電話號碼！」我問：「太棒了！你是怎麼開始和他聊起來的？」她沒有察覺到自己的回答正好與前一位女士的困擾有關：「我注意到他有個下巴酒窩，就說：『我喜歡你的下巴酒窩，雖然沒有我女兒的臉頰酒窩那麼可愛，但我還是很喜歡！』」現場聽眾都笑了起來，自然而然體會到那位男士在昨晚聽到這些話時，所感受到那種有趣、吸引人的氛圍。

這是一個完美的例子，說明為什麼對某些人來說困難的對話，對另一些人來說毫不費力。第一位女士的語氣，彷彿她家裡有個黑武士達斯．維達在等著對付任何接近她的男人；第二位女性則是在和別人調情時，輕鬆提到她的女兒。

這裡點出了關於困難對話的重要觀點：別人會根據我們的言行舉止來判斷如何回應。如果我們害怕進行對話，對方會感受到我們的恐懼。如果我們擔心自己的負擔會嚇跑別人，那麼對方更有可能把這件事當作負擔。我們可以學會以更輕鬆的方式面對事情，即使是那些我們曾經認為會讓自己變得無足輕重、不被接受的事物。學員安琪拉的故事，便是這方面的絕佳案例。二〇一九年春季的某一天，她站在我舉辦的研習營舞台上，激動地向現場所有聽眾講述她自己經歷過的困難對話。

安琪拉的故事

安琪拉是位蘇格蘭女性，最早在二〇一〇年參加了我的研習營。當時研習營的活動規模較小，我們還能在奧蘭多郊區找到一間大房子，容納所有參與者。她也參加過其他活動，例如，我在倫敦的自信系列講座，但在我們第一次在那場研習營交談之前，她基本上就是個認真學習的人，穿著與佛羅里達州略顯格格不入的長裙和長袖衣物。

有一天，在研習營的某個時候，她拉我到一旁，問我能不能單獨談談。這種情況在早期的實體研習營中比較常見，當時參與者還只有十幾人，而不是數百人。研習營這裡有一個小型的家庭劇院，安靜、昏暗，和教堂差不多。安琪拉和我進去後，一起面對著空白的銀幕坐下來。她一句話也沒說，不過氣氛並沒有想像中尷尬。我率先打破沉默：「你知道，我會一直坐在這裡，等到你告訴我發生了什麼事。」她雙臂交叉抱胸，顯示出一種抗拒的姿態。我告訴她，我可以在這裡坐一整天，並向她保證，沒有什麼事是我沒聽過的。

她開始娓娓道來自己的故事：二十三歲那年，她下班走路回家，途中被一名酒駕駕駛以時速七十英里的速度撞倒。那名駕駛肇事後，丟下躺在地上的她，自己逃離了現場。她失去了一條腿，手術後，手臂滿是傷疤。醫生告訴她，她可能永遠無法行走、無法自主進食，甚至可能無法擁有自己的家庭。但她具備所謂的「蘇格蘭頑強精神」，所以她拄著拐杖走出醫院，現在完全靠自己行動，並且——用她的話來說——「配戴著」義肢。

在她一口氣道出所有藏在心裡的慘痛故事之後，我說：「那又怎樣呢？」她告訴我，她現在很擔心，約會時對方會因為她少了一條腿而不喜歡她。

這種時候，身為教練，我知道如何給予與他們預期完全不同的回應，來打破他們的思維模式。於是我故意表現出一種不可置信、激憤的語氣回覆：「哇，太傲慢了吧？你需要每個人都喜歡你嗎？和你約會的人都必須愛上你並選擇你嗎？」安琪拉困惑地看了我足足十五秒，然後笑出來。我們兩個人一起笑了很久。她瞬間明白：**在愛情中，我們不需要每個人都喜歡我們。我們只需要一個人，而拒絕某些人事物，會讓我們更快找到他。**

二〇一八年底，整整八年後，安琪拉打電話來，迫不及待告訴我她的好消息。她說，我那個半開玩笑的回應給了她信心，讓她做到自己從未想過能做到的事。我為她感到高興。儘管安琪拉在當年的家庭劇院裡沉默寡言，她卻是一個很會講故事的人；如她所說，甚至有點多話。我邀請她在聖誕節前的一個活動中分享她人生的重大變化。她婉拒了，告訴我這和她即將在醫院進行的手術時間衝突，最後我們同意她以嘉賓身分參加翌年春天的研習營。

大約五個月後，我請她上台時，我真的不知道她即將分享的內容會如此感人。她自信地聊起那場意外，以及我在家庭劇院裡給她的反應。更讓我感動的，是她回憶起某個早晨在廚房發生的事。那天她滑倒了，咖啡灑在她的長裙上，她覺得很尷尬，一部分原因是跌倒時露出了她的義肢。據說我媽當時也在場，她走過來幫她，拍拍她的肩膀，扶她起來，並說如果她上樓換衣服，可以幫忙清洗衣物。安琪拉向在會場後方的我媽寶琳揮手。那天早上她覺得非常脆弱，深深感激寶琳展現出的善良本能。

「對了，各位，」她對在場的所有女性說。「這幾乎是我第一次穿露腿的裙子。」她指向身上那條藍白相間的棉裙，露出她的腿和淺色麂皮半筒靴。在場的女性紛紛鼓掌。她逐漸進入狀況，開始解釋在離開研習營後，她如何將在我的課程中所學到的技巧付諸實踐。她遇到一個男人，第一次約會很愉快，於是她決定在第二次約會時開誠布公。

安琪拉說：「我當時很擔心，一想到要告訴這位男士我發生過什麼意外、身上有什麼疤痕、配戴著什麼……」她指了指義肢。

「結果他說了和馬修一樣的話：『那又怎樣呢？』」

「當下我就知道，這個男人就是我的真命天子。」她笑著說，台下聽眾也跟著笑了起來。「事實是，馬修教會了我很多。在見這個男人之前，我就對自己說：『如果他不喜歡真正的我，那就算了。我會繼續向前。我的價值不取決於他是否對我感興趣。』所以——」她對在場的女性們說：「我就站在這裡，你可以看到我所配戴的，我的疤痕、我的缺點。無論你有過什麼不安，我也經歷過、見識過，我完全能理解。如果我能克服這些，你們也一定能做到。」她越說越放鬆，開始用起純正的蘇格蘭口音。

接著，她講述了幾個月後，她的新男友帶她去聖安德魯斯（St. Andrews）的故事。他訂了蜜月套房，尷尬地告訴她那是僅剩的一間房。那天晚上他們出去吃飯，他緊張到不行，遞盤子給她的手顫抖得厲害，結果食物濺飛到另一張桌子上。她當時心想：「天哪，他居然這麼緊張？看來我還是魅力不減！」後來他帶她到星空下，讓她閉上眼睛。她對他說：「你幹嘛蹲下？」就在那一刻，他單膝跪地向她求婚。六個月後，他們結婚了。

現場沸騰起來。等到會場恢復平靜，她說還有兩件事要分享。「我的故事，是我過去無法啟齒、最折磨我的經歷，也是阻礙我前進的原因。是馬修幫我解開心結。現在，我成立了一家慈善機構，幫助那些因酒駕受害的家庭和孩子。」

然後，安琪拉跟我們開了一個小玩笑。她說她在聖誕節前後進行了一項手術，而且情況不妙。事實上，這場手術改變了她的一生。她說那起意外發生後，最讓她心碎的事情，就是被告知由於傷勢過重，她永遠都無法生育。發生這種事情，該如何安慰自己呢？她翻找了一下，拿出手機，請我媽上台，並給大家看了一張照片。她躺在醫院，丈夫在她身邊，而她懷裡抱著一個嬰兒！那是她的寶貝女兒，漢娜。我原本以為她會針對她所成立的慈善機構說幾句，沒想到她守住這個祕密長達五個月，飛了兩趟航班抵達邁阿密，整整一週都隱瞞著這件事，等到最合適的時機才揭開這個驚喜。我驚訝萬分，又替她感到高興。

「這就是為什麼我要告訴你們，這些方法確實有效。」她說。「沒有糖衣粉飾，也不可能美化，我原本想讓我的人生朝著一個方向發展，最後卻走上另一條路。不過現在，我在各個方面都獲得滿足感。我知道未來還會有低潮，但我現在擁有提升自尊和信心的工具。而且我知道，我從馬修那裡學到了什麼。我一定會教給漢娜，她一定會成為了不起的小人物。」

Attention is Not Intention

8

回你訊息，不表示他喜歡你

當我們渴望浪漫的注意力時，任何來自心儀對象的一點點回應，都可能讓我們如沐春風。若這種注意力在一開始就來之不易，我們自然不願輕易放手。然而，當我們渴望的是建立一段關係，標準應該要更高。

如果你已經追蹤我一段時間，一定聽我說過這句話：**不要因為你有多喜歡對方而投入感情，要根據對方對你的投入程度，來決定是否投入感情**。

這是一條保護自己的規則，將焦點從「對方的回應讓我們感到愉悅」，轉移到「對方是否持續為我們付出」。這條規則能防止我們單純因為覺得對方很棒，或認為與對方之間的關係很特別，就無條件地付出時間和精力。

雖然這有助於避免我們被利用，但若執行過頭，也可能讓我們過於被動。這樣一來，什麼事都不可能發生。如果我們都在等對方先付出，那麼任何關係都不可能發展起來。兩個陌生人見面時，總要有人先邁出第一步，約會後也總是要有人傳出第一則訊息，說出第一句「我愛你」，甚至是求婚。我們不可能總是同步前進。事實上，對方的主動，往往會促使我們提升自己的行動力。因此，我們必須在自尊與主動之間找到平衡。自尊心太強，我們就永遠不敢冒險行動。這是許多我指導過的人常犯的錯；他們沒有創造足夠的浪漫機會，來提高找到愛情的機率，而過於主動，我們又可能變成過度急躁的追求者，容易遭人利用。

我幫助人們找到這種平衡的方法，是在我兄弟史蒂芬・赫西（Stephen Hussey）創造的原始規則基礎上加入一個前提：先投入，再測試。

你試著向前邁出半步，他也會向前走嗎？把你主動採取的每個舉止視為一次小實驗，觀察結果如何。舉例來說，你可以早上傳一則訊息給正在約會的對象：「嗨，你好／帥哥／美女，祝你有個美好的一天。」這樣的訊息看起來沒什麼，卻可能帶來許多正面效果。你並不是極力吸引他們的注意，也不是提問以期獲得回應。這則訊息是坦率的、充滿善意的，同時也帶有一點脆弱的性質。一旦你傳出這樣的訊息，我希望你仔細觀察接下來發生什麼事。他們隔天早上是否也會傳訊息給你？換句話說，你的主動是否引發他們的主動？有些人告訴我：「我知道他喜歡我，因為他總是會回我訊息。」但那只是被動的反應。我會問：「當然，但他們有沒有先傳訊息給你？」

這是任何一段關係剛開始時，本身具有的風險：一旦你開始對某人有了好感，對方給予你的任何回應，都可能像毒品一樣使你的理智混亂。這可能比毒品更危險，因為不論誰在吸食古柯鹼、感覺多好，隔天醒來，他們也不會幻想與古柯鹼共度餘生，或帶著古柯鹼回家見父母。從有魅力的陌生人那裡得到的注意力、一直無法忘懷的前任所傳來的訊息，或者與有好感的對象共度浪漫週末的機會，這些都會讓人感到希望，也很容易被誤解為更深層的意圖。

注意，我說的是「你有好感的對象」。這就是問題所在。現階段，「你和這個人之間」未必真的有什麼計畫。「和」代表雙方有溝通過的共同意圖。我們都能察覺到那個對愛情過於憧憬的自己；我們認為對方是如此完美，因而過度規劃未來的藍圖。

我們開始想像自己與對方在未來某個場景裡的樣子。不知不覺間，我們深陷於腦海中的愛情故事裡，劇情發展不是基於對方實際投入的程度，而是我們因為獲得關注而產生的興奮感。我見過太多人在這個危險階段誤以為對方的注意力就是意圖，最終受到嚴重的傷害。**記住，注意力只是某人在當下給予你的能量，意圖則代表一種真正的渴望，想知道這段關係會如何發展。**兩者可能很難辨別。不要讓你現在所獲得的注意力，分散你對他具備意圖與否的判斷。

若即若離，忽冷忽熱

最讓人抓狂的情況之一，就是當他在你身邊時，他會對你展現出極大的注意力，彷彿對你愛不釋手。可是一旦你們分開，你卻感覺自己幾乎不存在。這就像是在兩個平行宇宙之間掙扎，一個宇宙裡那個人對你非常投入，而另一個宇宙裡那個人完全不會想到你。這種情況可能會浪費你的時間和精力，如同我們在前一章提到的澳洲女士。那個人在想要浪漫時才對你表現出極大的關注，然後又迅速消失無蹤，這證明了他並不打算採取任何實際行動來鞏固這段感情。

等到他終於再次聯繫你，又提出了什麼藉口呢？他忙於工作或朋友、陷入某些家庭事務，或者花了幾天追求某個他們非常喜愛的興趣？這些藉口或許都是真的，他可能真的忙著處理其他優先事項，但這是否足以成為他忽視你整整一週的理由？足以讓你容忍反覆無常和讓你討厭自己的行為？你應該怎麼做？

此時最容易犯的錯誤，就是模仿他的行為。當他將聚光燈打在你身上時，你就回應他的關注；當他關掉聚光燈時，你也關閉自己。你可能以為自己在遵循我的建議「把時間和精力投入到同樣對你付出感情的人身上」，問題在於，你等於是正中這位浪漫大師的下懷：在他想要玩的時候隨叫隨到，在他不想理你的時候不去打擾。這樣做不僅會獎勵你想要阻止的行為，還可能進入更危險的循環。到最後，你會吸引到那種因為你的疏遠而感到興奮，但在你回應他的情感時又頓失興趣的人。這是一場沒有人能贏的遊戲。

那麼，如何打破這種忽冷忽熱的循環呢？你必須願意透過直接溝通來收回注意力。收回注意力之前，先向對方說明你的原因。請注意，這樣做的時機點，不應該挑在他處於冷淡的時期；如果他沒有主動聯絡你，那你就沒有談判的籌碼。只有在他出現，並且想從你身上得到某些東西的情況下，這麼做才有效，你才會有籌碼。對方也許是直接說「我真的很想在這個週末見到你」，或者間接表示「我很想你」，無論哪種形式，都是為了引起你的注意力。在這種情況下，你可以回覆：

> 「老實說，我有點驚訝你想見我。（或者：有點驚訝聽到你說想我。）我覺得最近我們沒有那麼親近，因為我很少收到你的消息。我以為我們的關係不在同一個頻率上。」

你並沒有表達強烈的情感，只是客觀說出自己的感受：由於他缺乏付出，你已經把以前的問題當作過去式。也許他會迅速回以藉口，如前所述：工作、朋友、家庭、興趣，這時，你可以藉機告訴他你的標準：

> 「我完全理解。我也有很多事情要處理，所以我知道那種感覺。不過，我非常重視一致性。你知道，我們在一起時感覺真的很棒，但分開的時候，我覺

得兩人之間的聯繫並不緊密。」

你表達出體恤和理解，但也讓他知道，你沒有忽略不對等的問題，你不能接受這樣的狀況。你讓對方意識到你在分開時的感受，並請對方改進，而不是指責。

我們已經提過模仿對方的投入程度來「耍酷」的風險，也就是在他們冷漠時，你也表現冷淡。但是，如果你不發送像這樣的訊息，風險會更大。沉默不僅表示你默許了不當的行為，還會讓你失去喚醒對的人、讓他展現正確行為的機會。對某些人來說，這樣的訊息能夠激發他們，讓他們心想：「這正是我一直尋找的、既真誠又堅強的特質。」如果你沒有清楚表達你真正想要的，那些尋求相同特質的人可能會忽略你的存在。

六個步驟，區分「注意力」和「意圖」

獲得關注令人感覺良好，但要如何及早辨別對方的意圖，避免浪費時間，又不至於過於熱情而嚇跑對方呢？以下是一些簡單的做法，以及觀察對方行為的幾個簡單指標。

❶ 保持好奇心

詢問他的性格、計畫，以及他追求的目標。別把這當成正式審問，而是對眼前這個人展現一種輕鬆且真誠的好奇心。可以試著在你們剛開始出去喝咖啡或小酌時進行，那時候的氛圍會比較輕鬆自在，沒有太多壓力。這是最佳時機，你們還沒有投入太多情感，也還沒有在一起很久，喝杯咖啡不會有什麼情感負擔，保持輕鬆，任何回答都不會錯。只要客觀地看著對面的人，允許自己大膽思考，然後說出是什麼讓他成為現在的樣子。此時，他就像是一張刮刮樂，每刮開一個區域，你就會發現他新的面貌。採用這種方式，有兩個重要原因：

- 讓你能放下任何期待或投射，專注於真正認識眼前這個人。
- 真誠的好奇心更容易得到真相。比起直接的評判，你展現出感興趣的態度和中立的語氣，更容易讓對方敞開心扉。你越能理解對方現在是什麼樣的人，未來就越不會浪費時間。

例外情況：要小心那些在回答完你第一個好奇且不帶評判的問題後，就幾乎不讓你有機會說話的人。好奇心是少數交換次數越多越有價值的東西。

❷ 注意他是否對你感到好奇

有時候，對面的人真的想了解我們，而有些人只是尋求一時的愉悅。該怎麼辨別這兩者的差別？其中一種辨別方法，是看看對方是否真的對你感到好奇。想建立關係的人會問一些問題，來幫助他了解：

- 你的價值觀

例如：這個人是否善良？（看似簡單，但對我來說是很重要的事。）

- 你的背景

例如：他和家人的關係如何？（如果不太好，他是否希望在其他地方建立深厚的友誼或家庭感？）

- 你的生活方式

例如：他喜歡經常參加聚會嗎？（比起過去，我現在更喜歡晚上十點躺在床上喝洋甘菊茶。）

總之，他想了解你是什麼樣的人，就像你想了解他一樣。那些希望你在他生活中扮演重要角色的人，跟那些急著上床的人，兩者有不同的節奏。這就是為什麼，單靠一場約會中對方有多迷人，或你玩得多愉快來評價這段關係，是非常危險的。當然，糟糕的約會能讓你了解所有必要資訊，但即使是有史以來最美好的約會，也可能是意外不可靠的指標。

魅力十足的人知道如何吸引你、挑逗你，他會給你一場很棒的約會。戀愛玩家喜歡提供最好的約會體驗，並不是因為他真的對你感興趣，而是因為他的自我意識會在你對他著迷時得到成長。他享受誘惑，並且希望聽到你說：「這是我體驗過最棒的約會！」你也許真的會這麼說，而他想的卻是：「太棒了！應該讓更多的女人來體驗這些美妙的約會！」

例外情況：雙方真的都對彼此感興趣時，互動也可能非常美妙。不過這種互動也可能是很輕鬆、很健談，甚至是很安靜。這種人正好與那些愛炫耀的戀愛玩家相反，真誠的人會為你騰出空間。

❸ 注意他的後續行動

對你感興趣的人不會讓你猜測他是否還想再見你。這不是說立刻安排明天晚上的約會——對於忙碌的現代人而言，這樣的安排可能不太現實——但他不會等到下週五才傳訊息說：「我明天一定要見你。不，今晚就要！你在哪？一小時後可以見面嗎？天啊，我太想見你了！」

那只是選擇性集中注意力，偽裝成興奮的樣子。他選擇今晚專注於你，也許是因為他一時興起，或者其他計畫取消了，或者剛結束緊張的工作週，終於可以放鬆心情去想些有趣的事情。誰知道？

當然，你可以見他。但如果你想要更深入的關係，別做任何可能讓你在未來覺得被利用或懊悔的事，因為現在你得到的只是零星的注意力，而非真正的意圖。

❹他是否願意安排時間

我原本想把這一節的標題定為「他是否願意制訂計畫」，但我想到，你們可能都很想一起做某件事，可是計畫不等於承諾，安排時間才是真正的行動。我們可能計畫某天去非洲大草原旅行，但只有在你們預訂機票和請假的時候，才算是行動。

計畫有時很危險，它讓我們在談論一個想法時感到滿足，甚至享受到其中的樂趣，卻不需要付出任何努力來讓它成真。無論在戀愛還是商業上，有些人特別喜歡討論未來的計畫。然而，這些人之中有很多其實只會浪費你的時間。

例外情況：有些人沒打算對你認真，卻依然樂於把你納入他們的生活，帶你一起過新年，甚至邀請你參加家庭度假。這很容易讓人誤以為他們有真誠的意圖，因為大多數人只有在認真對待感情時才會這麼做。不幸的是，這些人（通常是前面提到的愛情轟炸者）熱愛這些經歷帶來的感覺，但這與是否準備好承諾無關。很多人渴望擁有伴侶的感覺，卻沒有成為伴侶的打算。

比起只會幻想卻從不打開行事曆，會安排事情的人比較可能是認真的。偶爾一次轟轟烈烈的短暫戀愛，遠不如穩定的關係經營更值得珍惜。但這並不表示提出一起做些有趣事情的想法，就應該受到苛責。（布萊恩，別拿這些虛無縹緲的度假計畫來糊弄我，除非你已經有了確切的日期！）早期兩人想像未來可以一起做的活動是很有趣的，隨著這些想法起舞也無妨。在這個階段，只要你能區分角色扮演和真正的進展就好，不必事事都尋求承諾。

❺ 他是否考慮到你

與認真交往的對象約會，並不表示他現在就必須讓你參與他的每一個決定。然而，一旦你們度過早期捉摸不定的吸引力階段，雙方都確認彼此的關係後，就需要注意他如何處理那些可能對關係產生重大影響的事情。

- 你們相處的時間長短。
- 你們是否會分隔兩地一段時間。
- 你對他的信任程度。
- 關係進一步發展的可能性。

他是否在決策過程中考慮到你，取決於你們所處的關係階段，而考慮到你也不代表你對某些事情有投票權或否決權。假如對方因工作需要離開一個月，他可能不會徵求你的許可，但你也許期望得到事前告知，並有充分的溝通。可以肯定的是，他會希望確保這次離別，不會導致你懷疑他的感情，或者質疑他維持這段關係的意願。關鍵的問題是：

- 他真的有考慮你的感受嗎？
- 他在乎你的想法嗎？
- 他是否讓你參與這個過程，還是對你的感受無動於衷？
- 你是否感覺自己總是最後一個知道他生活中重要事情的人，而且經常像個局外人？

- 你是不是受到間接傷害，對方卻完全忽視你的反應，直到你的傷痛或沮喪情緒變得難以壓抑才注意到？

有一種情況，可以確定對方沒有考慮到你：當你表達意見時，對方不但沒有同理心，反而感到沮喪，彷彿你是他實現既定計畫中的麻煩。

❻ 他是否讓你感到自在

真心希望你一直留在他生活中的人，會在做事之前先確認你的感受。

他要和老朋友共進晚餐，這會讓你感到威脅嗎？你可能會注意到他用微妙的方式讓你知道，這個人只是個朋友、已經結婚，或者他迫不及待想讓你認識這個人。他不會讓事情處於曖昧不清的狀態，因為他不想讓任何事情影響你們之間正在萌芽的感情。他也不希望你覺得這種曖昧態度，在你們的關係中是可以接受的。

跨越注意力和意圖的界線

你可能已經注意到，上述的六個步驟大致是按照時間順序排列，從初次見面到有意識的連結。換句話說，從曖昧的注意力轉變到更為認真的意圖，有一個漸進的過程，大致上對應著從吸引到承諾的過渡。

真正的危險，是你開始假設隨著對方給予更多注意力，他的意圖也會隨之增加的時候。**我們很容易將情感的強烈程度和意圖的認真程度混為一談，尤其是當你自己對這段關係越來越投入時，可能會誤以為對方的認真程度和情感強度與你一致。**

這也是為什麼，更安全的做法通常是慢慢來。不是出於任何謹慎的原因，而是因為時間是衡量意圖最可靠的外在標誌、是判斷一致性的唯一途徑。缺乏一致性通常會在早期就顯現出令人不安的跡象，一致性則需要時間才能真正看出來。慢慢來，讓一致性有時間展現，也能讓行動有機會跟上言語和感受。

Never Satisfied

9

為什麼
總是愛錯人？

亞歷山大：你和我一樣，永不滿足。
安潔莉卡：是嗎？
亞歷山大：我從來不滿足。

——《漢彌爾頓》（Hamilton）音樂劇

愛情中的幸福有時讓人難以捉摸。那些伴侶的情感比自己更強烈的人，或許最能體會。哪怕你心中只迸出一點愛的火花，似乎就能擁有一切，但即使你付出了最大的努力，情感卻始終處於平淡狀態。

後來，你遇到一個讓你燃起激情的人，讓你幻想起未來的美好時光。但這一次，情況卻顛倒過來：你只會偶爾收到對方的消息，總是無法確定對方是否真的需要你。每當他打電話來，你就欣喜若狂；不聯絡時，你就陷入高漲的焦慮之中。在這種「興奮」的狀態下，你發現自己既不能好好吃飯，也無法好好睡覺或集中精力做其他事情。

擺脫這種情況後，你覺得自己已經準備好迎接一個善良、值得信賴且可靠的伴侶，卻發現自己毫無悸動、缺乏刺激感，開始懷疑是否應該堅持等待一個能讓你重新感受生命的伴侶。你在目前的關係中感到過於安逸，以至於將所有空閒時間都用來想像和另一個人共同生活的樣子。

為什麼達到理想狀態這麼困難？每段關係結束時，我們總是回頭看，試圖修補失敗，但即便修正了一個錯誤，下一次往往又出現完全不同的失望。根據這些起伏不定的經歷，我們可以得出結論：做什麼都沒用。我們不只是對約會或他人感到厭倦，甚至對每段失敗關係中的共同元素感到厭倦——我們自己。

我們是有問題的人嗎？我們是否天生就不對勁？是不是注定要像薛西弗斯那樣，不斷將一塊巨石推上山頂，每當我們稍微靠近幸福，巨石就會滾下來？根據卡繆（Albert Camus）在《薛西弗斯的神話》（The Myth of Sisyphus）中所述，眾神認為最可怕的懲罰，莫過於徒勞無功的勞動。難怪那麼多人會放棄。但，放棄也無法帶來平靜。對親密生活的渴望無所不在，縈繞在我們曾希望別人可以填補的任何空間。

但如果我們仍然不願放棄，怎樣才能避免愛上那些不尊重我們、不認為我們值得珍惜的人？又該如何對那些實際上可能對我們更好的人重燃興奮感？

為什麼我們總是愛錯人？

首先來看第一個問題：為什麼我們總是為那些愛玩弄感情、情感疏離、對我們不好的人著迷，甚至追著他們跑？到了某個階段，我們必須將問題從「為什麼人會這樣？」轉換成「為什麼我老是花時間在這樣的人身上？為什麼會一次又一次地迷戀那些自己說過『再也不要碰』的人？」藉此探討為什麼「再也不……」對我們來說永遠不是個安全詞。

匱乏心態

你和朋友們抵達派對現場，希望能在這裡遇見你們路上一直聊到的那類人。你和幾個人跳舞，每個人都有你喜歡的地方，卻也都缺少你需要的東西。有人很風趣，但相處起來比較像朋友；有人很性感，但你們沒什麼火花；感覺真誠又極具魅力的人，腳上卻穿著……那種款式的鞋。就在你繼續尋找時，一件有趣的事情發生了：你的朋友們漸漸散去，時間開始讓人錯亂。你看到有個朋友正和剛才跳舞的那個人一起走向出口，但他們看起來就像認識很久似的。你開始感到孤單且不安，拿出手機，突然覺得自己好像進入了另一個次元。剛才和某人離開的朋友已經發布了訂婚照片，另一位幾個小時前失聯的朋友也在剛剛貼出令人興奮不已的懷孕消息。甚至還有那個和你沒什麼火花的性感舞伴，原來他已經離開派對，現在正和他的新婚對象在聖托里尼度蜜月。你不敢置信——「我在這裡待了多久？」室內幾乎空無一人，現在的音樂聽起來不像節拍，而像馬表的計時聲。「我是不是太挑剔了？那個性感的陌生人感覺不來電，但別人似乎不這麼覺得。我對關係的判斷是不是太嚴苛了？」你的呼吸變得急促。你不再急著尋找完美伴侶，而是開始追逐能趁早帶你離開這裡的人。

這就是匱乏心態在作祟，讓我們將自己的處境想得極其絕望，促使我們接受那些不應該接觸的人——通常是關心我們的親朋好友一眼就能看出不合適的人。有些人自豪地表示他不相信一夫一妻制，但讓你擁有人生中最美好的性愛體驗；有些人讓你度過了最美好的時光，但只要你談到想要更多，他就會沉默；還有些人離婚手續拖了五年，但他是名副其實的好父親，並許諾給你一個完美的未來。

這些人共同的特點是：和他們在一起，你能體驗到某些情感。「這有什麼錯嗎？」我們問自己：「人生苦短，何不在沿途中感受些什麼呢？」這種邏輯讓我們享受當下的快感，卻忽略了其他事情所造成的長期傷害。在這裡，我們應該看看厄文・羅森菲（Irving Rosenfeld）的例子，他或許是電影史上最具代表性的騙子。在

《瞞天大佈局》（American Hustle）中，他向幾乎人人都有的自我欺騙傾向致敬：「我們常常說服自己去做一些事。你知道的，像是跟自己推銷那些可能根本不需要或不想要的東西。我們把事物包裝得很漂亮，卻忽略了風險，忽略了醜陋的真相。要留意這一點，因為我們都在某種程度上自欺欺人，只是為了能夠生活下去。」

我們譴責對我們說謊的人，卻忽略了對自己說的謊言：我們很幸福、他可以改變、我們的需求得到了滿足、如果繼續這樣生活，就不會造成重大的遺憾……這種程度的妄想是最危險的謊言，阻止我們離開那些妨礙幸福的人，從而使我們成為竊取自己未來的共犯。

我們用輕描淡寫的理由包裝妄想：「我知道這個人不適合我，但我只是一時玩玩，不會太認真。不是所有事都需要一個明確的標籤。我們只是看看兩人會發展成什麼樣子。再說，情況其實很複雜。」但「玩玩」可能是進入有毒關係的陷阱，「一時」往往是背叛夢想的溫和面孔。我們滿足於這些委婉的說法，因為這些話比直接面對我們的匱乏心態更容易。當我們擔心這可能就是自己所值的最佳選擇時，就會停止尋找正確的道路，開始接受我們認為可以得到的東西。如果希望為未來的幸福做出正確決定，我們必須克服匱乏心態，但這並不是唯一限制機會的因素。

所知與舊習

當我們一再陷入有害的情境，有人可能會假設這是因為缺乏自我價值感，才會不斷做出類似的選擇。這種觀點雖然不完全錯誤，但過於簡化。比如，被圈養的海豚會為了下一餐而不停旋轉、跳圈圈，若是把海豚放回海洋，可能會遇到兩個問題。首先，如果海豚仍然把人類與食物聯想在一起，牠們可能會在錯誤的地方尋求生存。這些地方不僅錯誤，甚至有風險。比如靠近船隻尋求食物，有致命的風險。其次，海豚在表演池中學到的把戲在海洋裡毫無用處，但這是海豚所知道的事實，並不是牠的錯。如果海豚因為以前這些把戲能夠得到魚而表演，或者因為以前人類會提供食物而尋找人類，我們不會說海豚有自我價值的問題。我們會承認這個悲哀的現實：海豚目前不懂得其他生存方式，而牠所知道的那些方式，使牠在海洋中處於不利且不公平的處境。

許多人來找我輔導，希望提升自我價值感，這確實是值得追求的目標。但是往往為了達到這個目標，他們必須先重新訓練自己在交往、行為和情感層面的期待。在交往層面，由於人經常在一段又一段關係中陷入特定模式，所以很難想像還有其他類型的關係存在。如果我們只和不忠誠的人交往過，那麼即使身邊有很多幸福忠誠的夫婦朋友，似乎仍然會遇到那些在感情關係中不安定的人，只辨認得出情感上熟悉的模式。你可能終於擺脫了一個自戀狂，但即使你與一個穩定而情感慷慨大方的人建立關係，仍然會感到恐懼和持續威脅的陰影。

在行為層面，我們都有依賴的手段，其中有些是我們在孩提時期為了博得父母注意而發展出來的。我們可能會依賴早期在困難戀愛經驗中學到的行為特徵，但這些行為並不適用於我們希望交往的人。也許你習慣用嫉妒來吸引對方的注意，這種行為對以前那些只想追求的前任很有效，然而，一旦你表達出任何真誠的感情，這些人就會感到厭倦。一個試圖與你真誠相處的對象，當你的舊習慣再次出現時，可能會不知道該如何處理。這個習慣會在新的關係中造成完全不同的效果，顯得缺乏忠誠和尊重。他可能會離開你，去選擇善良且更容易展現脆弱的人。

不過，要放下從前有效的武器，很難。我認識一些男人，抱怨女性只想要他們的錢，但他們依然忍不住在第一次約會時帶對方去高級餐廳，而不是街角的家庭式拉麵店。我聽到一些女性抱怨男性滿腦子都是性，但她們在社群發表的所有貼文，幾乎都不適合在工作場合觀看。要找到愛情，我們有時必須放棄那些讓我們引人注目的東西。聽起來簡單，實際要做卻很困難，尤其是當自我也被牽扯進來。我們會開始擔心，如果放棄了熟悉的、引人注目的方式，就再也沒有人會注意到我們。

在情感層面上，我們的神經系統也會對某些特定經驗形成習慣。如果我們習慣了極端且反覆不定的行徑變化，即便是處於健康的關係中，沒有這種波動感反而會讓我們很難適應。我的朋友露西在大學時結交了她第一任男友。他不尊重她，讓她感到渺小，甚至在她面前和其他女性做出不恰當的行為。那段關係結束後，露西遇到一名有吸引力、風趣，最重要的是，非常善良的男孩。兩人相處起來輕鬆愉快，露西也很清楚自己在他心中的位置。幾星期後，她回家探望母親時，母親問她進展如何，她回答：「很奇怪，媽。他怎麼對我這麼好？」露西真的很困惑。

「這才是愛情應該有的樣子。」母親回應，語氣裡有藏不住的欣慰。新男友的善良起初讓露西感到陌生和不知所措；如果你也遇到類似的情況，覺得善良和耐心讓你感到迷茫，對自己仁慈一點，這是正常的。以前我們熟悉的那些惡劣對待並未帶給我們快樂，但我們已經習慣了。這就是為什麼，只是「想要改變」是不夠的。要擺脫這樣的習慣，我們必須主動選擇陌生的新體驗，而不是過往熟悉的模式。發現新的可能性存在時，我們需要有勇氣去忍受這種新可能性帶來的不適。很難，這也是為什麼許多人長期被困在不快樂中。但正如我們在進行強烈的身體治療時，可能會藉由深呼吸來忍受疼痛，我們也需要以耐心面對這種不適感，直到它消退。如果能做到，一開始非常不舒服的經驗，最終會轉變為新的愉悅來源。如果我們不想一再重蹈這些痛苦的情感覆轍，就必須接受新的體驗，直到它們成為熟悉且自然的一部分。

幸運的是，露西在二十歲出頭的時候發生這樣的轉變，但很多人沒這麼幸運。我們會無意識地重複相同的模式好幾年、甚至幾十年，因為這是我們所熟悉的、舊有行為所吸引來的，甚至是神經系統所習慣的模式。每當我們重拾舊習，這些行為就會進一步減少我們對未來可能性的感知。彷彿只要我們縱容這種痛苦的模式，生活就會不斷驗證痛苦的現實。理解這一點，可以幫助我們對自己多一點慈悲。單是要察覺到不熟悉的行為就已經很不容易，我們生活中已經習慣的模式，往往會成為雷達上更強烈的信號。學習區分這些行為，需要時間和有意識的干預，不再放縱舊習，開始擁抱新的事物。嘗試過戒酒或戒菸的人都知道，這不是簡單的事，因為這表示我們必須訓練自己去克服一種危險但自然的本能：總將注意力放在自己想避免的事物上。

盯著牆壁

當一級方程式賽車手馬里奧．安德烈蒂（Mario Andretti）被問到賽車駕駛方面的首要祕訣時，他說：「不要看牆壁。眼睛往哪看，車子就往哪開。」職業賽車手被訓練要克服這種本能，而實際上有多少人能夠理解，我們為什麼總是不自覺地朝著自己最想避免的事物駛去？

我小時候，父親很容易與人發生衝突。我還記得他和其他男人之間爭端迅速升級的時候。這些尷尬場面會讓我感到難堪和緊張，情況糟糕的時候，我還得擔心會演變成暴力衝突，因為確實偶爾會發生。我的腎上腺素瞬間飆升。有時，我會出現解離狀態；有時，我會在事後幾個小時內都無法思考其他事情。除此之外，青少年時期的我在父親的夜總會工作（沒錯，我知道這樣不對），每天晚上都目睹喝醉之人的種種醜態。我變得非常討厭爭吵，但同時也培養出一種能夠察覺爭端何時爆發的第六感。這也是造成我大部分時間過度警覺的因素之一，使我時時刻刻都在監控四周的衝突和危險威脅。這種過度警覺既不必要，也沒有幫助。身為三兄弟中的老大，過度警惕的某些特質經常轉化成一種保護本能，將我推向那些我本來想避免的情境中。

有一次去東京旅行，我們來到了黃金街（Golden Gai）一間名為「冠軍」的居酒屋，並與店長美樂蒂成為朋友，起初會認識，是因為她看過我的 YouTube 影片。黃金街這個區域有一排排小到不行的居酒屋，像美樂蒂的居酒屋那樣，每間只能容納五到十個人，擠在錯綜複雜的狹窄巷弄中。每次我們來到這裡，美樂蒂總是把我們當成常客一樣熱情款待。就在那天晚上，我弟弟哈利正拿著麥克風高歌

〈Hey Ya!〉，這首不容易唱，從他漏掉的幾句歌詞就能看出這首歌有多難（雖然也可能是因為他喝了太多清酒）。我和史蒂芬在一旁看著他唱。

當哈利忙著叫大家「像拍立得照片一樣搖晃」（歌詞），我開始注意到一名盯著哈利看的西方人。這讓我很不安，不只是因為哈利是我弟，而是因為儘管他身高六呎四吋，但他真的是你見過最溫和的人。想像一下，一隻巨大的、熱愛人群、喜歡玩樂的小狗，那就是哈利。他身上完全沒有討人厭的地方，那傢伙卻不斷盯著他看。我一再回頭確認——正如安德烈蒂所說，我忍不住一直「盯著牆壁」——每次我看過去，那張不滿的表情依舊牢牢鎖定在哈利身上。

在我還沒意識過來之前，我已經氣沖沖地走向他，直接問：「喂，你這傢伙有什麼問題嗎？你一直在看我弟。如果有問題，告訴我，我們來解決。」

我不自覺使出最濃厚的倫敦腔，語氣聽起來很不客氣。這絕對不是個好跡象。二十年來研究人際互動和正向溝通，結果我竟然變成了這樣：白天是 YouTube 戀愛導師，夜晚卻在日本酒吧扮演米高．肯恩（Michael Caine）的黑幫角色。我一直以來最渴望的，就是和我愛的人一起度過平靜、無憂的時光。但如今，我卻在挑起事端。史蒂芬一眼就看出端倪，抓住我的手臂：「你在幹嘛？」毫無疑問，美樂蒂已經見過這樣的場面無數次，她也注意到了，動作像東倫敦酒吧老闆一樣迅速，擋在我和那男人之間，以簡單直接、不拖泥帶水的方式說：「夠了。」然後把我們各自帶開。

我曾經納悶，沒有我在，弟弟們怎麼能應付過來。後來我才明白，他們根本不會遇到這樣的情況。對我來說，以前這種狀況到處都是；對他們來說，卻完全不是。為什麼？因為我總是盯著牆看，而他們不會，至少不是我一直盯著看的那面牆。即便在沒有牆的地方，我還是會不自覺地掃視四周，尋找任何能證實我不斷重複警告的情況，告訴我所愛的人：「我們不安全，大家隨時要保持警惕。」我沒有意識到，我不只是親歷其中，甚至創造出一個有別於弟弟們所處現實的世界。

每個人都用不同的方式來控制恐懼，我的方法是盡可能靠近牆壁。十五年來，我的嗜好是拳擊、巴西柔術，還有一點泰拳。這些活動總是讓我心裡不斷想著打鬥，有時甚至直接面對打鬥。有時，我的導演詹姆森・喬丹（Jameson Jordan）不得不推延拍攝行程，因為練習對打時臉上積了太多瘀傷。YouTube 頻道上的格鬥影片吸引我的目光，它們既提升我的腎上腺素，也加深了我對暴力無處不在的看法（演算法很樂意配合）。無論你在找什麼樣的牆壁，你都會找到它，而且遲早會花大量時間盯著它，以至於你甚至不再意識到那是一面牆；你會以為那就是生活。現在我有意避免觀看這些影片，而有些改變其實很簡單。

當我們的內心在尋找那面「牆」時，即使它不存在，我們也會看見它。最近有一名非常害怕受傷的學員，一旦感覺自己可能會受傷，她就會把人推開。她剛開始跟一個男人交往，根據她的說法，這個男人目前為止是一個相當不錯的伴侶。後來某個星期六，他要和幾位同事朋友小聚，卻沒有邀請她。雖然他並沒有隱瞞這件事，仍然讓她感到受傷。這件小事激起了她內心的恐懼，覺得他可能不像她一樣在意這段關係，進而引發她更深的恐懼：擔心自己不夠好。到了星期六那天，她的傷心轉變為憤怒，於是傳了一則訊息給他：「為什麼你沒邀請我？」對方才意識到這件事對她的影響，立刻道歉，解釋說只是想和朋友們聚聚，並表示當天晚上可不以打電話給她。她回覆：「不用了。」但他沒有打電話來的每一天，反而讓她更加確信自己最初的恐懼沒錯，儘管明明是她叫他不要打電話的。她有權感到受傷，因為她沒有受邀去認識他的朋友，但她對那面「牆」的執著，卻把一個可以展現脆弱、增加親密感的機會，變成了導致關係提早破裂的原因。而在她看來，她的假設得到了證明：每個人最後都會傷害她。

我們必須對自己創造的「正常」非常小心。現實有很多種選擇，但我們的專注和決定，會讓我們陷入一個自己不想要的現實裡。不要讓你的「牆」，變成你的世界。

自我價值定位

我們已經確立了幾個重要的原因，說明為什麼我們總是對那些不合適的人和情境說「好」。對時間和選擇逐漸流逝的恐懼，使我們產生匱乏心態，認為只能接受眼前的一切；過去的經驗塑造了我們的認知；對牆壁的危險關注，讓我們朝向已知的事物，而不是真正想要的。同時也討論到，在我們試圖轉移對牆的注意力、嘗試新事物時，往往會感到極度不適。大多數人會選擇回到熟悉的舒適圈，即便那會讓他們不快樂。這種不適一部分源自於新體驗的陌生感；陌生的事物往往會讓人感到害怕。但在更深層次上，還有另一個挑戰。當我們面對新的事物，且這些事物比我們過去擁有的更多，我們不只需要熟悉它，還必須讓自己感覺配得上它。

過去的條件不只影響了我們的認知，還影響了我們認為自己應得的價值。我們的心智常常把過去當作自我價值定位的反映，即使我們渴望更多，甚至看到別人可以擁有更多，但涉及自己時，往往很難相信有這樣的可能性。我們誤解了自己的經歷，誤以為如果我們真的值得擁有更多，那麼早該擁有了。

訓練自己適應「更多」並感到自在，是很困難的事。過去，我們被告知、被教導接受那些降低自我價值感的事情，因此學會待在感覺最安全的層次。一旦適應這個層次，獲得任何超出這個範圍的事物，都會令我們感到異常，甚至害怕。害怕我們無法維持那些進步或改善；害怕我們會發現自己不配擁有新的定位——這就是冒牌者症候群的本質。獲得較少，反而帶來一種扭曲的安全感。「安全」是我們熟悉的魔鬼。「安全」就是哪怕這個地方再荒涼，我們也知道怎麼走。

即使我們一直在要求更多，但真正得到以後，反而瞬間感到不安。你是否曾經對某個你習慣討好的對象堅持立場？在你表明立場、更誠實地表達自己的感受後，過了多久開始感到內疚？你多快又回到了一開始讓你反感的那種互動狀態？

抱怨別人自私，其實帶來了一種安全感；被人利用，也有一種穩定感。我們對這種角色駕輕就熟，但我們可能從未學會如何扮演「平等者」的角色。

一旦我們意識到，「得到更多」實際上比「擁有更少」更讓我們感到不安，我們就開始明白，為什麼在生活中會反覆抱怨相同的問題。與其訓練自己適應新的層次，抱怨容易多了。

我們或許只有在一段關係中為對方付出更多，而不讓對方做得太多時，才會感到安全。久而久之，這種根本的不平等甚至開始讓人覺得有控制感。這種不平衡，在我們認為對方比自己更具吸引力時尤其常見，例如對方特別好看、成功、有魅力、迷人或令人印象深刻。這時，我們的自我價值感會說，光是能與這樣的人在一起就已經是件過分的事，似乎必須忍受某種痛苦才能換取這段關係。對方可能會劈腿、溝通不良、鮮少付出、讓我們感到不安，或者只有在情感虐待後才展現溫柔的一面。當你發現自己處於這種情況，並且因害怕失去對方而不敢進行棘手的對話，這時，你設定的自我價值感會告訴你，你要求的超出了你應得的。結果，我們雖然在接受愛時會感到舒適，但前提是這份愛必須附帶某種條件或代價，讓我們覺得自己有資格接受它。我曾在一次訪談中聽到喜劇演員妮基・格拉瑟（Nikki Glaser）描述她對性高潮的看法：

> 我一直喜歡被綁住。我是那種覺得沒有痛苦就不該享受快樂的人。就像我不會隨便慶祝任何事情，只有在我付出很多努力、累到不行後，才會慶祝或放鬆一下。我真的很難享受生活。我必須先懲罰自己。因此，對於性高潮，我也很難讓自己到達高潮，享受高潮強烈的快感。那太多了。像是聖誕節一樣。你一年只能過一次聖誕節，不能每天都是聖誕節。所以我喜歡被綁住，強迫自己過一次聖誕節。

她描述自己為了獲得高潮所必須經歷的過程，有些人看完可能覺得很震驚，但我看到的是許多人生活的方式。我難以理解「人必須先經歷嚴酷的行程安排，精準到每分鐘監控自己的生產力水準，才有資格享有快樂和平靜」的想法。也許有些人用這種「賺取獎勵」的心態來獲得健康的成就，但我不是這樣。我的情況是特例，喜悅和自我同情經常被內心的專制君主所禁止，這位專制君主決定了我一天的折磨夠不夠。就在我快要崩潰的時候，內心會有一個聲音說：「好吧，讓他在睡前休息半小時，但一定要讓他知道，我們明天一大早就會繼續。」

意識到這些模式是重要的第一步，可以幫助我們培養自我同情，意識到即使在開始感受有更多機會在前方等待時，也有某種力量把我們困在當下。但是，我們不能被自我價值感的缺失說服，相信機會只屬於別人。我們需要重新教育自己，了解我們的真正價值。這是一種重新培養的過程，我們需要擺脫那些根深蒂固的錯誤觀念，學習新的觀念。我們也許是第一次學習到：愛不應該附帶使我們受苦的條件；我們可以擁有需求並勇敢表達出來，不必感到羞愧或內疚；我們應該獲得與別人相同的尊重、禮貌和善意，無論我們如何認為自己不好或不配擁有，都沒有理由應該受到更差的對待；誰的外表看起來多麼令人印象深刻都不重要，因為在本質上，他只是和我們一樣的普通人。

大多數人一直在等待其他人告訴我們自己的價值。但現在，是時候開始以另一種真理來生活了。雖然偶爾會有一些特別的人，能用獨特的眼光看見我們的價值，但我們的功課其實是教育他人，讓他人了解我們的價值，而不是反過來。

這些觀念很難學習，就像重新學習走路一樣。但就像小孩學習走路，我們在跌跌撞撞地進入新的生活方式時，也需要耐心、善意和鼓勵。

感覺很美好

要探討為何我們總是被有害的事物吸引，若是不從成癮的角度來檢視行為，很難得到完整的解釋。約會中有許多層面都會讓人上癮：性愛、熱戀、充滿魅力且深情的人、我們從擁抱中感受到的催產素、某人名字再度出現在手機上時所帶來的多巴胺刺激。即使是與一個讓我們時而感覺被愛、時而焦慮、時而再度感受到愛的對象交往，這種高低起伏的過程也會讓人上癮。這種情況在心理學上有個專有名詞：創傷羈絆（trauma bond）。戀愛與約會所產生的化學物質如此令人上癮，以致有許多人會不惜一切或接受任何事情，只為了不斷獲得那份快感。

我們經常選擇最輕鬆的方式，來滿足自己的需求。與其費心尋找新的人，不如回到那些沒有進展的關係。我們會回到不健康的互動模式，因為當情況好轉時，它帶來的是熟悉的快感。我們會將就於任何短期的關係，不管關係多差，只為了避免孤單和長時間的單身生活。

所有藥物的作用都是快速緩解痛苦的情緒，但這些舒緩並不持久。連鎖反應很容易讓一些人相信，他們的感情生活根本沒有長久的解決方法。這是一種「匱乏心態」達到高峰的表現：徹底失去希望的狀態。沒有希望時，原本只是臨時撐場的解決方式，可能變成一種生活模式。有人在我的 YouTube 頻道留下這則評論，正好讓我們重新檢視現實情況。

在你舉出我們可能會與錯誤的人交往的理由時，我心想：「對，這就是我！」但老實說，有總比沒有好。我經歷過許多極其孤單的寂寞歲月，因為我一直想找到對的人，不想浪費時間在隨便的伴侶上。結果，我只是越來越老，從來沒有遇到那個對的人。所以最後我不得不妥協，隨便找個人交往。如果沒有和錯的人約會，我可能到現在還是單身。至少現在這樣比較有趣，而不是忍受完全的孤獨。

——莎拉，YouTube 訂閱者

誰能不對莎拉感同身受呢？誰會不懂她為什麼選擇享受當下，而不是一點一滴地消耗自己的歲月，等待一個理論中忠誠相愛的關係，卻始終未能實現？她的坦率讓我們不得不面對一個問題：擁有錯誤的事物，真的比什麼都沒有來得好嗎？我也知道，我在描述一段關係中的四個重要性級別時，不少人一開始會雙手抱胸，神情凝重地看著我，因為根據他們的經驗，連最基本的相互吸引都找不到。在這種情況下，又何必去煩惱長期的契合度呢？對於那些多年來沒有任何伴侶的人來說，即使是有缺陷的相互吸引，也像是一根救命的浮木，或至少是一段有趣的時光。

但這是否只是另一種缺乏自信的障眼法，讓自我價值感缺失佯裝成某種存在主義的宿命論？這是否只是另一種讓自己脫身的方法，一種讓我們滿足於現狀的藉口，分散我們對更美好生活的注意力，而我們若能打破自己的循環，這些美好可能會到來？實際上，打破循環之後會是什麼樣子？該怎麼吸引我們開始懷疑是否存在的那種關係？如何確保自己對真正有益的事物感到興奮，而不是渴望那些傷害我們的事物？一旦我們擁有它，又要如何確保自己感覺配得上它？這些問題，是尋找愛情滿足感的關鍵。要找到這種滿足感，我們需要認真對待「創造新現實」的工作。我們需要有意識地重新調整，到目前為止主導所有選擇的預設設定。不論是二十歲還是六十歲，長期單身還是反覆與錯誤的人交往，我們需要開始每天採取行動，做出改變，徹底重塑我們在愛情中的思維方式。這不是一件容易的事，但我向你保證，這是可以做到的，而且這條路徑比你想像的更清晰實際。

How to Rewire Your Brain

10

擺脫痛苦模式，看見更多選擇

長久以來，人類都有一些自動引導生活方向的行為模式，像是：焦慮的思考方式，使我們破壞任何美好的事物，深怕自己不夠好，無法抓住好機會；允許嫉妒和不安全感主導，毀掉一段關係；一再追求情感上不夠投入的人；與不健康、甚至具虐待傾向的伴侶陷入相互依賴的模式；在喜歡上某人時過度投入，把健康的關係嚇跑；每當蜜月期結束、關係變得真實，就會開始挑剔缺點，選擇逃避，因為我們內心深處不知道如何接受真正健康的愛情。

要脫離這些痛苦的模式並不容易，模式會變成習慣，習慣則可能轉化為自動化的行為，到最後我們會覺得很自然，甚至認為這就是我們個性的一部分。這些關於「我們是什麼樣的人」和「我們是誰」的基本信念，會不斷傷害我們。儘管改變困難重重，但我們有能力打破這種看似自動化的行為，變得更加有意識。一旦辨識出上一章探討的、頑固且對我們造成傷害的模式，便可以有意識地重塑大腦，讓我們的感情生活更加平靜，也更有可能滿足我們的需求。

接下來的五個步驟，並不是針對你在外面認識新朋友時該採取的行動，而是關於你在這之前心態、觀點和期望的調整。這些步驟與我們最習以為常的行為模式相關，因此在評估進步時，要以同理心對待自己，並記住，微小的改變最終會積累成顯著的成果。

第一步：讓改變成為必要

改變的開始不是因為信念，而是因為必要性。當我們從經驗中學到，不能再這樣繼續下去時，做出一些不同的新嘗試就成為必要的行動。正如柏拉圖所說：「必要性才是真正的創造者。」不幸的是，只有當我們真正感受到維持現狀所帶來的痛苦和最終代價時，才能清楚意識到這種必要性。

什麼樣的模式帶給我們無法忍受的痛苦？是摧毀所有美好的關係，最後孤單一人，感覺自己內心破碎不堪？還是持續追求那些我們明知道不適合的人，最後遭受背叛？抑或是與情感疏離的人約會，浪費我們多年的寶貴時間？也許我們過度焦慮型依附或迴避型依附，永遠無法放鬆，結果破壞了每一段關係？或是我們從來無法在關係中爭取自己想要的東西，反而被他人利用？又或者，痛苦也許不是源自於約會，而是因為完全逃避與人來往？否認內心渴望愛情的部分，把時間都用在工作和與已婚朋友聚餐上，堅稱「交友軟體對我沒用」，但在現實生活中也不採取任何行動去認識新朋友。最後，現狀沒有改變，自我厭惡隨之而來，進一步放大了我們的孤獨感。

有一天，當我們意識到這些行為模式的代價時，痛苦會達到極點：失去了建立家庭的機會、在不值得的人身上浪費了多年光陰、從未認真嘗試去尋找真愛。要理解這一點，我們只要想想目前的狀態會將我們帶向何處，運用常識就能看清，不需要穿越時空或預知未來。

有些模式的代價顯而易見，例如回到有虐待傾向的伴侶身邊；有些則不那麼明顯，比方說，持續和無法滿足我們需求的前任保持聯繫。我稱這種衝動為「愛情的微量用藥」（microdosing in love）。我們告訴自己，更好的人出現之後就不會再繼續和他見面，但這樣隨意的安排，最後卻成為我們遇見好對象的阻礙。每一次的互動，無論是簡訊、電話或性接觸，都重新強化了他在我們生活中的心理烙印。這樣的親密關係永遠無法滿足我們，卻足以分散我們對其他人的注意力。我們既無法完全擁有他，也無法徹底放下他。

由於愛情中的「微量用藥」現象，到處都是情感上無法投入的人，明明沒有真正的伴侶，卻對潛在的伴侶漠不關心，因為他們某部分的心思仍困在一段虛幻的關係中。心碎的好處在於，它最終都會過去；但「微量用藥」就像已有刮痕的舊黑膠唱片，不斷跳針，心痛反覆循環。

「微量用藥」只是阻礙我們尋找愛情的眾多模式之一。無論你的情況為何，如果這種模式行不通，就要正視並感受痛苦，認清未來如果繼續這樣的模式，將會付出什麼代價，並告訴自己不要再為此買單。這個決定讓改變變得必然且不可避免，因為一旦你說「不要再這樣了」，就會面對下一個問題：「那現在該怎麼辦？」而這個問題的答案，則需要你做出另一個決定：在我人生的下一個階段，什麼是最重要的？

第二步：選擇最重要的事

決定我們在感情生活中重視什麼，是辨別哪些事值得我們投入時間的關鍵。這幾乎與理想伴侶清單的優先順序完全相反——**我們必須先選出對自己最重要的條件，讓它們成為伴侶的最高標準**。這些標準就像地圖，幫助我們在約會的過程中找到方向。

你會選擇哪條路？是能夠帶給你內心平靜的人，還是最吸引你的對象？是願意共同規劃未來的人，還是衝動任性的人？是致力於自我成長的人，還是身高一百八十三公分的人？許多人的選擇像是在挑選客串角色，而不是尋找人生伴侶。就像電影《型男飛行日誌》中心碎的娜塔莉（Natalie），她解釋了喜歡前男友的原因，仍夢想著與這樣的人共度一生：

他真的很符合我的標準，你知道嗎？白領階級，身高一百八十五公分，大學畢業，喜歡狗，愛看喜劇，棕色頭髮，溫柔的眼神，在金融業工作，但也熱愛戶外活動。我總是想像他會有一個單音節的名字，比如 Matt、John 或 Dave。在理想的世界裡，他會開著一台 4Runner，除了他的金毛拉拉，最愛的就是我。還有，他的笑容很迷人。

娜塔莉的擇偶清單看起來就像在挑選演員，幾乎沒有任何能讓人成為好伴侶的條件。現實生活中，兩個人在各種困境中必須扮演許多角色，而不是只為了展現亮眼的外表或表現。每當我幫助別人放下對某人的感情時，都會問他們到底愛上那個人的哪一點，而他們的答案通常與對方是不是好伴侶無關。某次，有一位女士持續對一個折磨了她好幾個月的男人投入感情。她為此辯護，並且非常認真地對我說：「他學識淵博，熱心公益，能夠掌控全局，而且從他的公司股份賺了很多錢。」但這些特質跟他如何對待她，或讓她有什麼感受完全無關。看到那些我們關注的條件，實際上對感情品質的影響微乎其微，往往讓人感到震驚。

成功調整自己的方向時，會有一個徵兆：原本列出的條件開始消失。我曾經與一名婚姻美滿的男人聊天，他告訴我，雖然他過去總是追求舞者，但他的妻子是他所認識手腳最不協調的人。我問這點是否讓他很困擾，他笑了起來：「我一生中有多少時間待在舞池呢？妻子是我遇過最棒的人，她是個了不起的母親，我們喜歡彼此的陪伴。這些才是每天真正影響我生活的事。」

在回顧真正重要的特質時，請想想是不是自我主導了你的選擇，而非未來的幸福。我有一名私人學員莉莎，是事業相當成功的女性，她非常渴望找到愛情。但我們見面後，我很快就發現，影響她選擇的並不是幸福，而是她的自我：

> 我會對那些很多女性喜歡的男人著迷。我發現自己會尋找那些比我更受異性歡迎的男人。假如一個男人是當前的風雲人物，而我無意間聽到其他女性在談論他有多棒時，心思就會全部被他占據。如果我覺得他比我更聰明，或者他的事業很有成就，我就會更加著迷。我一方面渴望得到他，另一方面又害怕被他拒絕。

儘管莉莎的社會地位崇高，她仍然感到深深的自卑。這種情緒在她與男性的關係中表露無遺。自卑感驅使她想證明自己能吸引到其他人認為非常優秀的人；這是她能夠感受到自己終於有所成就的一種方式。然而，如果這些男人對她不好，她並不會因此認為這些男人不值得她投入，反而更加深了她的恐懼：覺得自己不夠好。這讓她更加努力去贏得他們的讚賞，不顧自己遭受的痛苦，形成了一個自我虐待的惡性循環，也讓她成為壞人的目標。在不安全感的主導下，她變得與自身經歷脫節，不是尋找能讓她感到幸福的人，而是能讓她感到「足夠」的人。

自我想要的，與我們的內心需求往往是兩回事。自我一詞，通常與過度的自我重要感有關，但自我也可能源於內心渴望被重視的不安全感。同一個自我，今天可能會說「我很棒」，隔天卻說「我一無是處」。兩種情況只是同一枚硬幣的兩面，都是自我。這個主題有很多專業書籍，像艾克哈特．托勒之類的導師，都是這方面非常出色的老師。這裡我們只需要了解，自我總是在試圖強化和證明自己。當我們相信自己很有價值，自我會讓我們覺得其他人配不上我們。而當我們質疑自己的價值，自我會讓我們覺得其他人比我們優秀太多。讓自我來決定愛情中的幸福，是糟糕的策略。你的自我可能會想要一名性感、高大、白手起家的企業人士，他住在城市的頂樓公寓，受到你朋友們的認可，但你的心可能會由那個讓你感到被接納、可以盡情做自己的人給照亮。

如果你注意到某人表現得不夠積極，卻反而讓你更感興趣，那麼很可能是自我在作祟。我們把「得到」這個人的能力，視為證明自我價值的方式。我們會這樣想：「如果他這麼有價值，卻覺得我不夠好，那一定是我不夠好。」而如果這個人恰好也是其他人覺得值得追求的對象，那我們就很容易陷入一種「模仿陷阱」（memetic trap），根據別人認為有價值的標準來衡量這個人的價值。這就是讓自我來主導決策，而不是聽從內心真正需求的問題。自我會讓我們落入陷阱，去追求群眾熱烈追捧的事物。但正如我妻子奧黛麗（撰寫本書時還是未婚妻）所說：「沒有人是因為受到關注而變得更有價值。」

當我們專注於讓自己快樂的細節——這些快樂本來就專屬於我們自己——我們感興趣的東西便會自然而然成為關注的焦點。我們越是在意對自己重要的事情，就越不會在乎別人認為重要的是什麼。我們不是在找一個對每個人來說都合適的人，而是一個適合我們的人。

要找出對你來說真正重要的事，試問自己這個問題：「我和某人在一起最痛苦的時候（無論我是否拚命想留住他），是缺少了什麼才讓我這麼不快樂？」換句話說：「在我考慮自己想要什麼樣的人之前，我需要什麼樣的關係才能感到幸福？我需要從一個人身上感受到什麼，內心才能平靜？我要最優先考量的是，對方需要與我有什麼共同的價值觀？」

以下是一些可能的答案：對感情全心投入、在關係中平等付出、開放的溝通、善良、一致、穩定、可靠、值得信賴、忠誠、正直、負責任、有團隊合作精神、讓你在不受批評或羞辱的情況下安心做自己、重視並在乎你的感受、共度優質時光、相互陪伴、在關係中感到安全、重視共同的目標，讓你有被看見、被理解和被接受的感覺。

過去，我們可能緊抓魅力四射、氣場十足、外表出眾或地位崇高的人不放，但當某個關鍵的需求沒有被滿足，我們曾經認為真正想要的東西就變得毫無價值。我們不斷試圖說服自己，這些是我們無法失去的東西，缺少的東西卻讓我們無法堅持下去，更不用說快樂了。生活讓你意識到哪些特質是你無法缺少的，不單單是某人的價值觀，還包括他對生活的期望、他的目標。他需要做出什麼樣的承諾，才能讓你們相處得開心？對的人不只要合適，也必須準備好投入感情。

還記得那面牆嗎？還記得你開始在任何地方都能看到牆壁的樣子，即使那些地方其實並沒有牆嗎？在重塑大腦的過程中，我們必須開始擺脫自己總是會遇到某種類型的人，或陷入某種感情的念頭，並開始連結到相反的想法：世上有些人與我們過去所吸引的對象截然不同。

大腦進行重塑時，會有個明顯的跡象：過去渴望的事物開始顯得多餘，甚至不再吸引人。我有一位朋友，老是被那些充滿魅力、活躍於社交場合的人所吸引。這種吸引讓她一再忽略他們更深層的性格缺陷。他們對她不忠，更糟糕的是，她從未感到被接納。每當她放鬆心情，表現出真正善良且情感豐富的一面，他們卻告訴她：「你太敏感了」。他們總是想主導話題，幾乎沒有空間讓她表達自己的感受。在這些感情中經歷了多年痛苦之後，她重新整理自己所重視的事物，首先是尋找一個能夠欣賞她情商的人。她驚訝地發現，過去曾經讓她著迷的那種魅力，現在開始不再引發興趣，甚至有些反感。這種魅力如今顯得缺乏安全感且自私。她變得欣賞那些更有深度、擁有內斂自信的人，特別注重能夠擁有真誠且互惠的對話、讓她能自在做自己的朋友。她的丈夫是她年輕時絕對想像不到的人，但她開心地說，自己從未如此幸福。

確立對我們來說最重要的事物，為我們在愛情中的幸福創造了一個既可實現又量身訂做的模式。這使我們與過去那種多餘、偶爾由自我驅使的需求斷開連結，並幫助我們聚焦於長期幸福的必要元素，能夠更清楚地決定把時間和精力投入在哪些人身上。接下來的步驟，幫助你遵循這條道路來調整自己的生活，即使感覺有時會讓我們偏離方向，也要堅持下去。

第三步：遵循道路，而非感覺

如果我們認真看待自己選擇的道路——也應該認真看待，因為我們已經知道以前在哪裡走錯了——就會拒絕那些只帶來短暫安慰或刺激的事物。有句老話在這裡很貼切：「想要過艱難的生活，就做簡單的事。但如果想過輕鬆的生活，就去做困難的事。」每當我們做出符合新道路的選擇時，就是在肯定自己的決心，並向自己或任何注意到的人傳遞明確的信號，告訴他們，我們所重視的是什麼。

不幸的是，感情生活中，總會有人告訴你要「跟著感覺走」。根據來找我的人所遇到的各種情感困境來看，「跟著感覺走」似乎是最典型的問題：選擇看似簡單的路，卻導致複雜痛苦的結果。我記得有一次分手，我花了好幾個月才鼓起勇氣真正去面對，而我媽看到我在分手後陷入痛苦的樣子，感到很困惑。她看不下去我心碎不已的模樣，便說：「親愛的，如果這麼痛苦，為什麼不乾脆復合呢？」我很感激她既想幫忙又束手無策的心情，但在當時我就清楚明白，如果聽從她的建議，我只會把當下讓我感覺良好、帶來短暫解脫的事情，與真正讓我長期幸福的事情混為一談。

同樣的困境也發生在關係剛開始的階段。經歷了一次令人興奮的初次約會後，你可能迫不及待想傳一則訊息表達你的激動，像是：「嘿，我知道我們才剛認識，但我已經愛上你了。我覺得我們應該結婚，一起展開新生活。你覺得呢？」幸運的是，似乎有一個天生的「斷路開關」，讓我們不會真的傳送這樣的訊息，就像情感暫停鍵，讓我們能夠放下感覺，冷靜思考：「這是我想走的道路嗎？」這個問題在這樣的情境中可能會自然浮現，但我們往往在其他場合裡忽視了這樣的反思。然而，當我們開始重新調整自己的思維模式，重塑自己的行為，必須經常且有意識地提起這個問題。

有一次我接受訪問，訪問我的人身上穿著印有「Your feelings are valid（你的感覺是有價值的）」字樣的T恤。當時我沒有說出我現在寫的這些話：我不認為我的所有感覺都是有價值的。因為如果感覺是基於想法，想想看，我們每天有多少不合理的想法是源自於非理性的焦慮、恐懼或壓力？這些想法都會導致與現實脫節的感覺，就像是在我們的大腦裡，盲人帶領盲人前行一樣。

一直跟隨自己的感覺走，通常不是個好主意。如果我真的這麼做，可能這輩子只會再去健身房七次。我不會讓當下的感覺主導事情。我總會問自己這個問題：「這件事做完後，會讓我說出『真高興我這麼做了』嗎？」關於去健身房，答案幾乎總是肯定的。生活中的這類情況，無論事前我有多抗拒，我都知道自己必須克服阻力，去完成這些行動。當然，這個方法也適用於負面情況。有些事當下我們可能非常想做，但做完後總是感覺更糟。關於這些情況，我們可以問自己：「如果我沒做這件事，事後會覺得『幸好我沒做』嗎？」比如喝太多酒，隔天感覺生活一團糟。將這種有意識的行動應用在感情生活中，會讓我們因此贏得他人的尊重。對選擇交往對象有標準，即使心跳加速也能保持理性，這展現了我們的誠信，同時也是對自己價值的肯定。而這種自我重視，也會讓他人更重視我們。此外，這顯示我們需要的不只是當下的感覺，還需要那些事後依然讓我們感到滿足的事情。

在與奧黛麗剛開始約會的初期，她遇上了前文多次提到應該避免的那種男人。我在英國認識她，我們有過幾次非常愉快的約會，並且有了一定的情感連結。但我回到洛杉磯後，海洋和大陸成了我們之間的阻隔。一開始，我表現得很積極，但接下來幾個星期裡，我的訊息越來越少。電話變成了簡訊，簡訊則變成幾天才傳一次。有一次，我們好幾天沒有說話，我突然發了一則訊息告訴她我很想她。這則訊息一定顯得很突兀，而且與我們當時的互動氛圍格格不入。幾個小時後，我收到回覆，感覺像被人狠狠打了一拳：「嘿，希望你一切安好。說實話，我覺得我們已經疏遠了一段時間，而那則訊息給我的感覺就像只是為了尋求關注。」

唉唷。沒開玩笑，那感覺就像被人狠狠打了一拳。我整個人被看穿，赤裸裸的。我是在尋求關注。我非常喜歡奧黛麗，事實上，我對她的感情很深，但我並不想要一段遠距離關係，甚至並不想要任何真正的關係，而她也感受到這一點。奧黛麗會很坦率地告訴你，在我離開倫敦時，她很喜歡我，但她越來越發現我們的方向不一致，對投入更多精力在我身上的興趣也越來越少。值得一提的是，儘管奧黛麗和我現在婚姻幸福美滿，但當時這則簡訊並沒有立即帶來什麼結果。我們在那之後分開了一段時間，但當我們終於再次聯繫時，我很清楚知道自己面對的是什麼樣的人，以及我需要承擔什麼責任。同時，她也沒有浪費任何時間在一個無法滿足她的人身上。

有意識的行動，需要我們重新調整焦點，從跟隨感覺轉向堅守道路。這就是我們所能做的、善待自己的事情之一。我們經歷過一番努力才走上的道路，會反映在我們的日常決策、對話和行動中。當我們堅持自己的道路，看到其他人也開始認真對待我們，並願意與我們建立關係，會讓人豁然開朗。

第四步：坦然表達你的道路

在重塑我們的思考方式時，我們必須更進一步：不只是按照自己的道路生活，還要勇於與他人分享。這麼做的目的，是邀請他人也分享自己的心路歷程，有助於雙方了解兩人是否有機會契合。這讓對方知道必要的條件，避免浪費時間在那些不願意滿足這些條件的人身上。

我朋友譚雅・拉德（Tanya Rad）曾經製作我的廣播節目《Love Life》，也就是後來的《Love Life》播客。自從十年前認識她以來，她就一直在尋找認真的長期伴侶，因此，她把我在節目中說的每一句話都銘記在心。某次現場座談會上，有句話讓她印象深刻：「一百個單身人士中，可能只有一兩個人真的適合你。所以如果你每個月只認識一個新朋友，那麼你至少需要再活一百年，才能保證找到合適的對象。」從那以後，她把約會當成第二份工作。她不想因為沒有認識到足夠多的對象，而成為單身人士。儘管如此，多年過去，她仍然沒有找到她想要的穩定關係。

將近十年後，譚雅現在與萊恩・西克雷斯特（Ryan Seacrest）共同主持美國大型廣播節目。這段期間，她不只找到了自己一直尋覓的感情，還訂了婚。我邀請譚雅來和 Love Life 俱樂部學員分享她的故事，希望她能告訴我們過去那些年到底缺少了什麼關鍵要素。

我們開始討論約會與親密關係，她不斷碰到一個總是讓她不自在的觀念：

我覺得現在有一種觀念，特別是對女性來說：「盡情享樂吧！我們也可以像男人一樣，盡情體驗一夜情。」但我心想，我根本不是這樣的人，我的性格就不是那樣。如果你是那種人，那很好，我尊重你，但我從來都不是這種人，我無法進行沒有情感連結的性關係。所以我告訴自己：「從現在開始，我只會在有穩定關係的情況下發生性行為。」而我所說的穩定關係，是指男女朋友這種彼此承諾的關係。結果這個標準很快就幫我過濾掉了很多人。

我記憶中的譚雅，和現在的她不一樣。那種「過濾」的想法，顯示出關鍵的一點：願意為了長遠的重大勝利，暫時接受戰術上的失敗。譚雅之所以能做到這一點，是因為她已經到達我們之前談論過的「必要性」時刻，也就是重新塑造思考方式的第一步。她仔細評估了舊有行為模式所帶來的痛苦與代價，因此確定了自己真正重視的是什麼：找到一個和她一樣認真尋找愛情的人。一旦踏上這條路，她便不再試圖討好別人或隨波逐流，追求一時的興奮。

這也讓她找到了過去所缺少的關鍵要素。她的目標不再只是私人的事，她願意公開表達自己的道路，不論結果如何。她解釋了這種坦率在行動中的具體表現：

我記得我在一間餐廳認識一個男生，然後在歡聚時光給了他我的電話號碼。他問能不能帶我出去約會，我說好啊。那時候是星期一或星期二，我們本來約好週末出去。後來他打電話來，只是想聊聊，我心想：「哇，現在已經沒有人這樣做了。」當時感覺真的很不錯。然後在聊天的時候，他開了一個有關性的玩笑，我不太記得具體是什麼了，玩笑本身不算粗俗或不恰當，但它成了我開口的機會。我直接說：「哈哈，不過呢，我在沒有穩定關係的情況下是不會發生性關係的。」他回答：「我也是。」我說：「哦，真巧。」但即便他這麼說，我還是感覺他像個花花公子。我們那天晚上聊完後，他就再也沒有約我出去。我想他可能覺得得不到他想要的，於是就沒再聯絡我了，這樣也好。

譚雅發現，對話中其實有許多機會讓她表達自己的價值觀。有些男生會開玩笑帶過，有些則覺得沒什麼大不了，但無論如何，他們都能理解她，而且因為她非常篤定，所以無論別人的反應如何，她都能坦然接受。她的行為並非毫無彈性；對她來說，性行為指的是性交，所以如果她覺得自在，其他親密行為是可以接受的。值得一提的是，她和未婚夫約會幾個月後，便跟他發生了關係，那時候他們還沒有正式交往。她是這樣對我說的：

這件事讓我內心非常煎熬，因為那只是一時衝動。我想，我很早就知道他是那個對的人，所以我讓自己在那個當下感到安全自在。而且到了那個時候，他也沒有輕視這件事。我是主動跨出那一步的人，他從未給我壓力。其實這次經歷讓我們關係更親密，因為我們之後能夠很認真討論這件事。我對他說：「我對自己做過這個承諾，我覺得我辜負了自己。我不後悔，現在我很開心，也對我們的發展感到滿意，但在我們關係確立之前，我不想再這樣了。」

她勇敢承認自己的行為，這種特質本身就很吸引人。雖然她公開表示對自己違背承諾感到難過，但她也坦誠地對他說，自己並不後悔。而且，她沒有因為一次偏離原則就將一切全盤否定。事實上，這次打破自我規則的經歷，反而成為鞏固規則的契機，兩人之後決定在正式交往前不再發生關係。大約一個月後，他們真的在一起了。沒有人需要完美無瑕，但譚雅始終對自己的行為保持清醒，即使她也曾偏離界線。

她同樣坦率地向他表達了自己對婚姻和孩子的渴望——這並不容易，因為對方離過婚，並且已有兩個小孩。譚雅對我說：「我們談過彼此的經歷，我告訴他：『我知道你結過婚，也有小孩，但這是我非常嚮往的人生，我對婚姻和成為母親充滿期待，這是我非常嚮往的人生階段。』」

如果譚雅是焦急地說：「我想結婚！」我們也能理解男方想要退避三舍的心情。畢竟，對於剛認識的人，我們不應該讓他們覺得自己被預定要承擔這種責任。然而，譚雅只是表達了自己對未來生活的期待，這其實與對方無關（除了他也經歷過這些），但潛台詞很明顯：如果你不想再經歷一次，那麼我們就把這段過程當作一次愉快的晚餐就好。

我問譚雅，在沒有機會提到「離婚爸爸」這個話題時，她是如何做到的，她給了我一個同樣實用的回答：

我會以一種類似職業轉換的方式來處理這件事，說：「我在事業上獲得了很多成就，但在個人生活上，我仍然有很多想要實現的目標。我在專注事業的時候，並沒有給自己機會進入一段認真的穩定關係。這是我非常渴望的事情。我身邊有很多已婚的朋友，他們的婚姻都很美好，我對未來的婚姻生活充滿期待。我對孩子也有相同的想法。我一直覺得自己工作太多，根本無法考慮生小孩的事。」

即使她對這些事情感到緊迫，也從未表現出來，因為這種感覺不適合傳達給一個剛認識的人。這是許多人常犯的錯誤，會讓人覺得焦慮，甚至感到壓力。而她反過來，只是以興奮的心情來描述她的人生道路，傳遞出完全正向的訊息。「譚雅這麼順利！真替她高興！」我們聽到這類故事時，可能會這樣想。但事實上，她的經歷並不是一夕之間就「成功」的。她經歷了多個男人、失敗的約會、戀人未滿的關係，才終於找到一個能接受她標準的人。她並不是某天突然改變，隔天就碰到一個剛好準備認真投入感情的男人。她花了十年的時間約會，深入了解自己想要什麼、不想要什麼，確立了方向，最終找到一個與她願景一致的人。我們對感情生活不耐煩的原因之一，就是那些「我做了某件事，然後突然間，對的人就出現了」的故事。現實生活中的成長速度比較緩慢，結果卻更加真實。正如其他諸多領域，愛情勝利組往往是在遇見合適的人之前，就已悄然打下基礎。

總結一下，到目前為止我們學習到有關重新塑造思考方法的內容：

- 必要性是改變的起點。像譚雅一樣，我們必須誠實面對當下的痛苦，以及如果繼續沿用目前的方法，未來可能付出的代價。這種誠實的評估，迫使我們不得不採取不同的行動。

- 接下來，我們要決定什麼對現在的自己最重要，以此確立新的人生道路。
- 我們必須遵循這條新道路，而不是隨著當下的情緒衝動行事。幸運的是，越是了解這條道路的重要性，我們就會對那些不合適的情境越不感興趣。
- 我們要坦然表達自己的意圖，並明白失去某些人也無妨，無論他們看起來多有吸引力。沒有人能未經許可隨意闖入我們的人生道路。
- 我們應該以積極的心態表達我們的目標，充滿期待且堅定，而不是焦慮或不確定。這不是為了迎合他們，而是為了我們自己。

如果你做得到以上這些，就能避免掉其他人在感情生活中百分之九十九的痛苦，並為自己的健康關係創造有利條件。但還有一個不容忽視的問題：即使我們做了所有正確的事情，拒絕那些不符合我們方向的對象和經歷，內心深處依然會擔心，會不會再也遇不到像那樣令自己心動的人，或者永遠都感受不到大家所說的、應該在未來的對象身上感受到的那種情感和化學反應？

第五步：不要比較化學反應

假設你遇到一個對你很好、熱情、擁有相同目標的人，但是，他並不是你喜歡的對象，這讓你越來越焦慮，你會等多久，才決定不該再這樣下去？你該繼續尋找讓你心動的人，還是因為他符合其他許多條件而選擇堅持下去？

簡短而明確的答案是：我強烈建議你，不該放棄吸引力。性吸引力是分辨友誼與愛情的基本因素。如果你無法想像或享受與另一半的性生活，那麼這段旅途將會很漫長。問問自己：我和這個人之間的化學反應，是不是在我的下半輩子都可以接受？如果答案是否定的，那麼是時候放手了。不要勉強自己，吸引力勉強不來。

然而，如果我們去除一些自己設下的障礙，會發現更多吸引我們的人。其中一個障礙，就是在約會時「門檻政策」過於嚴格。如今，我們比以往任何時候都更快地拒絕他人，這一點在交友軟體上尤為明顯。我們保持著一個不切實際的高標準，比我們在現實生活中所堅持的標準來得苛刻，因為在現實生活中，我們的視角會柔和許多。相較於真實站在我們面前的人，數位環境讓人顯得廉價且容易取代。科技的一大風險在於，我們無意間拒絕了那些實際上可能會與我們產生真實化學反應的人，而且這麼做的時候不會感到內疚，因為我們知道還有其他人選。

對一個你不會從交友檔案中挑選出來的對象產生性吸引力，誰沒有過？也許你還和這樣的對象結了婚！這是因為性吸引力不是一幅靜態的畫，而是一場動態的戲劇、不斷發展的情節，只有在面對面的互動中才能真正展現或消失。表面看來，很多吸引力來自於一個人的動態表現，也就是他的動作、微笑、站姿或走路的樣子。我們可能只是因為看到某人跟著音樂點頭，就被他吸引了。這個道理可以從各個方面體會到。我們可能看到某人的照片，覺得他客觀來說非常迷人，但對方真的出現時，我們卻莫名無動於衷。我們也可能第一次見到某人就被他吸引，後來卻發現，網路上的照片「完全不符合本人的形象」。有沒有經歷過，朋友給你看她前一晚約會對象的個人檔案，而你心裡默默想著：「認真嗎？」兩者的落差不一定只是品味問題。這也不是要你放寬對化學反應的需求，而是要意識到，雙方要有化學反應不簡單，因此可能值得放寬一些限制，讓你能夠去發現自己是否擁有這種化學反應。

化學反應不只需要一張照片，有時甚至需要多種情境才能產生。你是否曾經對一個原本不太留意的人突然產生好感？某天他做了一件可愛的事情，或者穿了一件讓你眼睛為之一亮的衣服，又或是在他擅長的領域展現了迷人的一面。就在那一瞬間，你對他產生了不一樣的感覺。這就是為什麼我們必須謹慎面對諸如「我從來沒遇過吸引我的人」之類的說法。吸引力不單單是一場邂逅那麼簡單，就像海灘不只是由一桶沙子和一瓶鹽水所組成。

我們還必須提防自我對於化學反應的干擾。自我會這樣告訴你：「他的穿搭和我以前交往的人不像」或「他不是喜歡戶外活動的人」或「我的朋友和家人不會覺得他有吸引力」。這些標準都是依賴過往的判斷，帶有批判性，限制了我們做出真正選擇的能力，過度看重外表或風格等外在因素，而忽略了那些可能只有在互動中才會發現的性吸引力。性吸引力是主觀的，往往無法預測，有時甚至會從那些原本不是我們的「菜」身上感受到。

自我不但會阻擋潛在的化學反應，還會誤導我們辨認化學反應。它會把那些捉摸不定、難以接近的人，轉化成有價值且令人嚮往的對象。為什麼要追求一個得不到的人？人往往將那種情緒上的高潮迭起和劇烈起伏，誤以為是化學反應，但兩者其實毫無關聯。小心別把焦慮和短暫放鬆的循環，與化學反應混為一談。如果這種情況變成一種習慣、甚至上癮，可能導致扭曲的結果。我的學員梅根曾經問我：「我以前在感情中受過很重的傷，現在和其他男人約會，卻發現很難對他們產生同樣的吸引力。我該怎麼辦？我也害怕再次受傷。應該尋找哪些特質？」梅根總結了許多愛情生活中的矛盾困境：如何找到一個跟傷害過自己的人一樣的人，而不會再次受傷？

我和梅根開始剖析她的關係時，我們發現，她的伴侶並不只是在分手時傷害了她。他們名義上還在一起的時候，她也從未感到安全和平靜。很多關係都是如此：我們從未真正感覺擁有那個人。情況如此時，追趕永遠不會結束。我們緊抓著不放，死命地維持住關係。由於安全感始終沒有到來，戀愛初期所經歷的情感波動也永遠不會結束。這就是梅根的情況，而對她的新伴侶來說，幾乎是不可能的任務，因為他需要讓她感受到對前男友同樣程度的渴望。只是這種渴望，一直都是建立在讓她感到不安的基礎上。然而，和始終遙不可及的人在一起，你永遠無法有安全感。記住，在任何真正的關係中，你愛上的都是某個人的存在，而不是他的缺席。

此外，要小心那些在難以重現的條件下所產生的強烈化學反應：假期戀情、刺激的婚外情、兩個月的短暫戀情、突然結束後才顯得格外重要的關係。我們都喜歡煙火，但要吸引我們的注意力，需要兩個主要條件：夜晚的浪漫，以及很快就會結束的認知。若失去其中任何一個因素，所有煙火都會變得平淡無奇。我們認為的難忘時刻中，有多少經歷是開始沒多久就結束，現在被模糊的記憶扭曲了？如果你的熱帶情人跟著你回家會怎樣？如果交往兩個月的戀人突然傳訊息叫你幫他拿藥？浪漫短跑的快速化學反應，無法與長期交往所需的耐力相提並論。無論對這種情況有多麼浪漫的感覺，最起碼我們必須以現實來調和幻想，因為我們實在無法預測和那個人長期相處會是什麼樣子。

最後的結論是：化學反應固然重要，但在長久的伴侶關係中，這並不是唯一需要尋找的特質。確實，在剛開始的階段，化學反應非常重要，但如果我們只依賴化學反應來挑選對象，為何不也尋找那些最善良、最支持我們，或最了解我們的人呢？這些特質和化學反應對於我們長久的幸福同樣重要，甚至更重要。

這並不是說你應該開始在日記中寫滿對你毫無吸引力的人，或者和一開始就沒有感覺的人約會。這只是一個建議：不要對化學反應和性吸引力妄下判斷，這些都需要一定的接觸和開放的心態才能實現。不要將過去的感受（不需要經得起時間考驗的感受）奉為圭臬，要把化學反應放在合適的重要性級別，但不要高於其他幸福關係的必要特質。最後，我們必須抵制不斷比較的衝動。認真尋找一段全方位的感情時，化學反應是重要的一環，但不是新對象必須勝出的競賽。

我們在這兩章中討論的行為模式，可能會在不知不覺中成為我們的第二天性，這就是為什麼我們不能單靠希望，期待某一天會突然清醒，開始感覺更好或做出更好的選擇。改變不會自動發生，而是需要我們主動去做。這不只是一個瞬間的頓悟。頓悟，只是指引方向的火花，或許你在閱讀本書時也有幾次這樣的感受。真正能改變生活方式的，是有意識的行動。這是一場對抗舊習的持久戰，如果某件事不適合我們，我們需要像守護快樂之門的哨兵，專注在那上面，確認癥結點後，下定決心停止那件事，並開始做那些對我們未來更有幫助的事。留意讓你感覺更好的事物，與更高的價值觀保持一致，像是你在這個人生階段所重視的價值觀。先確定對你來說什麼樣的人是最重要的，了解你希望身邊有什麼樣的能量，以及什麼樣的特質能讓你在生活和感情上感到平靜。以這些特質為主，來安排你生活的每一部分：運用時間的方式、對世界傳遞的能量、選擇來往的對象，就算只是朋友。用你想要吸引的能量充實你的生活。雖然問題不是一朝一夕就能解決，但這麼做的力量可能超乎你的想像。你越是這樣做，就越能注意到並與那些擁有相同特質的人相遇。

這並不容易。追求讓我們當下感覺更好的事情，遠比做那些能讓我們長期感到愉快的事來得簡單。而我們必須相信，這些努力最終會吸引對的人進入生活。我們必須願意犧牲，付出耐心和承諾。我們需要每天訓練，專注於新的目標，也就是尋找內心的平靜和幸福。這是一種自律，讓我們認真對待自己和自己的幸福。

對的選擇一開始看起來可能不那麼吸引人，因此，面對誘惑的時候，我們必須不斷提醒自己，為什麼舊的行為模式從未帶來好結果。不過，只要持之以恆，就會漸漸發現自己身處在一個更健康的狀態，充滿平靜和客觀。我們將不再受焦慮和創傷所困擾，而是進入一個更平靜的戀愛環境。我們會更清楚什麼是健康的吸引力、什麼則否。錯誤的人會逐漸變得不再重要，甚至讓人反感。那些以前可能進入你生活並破壞你內心平靜的人，突然間看起來毫無吸引力，與新生活的節奏不再契合。

將自己從愛情的成癮循環中解放出來後，我們可能會發現，與以前從未考慮過的新對象在一起，雖然化學反應相較平靜，卻能獲得同樣的滿足。你不會莫名其妙發現每個人都有吸引力，但可能會開始注意到以前從未注意到的人，因此發現自己的交友圈擴大了。這樣的情況帶來希望。促使你改變的痛苦漸漸消退，讓你意識到新的可能性：外面還有很多我們從未注意到的人，而且就在我們身邊。你會漸漸明白，年輕的自己其實並不知道什麼才會讓我們幸福。經過一段時間，你甚至會有種新的解脫感，能夠以愉快、溫柔的態度，笑看自己過去的困惑。

The Question of Having a Child

11

不被生理時鐘制約

多年來，我與女性分享自信與自我價值的觀念和理念時，發現很多人心中有一種隱藏的恐懼，影響了她們在努力過程中維持自己所設定的標準。這裡要討論的，是那些覺得自己在生孩子這件事上「時間有限」的女性。

對於這個話題，我其實略感不自在，也不太有信心發表意見。但我的不自在並不是重點，重點是這個對話。我的很多學員從小就知道自己想當母親，她們可能在成年後不常提起這個願望，因為害怕被其他女性認為觀念過時，或被男性覺得過於強烈，可是對她們來說，組織家庭一直是人生中最重要的目標。甚至有一位事業相當成功的女性朋友最近也坦承，儘管她的成就讓許多人羨慕，但她最大的夢想一直都是擁有一個家庭。她非常努力工作，但這個夢想比任何職業上的成就還更重要。

對另一些女性來說，想要孩子的渴望似乎是悄然來臨的。多年來，她們將精力集中在事業、旅行、友誼等其他領域，但突然之間，毫無預警地感受到一種強烈且無法忽視的本能需求。儘管她們很享受自己的生活，卻開始感受到某種壓力。這種壓力未必是來自於外界。她們或許從未遇過家人的催促、朋友的自以為是，甚至可能從未把生孩子列為願望，卻發現無形中對自己施加了壓力。無論這個訊息是從外界悄悄滲透進來，還是從內心深處慢慢浮現，傳達的聲音都變得越來越大。

當然，並不是所有人都會有這種渴望。我指導過不少女性，她們不得不結束一段關係，原因是伴侶想要孩子，而她們自己不想。對其他人來說，隨著年齡增長，來自家庭、社會和文化的壓力讓她們感到困惑，搞不清楚自己的焦慮到底是源於外界的期待，還是自己真正的渴望。

還有一種常見的焦慮：雖然她們內心沒有感受到生兒育女的強烈吸引力，卻傾向於把生孩子當成一種避免將來後悔的「保險」。這種內在的衝突矛盾，讓她們感到孤立無援、疲憊，因為她們必須和心中的羞愧與恐懼抗爭，勉強自己接受一個「應該」被視為人生美好體驗之一的事情。但對這些人來說，這更像是一種與內心感受脫節的避險策略。

儘管如此，隨著時間一久，真正擁有這種渴望的女性，想要孩子的強烈欲望可能會逐漸占據她們的全部心思。這種渴望會奪走她們的自信，同時引發焦慮甚至恐慌的情緒，導致做出有害關係和毀滅關係的決定。

對某些人來說，這是他們非常想要體驗的重要生命過程，並且認為這對他們的幸福和人生圓滿相當重要，所以害怕無法實現。這種恐懼不只發生在那些總是單身，或者穿梭於一段又一段感情，直到最後才發現已經錯過時機的人身上。對於那些已經有伴侶，並且雙方都期待生孩子的人來說也是如此。他們可能發現，成功懷孕比想像中更複雜（無論問題出在一方或雙方），甚至根本懷不上。

我指導過一對夫妻，即使他們找了最優秀的醫生，多年內進行數次胚胎冷凍，仍舊無法達到胚胎成功植入的階段。另一位女士與她的伴侶已經在生育之路上走了九年，進行過好幾次試管嬰兒療程，甚至為此抵押房子，但依然沒有結果。生活並不像「如果我沒有及時遇到對的人，就無法生孩子」那麼簡單。即使遇到對的人，也不能保證一定會有親生孩子。想要在傳統結構下生育，文化告訴你，必須找到一個願意一起生孩子的人；生物學則要求你和伴侶必須在生育期內受孕成功，還必須確保雙方的生育能力可以互相配合。最後，你們必須將懷孕維持到足月，或至少是可以存活的階段。難怪這個人生目標讓許多人感到無能為力，沿途有太多變數可能阻礙實現的過程。

我第一次體會到「成為父母的渴望」所帶來的挑戰，並不是從科學知識，而是親身經歷了一場痛苦的速成課。痛苦不只是警報響起時的焦慮或恐慌，還有在這些情緒狀態下做出的錯誤決策積累而來。有時我覺得，我唯一的工作就是降低他們的約會熱度，因為他們對家庭的渴望越來越強烈，心中正在發生無法抵擋的暖化。雖然我鼓勵放慢腳步，不要太快投入，卻又有另一股力量告訴他們要加快步伐，忽視危險訊號，宛如迫切需要救生圈的人來到談判桌前。生殖醫生可能非常了解懷孕過程對女性身體的影響，而我了解的是這個過程對女性生活的影響。

我不敢說自己完全理解女性在面臨時間框架縮短時，內心深處所產生的恐懼與孤獨感，因為生育對她們的自我認同非常重要。但我知道，當你感覺到某件攸關生命的事情失去控制，會產生強烈不適的恐懼感，讓人感到無助。我指導過的許多女性仍然保持正常生活，試圖透過忙碌工作、日常義務和無意識的約會來轉移注意力，以掩飾內心真實的渴望。

但這個聲音從來不會如我們所願的安靜下來。這些女性內心深處仍然有強烈的渴望，無論實現與否，這種渴望感覺已經像是她們生命的一部分。哪怕只是稍微暗示我們將要談論這個艱難的議題，就能瞬間讓許多聽眾淚流滿面。這種感受可能成為一種慢性且不言而喻的焦慮，讓人感到煩擾，也會導致絕望感，因為她們認為這是自己唯一能獲得幸福的關鍵。

如果你碰巧屬於不可能再擁有親生孩子的陣營，或許會感到無法釋放的悲傷，覺得生活中缺少了什麼。雖然本章內容主要針對處於早期階段的人，但我希望也能為你帶來一些安慰。

我越深入探討這個主題，越能理解和感受到這一切的不公平。許多男性認為自己不必著急，至少理論上他們可以在老死之前讓任何女性受孕，女性的生理狀況卻是相反。不過，男性也有自己的生理挑戰：外界普遍高估年長男性或其精子在晚年生育過程中的可行性，而這種過高的預期，只會放大男女之間在生物學上的不對稱。男性利用這種不對稱，來為他們輕率且殘忍的玩笑辯護，諸如「她們太緊張」或「瘋狂」等說法，只因女性在這方面需要某種明確性，而男性則假裝自己無法理解這種需求。與此同時，男性表現得輕鬆自如，彷彿他們有充裕的時間可以浪費，無論事實是否如此。我常常想，如果有人告訴這些男性，他們一生中最大的夢想，比如擁有孩子、創設公司或成為百萬富翁，都只能在接下來的三到五年內實現（而且需要依賴他人來實現！）過了期限以後，無論怎麼努力都無法實現，他們會展現出怎樣的迫切與絕望？

有鑒於這種不平衡，加上我自己也有控制狂的毛病，我不禁想到，如果必須等著伴侶同意我的重要人生目標，我可能會非常忿忿不平。多年前，我和本書編輯凱倫．里納迪（Karen Rinaldi）一起走在街上，我問她對這件事的看法，證實了我的直覺。她毫不猶豫地回答：「為什麼要依賴男人呢？」原來，儘管她最後在一段已結束的關係中生了孩子，但凱倫早已決定，即使從未遇到合適的伴侶，她也要自己生孩子。這不僅是一位女權主義者的堅持，更反映出這件事對她來說有多重要。

我可能還沒有準備好告訴所有女人「徹底放棄男人吧」，畢竟我自己也想有女朋友，但看到女人浪費時間在那些既不在乎她們、也沒有共同目標的男人身上，我開始感到不耐煩，甚至到了憤怒的地步：「這可是你的人生夢想啊！難道你不明白嗎？這個男人根本不在意你的時間表，也不在意你如果和他遠走高飛，錯過了組織家庭的時機，可能會感到遺憾……而你卻把這些重要的事情交給他決定！」我並不是每次都會說出這些話（雖然有時確實會出現在我的 YouTube 影片），但每當我難以掩飾對這種情況的沮喪，這些話總是浮現在心頭。尤其是當一個女人不斷強調她和某個男人的關係有多好，卻又偷偷抱怨他還沒準備好談感情的時候。這讓我有點像戀愛中的掃興鬼、浪漫殺手，不斷打擊大家的浪漫故事，壞了氣氛，但我其實是個浪漫主義者。我只是氣我們的文化對女性洗腦，讓女人放棄了對未來的主導權。我不是在氣她們，而是氣我們習慣先入為主批評女性的需求，卻對那些拒絕理解的男人網開一面。

我見過一些女性甘願留在暴力關係中，只因這段關係有可能帶來她們夢寐以求的孩子。我也輔導過處於另一種暴力關係中的女性，她們辛辛苦苦地撫養孩子，卻有個人一找到機會就來擾亂她們的生活、傷害她們的孩子。我還見過一些女性在約會早期不斷自我設限，因為她們擔心時間不夠而無法做自己。

我永遠不會忘記，有一次在我的研習活動中，那位在分組討論時鑽到桌子底下痛哭失聲的女性。她一直期待丈夫可以「回心轉意」，接受生孩子的想法，然而，隨著時間推移，她的生育時機逐漸消逝，最後丈夫還是結束了這段婚姻。我陪伴著她，看著她哀悼那個從未擁有的孩子。

目睹了如此深刻的痛苦，讓我得出兩個結論：首先，任何針對接近三十歲、三十幾歲到四十歲出頭女性所給予的賦權建議，如果不包括這個話題，那就不夠完整。其次，我絕不會因為害怕說錯話而迴避這個棘手的對話——事實證明，這是非常困難的話題之一。迴避這個話題看似比較容易，畢竟我顯然是這個對話之外的另一頭大象；大家應該同意，我不可能像女性一樣切身感受到這個問題的痛苦。但請相信，我見證過這種痛苦。我希望你們能像以往其他人一樣，容許我在這個話題上表現出的笨拙，因為我固執地認為這個話題的討論度遠遠不夠，原因有很多。

女性對於表現得焦急和缺乏吸引力的恐懼感十分強烈。即使是在有孩子、出於善意的朋友面前，談到內心深處那種脆弱的心情時，她們也會感到尷尬：「我非常渴望你們所擁有的一切，但我覺得自己在變老，時間不多了。」女性似乎感到羞愧，覺得討論這個話題不好、不酷、不吸引人，而同時，許多男性卻根本不覺得有必要談論這件事，因為他們認為自己有的是時間。

我寫下這一章，目的是讓大家正視這個話題。我們可以一起拋開包袱，不帶羞恥地來討論它。就像所有艱難的對話一樣，在我們對別人大聲說出來之前，必須勇敢地與自己對話。這表示我們要有意識、仔細地檢視自己想要什麼，以及實現它的過程中有哪些選項，這樣才能好好為自己做出正確的決定。

那麼，對話該從何開始呢？其實已經開始了。如果你讀到這裡，就表示你已經在某種程度上接受了這個事實：無論你的情況如何，生孩子這件事都不是必然的。如果你沒有伴侶，這種感受無疑會更強烈。但除此之外，現在是時候徹底接受你目前的時間框架，並了解何時開始可以合理假設，自己不再能夠以原本希望的方式擁有孩子。

接受現實並不是認輸。這種態度正好讓你能誠實評估自己的選擇，並且制訂計畫。而這份計畫，是你重獲個人掌控權的關鍵。

這對你來說有多重要？

制訂計畫之前，請考慮這兩個問題：擁有孩子對你來說有多重要？為什麼？這兩個問題的答案，將影響其他所有決定。問題看似簡單，你的答案卻極其重要。它們迫使你問自己：這個渴望有多真實？從哪裡來？我想要滿足什麼需求？

先來討論第一個問題：擁有孩子對你來說有多重要？無論你的回答是什麼，這個答案都將有助於你接下來的決定。如果答案是：沒有比這更重要的事。那麼這件事應該會讓你決定把時間花在誰身上和花在什麼情況上。既然生孩子是你的重要人生目標，為什麼還要和一個願景不同的人約會？

另一種回答，如果你不確定自己是否想要孩子，那也是某種程度的自我理解。在這種情況下，你可以採取一些行動來爭取時間，同時尋找更強烈的感受，了解你真正想要什麼。

談到「為什麼想要孩子」時，我發現這個問題的答案在不同聽眾之間總是出奇的多元。有人說，他們想要一個無論如何都會愛他們的人；有人則希望有一個可以無條件去愛的人；有人想給他們的孩子比自己更好的生活；有人說他們想要體驗生理上為人母的感覺；有人希望能夠對某人產生母親般的感情（這是評估選擇時的重要區別）。而有些人，希望年老時有人照顧他們，還有些人希望在自己去世後，留下一部分自己的生命延續下去。

探討各種擁有孩子會帶來什麼結果的假設，其實很有趣，可以在一個原本沉重的話題上附加一點黑色幽默。我常常提醒大家，沒有人可以保證你的孩子會無條件愛你，或者在你老了之後會照顧你，你甚至無法保證他們會回覆你的電話或簡訊。至於希望在離世後能有一部分的自己延續下來……我總是會指出，這是一種非常人性的自戀傾向，感覺像是：「我一定要延續我的存在！」當然，我知道這是普遍的本能，並不是出於惡意。

其他原因則較難以開玩笑的方式來談論，例如：想給某人比自己更好的生活，或是渴望成為母親。然而，即使如此，有時我聽到別人講述想要孩子的理由，會發現答案本身就有一種他們沒有察覺到的靈活性。一位名叫安卓雅的女士告訴我，她的渴望來自於「想拯救我心中那個沒有人能拯救的孩子」。她當著聽眾的面說自己很困惑，不知道自己想要生孩子還是要領養。我希望她能意識到，她的答案顯示出無論哪個選擇都可能獲得快樂，因此她的不確定，實際上是積極的信號。她對於該怎麼做的困惑，其實意味著她擁有選擇的自由。並不是每個人都能給自己這種自由。有些人會執著於在傳統家庭單位中擁有自己的親生孩子，認為這樣才能獲得快樂。在我的職業生涯中，見證過許多母性本能以驚人的方式發揮影響力。我漸漸明白，這個世界上有許多非凡的母親，但並不是所有母親都生過孩子。

ABCDE計畫

我們對未來滿足感的概念越具體，就越限制了幸福的各種可能性，被一條最後可能綁架我們幸福的道路給束縛。這種情況一旦發生，首先我們會恐慌，接著是無奈，最後可能意志消沉。

探索其他選擇，例如領養或獨自生育，可能會讓人感覺像是改變宗教信仰，可能意味著否定你過去所聽聞的一切。但我們必須徵求一種思想自由，一種不盲從社會或家庭期望、針對我們量身打造的思想自由。要找到真正適合自己和個人未來的道路，我們需要暫時遠離其他聲音，專注傾聽自己的內心。安卓雅的困惑，實際上使她比大多數人更具優勢。這表示她正在探索真正適合自己的選擇。

最後，我始終認為這其中有一個非常重要的人生課題：我們所重視的任何事物都能滿足某種需求，或者至少我們是如此相信。**要拿回幸福的掌控權，最強大的方式，就是意識到「認為某個特定事物或經驗是滿足需求的唯一方法」不過是我們自己編造的說法**。只要稍微發揮想像力，也許再加上一些經驗，就會發現我們的需求可以透過以往沒有想過的方法得到滿足。想過充實的生活，不會只有一種方法。事實上，每個人都有一套讓自己幸福的標準，並且有無數創意的方法可以達成這些標準。很多人以為生孩子可以滿足最基本的標準，也許他們是對的，但他們沒有意識到，如果執著於不變的未來藍圖，可能錯過其他可以達成相同目標的方法。

這並不是說我們不應該制訂A計畫，然後認真執行它，而是誠實面對A計畫的重要性，將有助於我們做出大大小小的決策。如果我們想認識某個人，並與對方生兒育女，那麼我們就必須盡一切所能，增加這件事的必然性，包括拒絕那些會讓這件事可能性降低的選擇。例如，和一個對我們未來沒有共同想法的人交往多年（無論你與他之間多麼有火花）。釐清我們的首選是什麼，可以讓我們知道應該重視什麼、不應該重視什麼。在多年的教練經驗中，我指導過許多女性，她們只考慮某種類型的男人，例如花花公子、瘋狂追求成功、害怕承諾、未來沒有打算組織家庭的人……因為她們還沒真正下定決心，或誠實面對自己最重視的是什麼。

從「標準」的角度來看A計畫，我們會明白，滿足這些標準的路徑不只一條。我們可以考慮B、C、D、E計畫，甚至是F計畫。只要能達到想要的最終結果，這些選擇都可以讓我們滿意。對於達成目標保持靈活性，有助於我們去實現它。

如果原本的計畫無法實現，又不去考慮該怎麼辦，逃避跟自己以及那些支持我們的人進行艱難的對話，這樣只是在自欺欺人。我覺得有趣的是，大多數成年人對「B計畫」一詞的聯想，是避孕在吃的小藥丸；至少在美國是這樣，因為事後避孕藥的品牌名稱就是「B計畫」。但依照我的經驗，有太多人不知道如果他們真的想懷孕有什麼「B計畫」（備案）。如果某件事非做不可，那麼即使理想情境無法發生，我們也應該知道如何實現它。這就是韌性和適應力的精髓——了解世界隨時都可能改變，但我們仍能找到新的立足點和幸福感。這就是一種超能力。

用這種思維與規劃所培養的豐盛心態，讓我們能夠放鬆，並且在感情生活、以致整個人生中更有自信地行動，實際上反而增加了實現A計畫的可能性——如果A計畫是與另一半生兒育女，而這也是你真正想要的。與B計畫、C計畫，甚至D計畫和解，或許是實現A計畫的最大祕訣。雖然計畫一些陌生或未知的事物，可能感覺不太浪漫，但奇怪的是，這樣的規劃反而能讓我們重新找回感情生活中的浪漫與當下的感覺。

我並不是在輕視其他選擇的困難程度。我絕不會假裝自己了解領養或單親媽媽養家的實際挑戰，但我知道有人這樣做，而且成功應對這些挑戰。我也知道，經歷這些挑戰後，生活不會就此結束。這些人通常會繼續尋找愛情，因為我曾幫助他們實現這一點。我不是說你一定要選擇領養或成為單親媽媽，這些選擇都是根據每個人的自身情況而定。克里斯多福．希鈞斯說過，人在一生中「必須選擇將來的遺憾。」遺憾，是人生中不可避免的，每個人都有過遺憾。如果沒有，那要如何學習或體驗到任何事情呢？當你思考未來，什麼會造成最深的遺憾？是等待你的傳統核心家庭出現，直到你失去擁有親生孩子的機會？還是以單親身分養育孩子？這個問題不是引導你去做某個選擇。對一些人來說，成為單親家長可能永遠不會是他們認為合適的路；對另一些人來說，或許會發現，如果一直等待男人出現，到了四十歲還沒有採取行動，她們會難以原諒自己。別人的選擇不重要，重要的是我們能與自己和值得信賴的朋友進行這些對話，藉此做出明智的決定，而不是在不知不覺中走向自己最恐懼的結果。

需要特別注意的是，我們在試圖擺脫痛苦時，通常比在舒適的狀態下更有可能採取行動。因此，如果思考這些事情讓你覺得痛苦，這很可能是件好事——面對痛苦，加速了我們決策的過程，若非如此，我們可能會把這些決策拖到選擇餘地更少的時候才去處理。

接受你的選擇

想知道自己有哪些選擇，首先必須清楚了解你的狀況。檢查生育能力是另一個人們經常迴避的潛在難題……要是檢查結果不好怎麼辦？請記住，資訊就是力量。發現自己的卵子數量比預期少，反而會產生具正面意義的急迫感，促使你提前制訂原先可能忽視的計畫。現在令人失望的答案，可能是通往美好未來的關鍵，因為它會告訴你接下來的步驟。對一般生育率抱持務實態度也同樣重要：大多數女性在三十歲中後期的生育率會明顯下降，而在四十多歲時，生育能力會大幅減少，併發症風險也會隨之增加。因此，根據影響生育的健康和生活方式因素，進行誠實的自我評估非常重要。我也鼓勵男性讀者們這麼做。我們都有責任去了解生育時間表，以及自己和另一半的生育能力，並且共同做出決定。如果我們希望自己有一天能夠成為父母，那麼忽視或不斷推遲這個話題，等同於逃避責任，只會迫使我們關心的女性獨自承擔這些想法和隨之而來的焦慮。

從這裡開始，你可能會決定，因為還沒遇到合適的對象，所以需要盡可能給自己較長的時間範圍，來實現懷孕的目標。凍卵是一個可行的方法。撇開複雜且昂貴的醫療問題，凍卵能帶來心理上的安慰與獨立感，也可以幫助你免於依賴他人，或留在不太理想、甚至危險的感情狀況中。我聽說過許多這樣的故事，把凍卵作為備案，她們的自信立刻明顯提升；即使她們可能不太需要這個選擇，而且要很久以後才會證明有其必要。凍卵讓這些女性有了設定自身條件的籌碼，可以果斷離開不理想的情況，不用擔心自己未來受到威脅。

我最近在播客節目中談到凍卵的好處，之後收到一名長期聽眾的長篇來信。她叫伊莉莎白，是一位護理師，她已經冷凍了自己的卵子。雖然伊莉莎白仍希望透過傳統方式建立家庭並生子，但經過財務上和情感上的考量，她決定進行凍卵手術。

儘管她是醫療專業人士，並且對凍卵過程有充分的了解，還是碰到不少困難。她在信中詳盡描述了這些困難。有鑒於此，她認為我專注於傳遞訊息時，低估了這些挑戰。她覺得我對手術的看法過度樂觀，甚至輕鬆到可能有些輕率。

感謝伊莉莎白的來信，我非常感激，於是做了另一期播客節目，朗讀她的信件內容，並花時間真正評估這個艱難的決定。首先，她想提醒大家（尤其是我），凍卵並非什麼神奇的解決方案，尤其是財務上的負擔：每次取卵都會收取費用，因為有些人需要進行多次取卵，以確保自己有足夠的卵子可使用。而即使取卵手術成功（這個程序通常比人們想像的更複雜，對某些人來說也更痛苦），也不能保證你在多年後決定懷孕時，能夠順利懷上健康的孩子。到那個階段，試管嬰兒也需要收取相關費用，並經歷同樣複雜的過程。在這兩個階段之間，從最初的取卵到多年後的體外受精，你還必須為凍卵支付保存費用。過程需要投入大量時間、精力和金錢，對個人來說是很大的負擔。她發現成本效益分析相當低，但她還是決定進行動卵。

信件的第二部分，她批評我對凍卵某種程度能讓男女處於平等地位的暗示，因為這麼做似乎可以消除「生理時鐘」的影響，但在她看來，這其實是女性固有且珍貴的特質之一。她指出觀念中的缺陷：在組織家庭這件事上，不應該是女性為了享有和男性一樣的自由，必須對自己的身體做出痛苦且昂貴的改變，而是男性應該以成熟的方式思考家庭的建立，並不是等到他們覺得準備好了，才突然冒出這個想法，無論是三十五歲、五十五歲，或甚至永遠沒有準備好的時候。「成年女性有理由期望成年男性能明確知道自己在這個問題上的立場，並且能夠討論這個問題，而不會被男性誤解成對他們施加壓力。」

接著，她提出謹慎的建議：「我認為，與其說在理想的世界裡，所有女性應該在二十一歲時凍卵，應該說所有男性應該在十五歲時，接受可逆轉的輸精管結紮術。這種手術的侵入性小很多，可以等他們準備好當父親時再恢復。如果你覺得這聽起來很荒謬，那你就會理解我聽到你說我應該凍卵時，我覺得有多荒謬了。」我非常喜歡她這個想法。女性除了要面對生物學上的時間限制，現在還有實際的壓力要求她們去解決延遲生育的問題，真是荒謬。為什麼女人必須獨自面對這種侵入性、痛苦且昂貴的手術，只因為男人在這個基本生存問題上無法做出成熟的決定，或除了「再看看吧」說不出什麼更有啟發性的話？而男人面對這個問題卻可以得意地笑，因為他們知道，進一步討論的話就會成為壓力，給了他們被嚇跑的理由。

我確實認為，除了伊莉莎白所說的，也有一些女性對於是否要生小孩感到猶豫不決。線上評論區的網友們即時指出了這一點。不過，如果我要指導一名希望在事業上有所突破，但仍想保留組織家庭這個選項的女性，我認為辯論這些問題對她來說不會有任何實質幫助。我指導別人時，通常會這樣問：「今天有哪些解決方案可以幫助你實現目標？」正是基於這樣的精神，我談到了凍卵的可能性，因為我們將進行伊莉莎白在自己決定凍卵時所考慮的成本效益分析。凍卵不能保證帶來心靈的平靜，只有你自己知道，以這種方式增加機會是否讓你有掌控感，或者至少讓你覺得自己已經盡了最大努力。

多虧了伊莉莎白那封極具說服力的來信，我才能得到啟發，想進一步展開這個話題。於是我又錄製另一期播客節目，這次邀請兩位醫生參加，談談她們對這個議題的專業觀點和個人看法。莎倫娜・陳（Serena H. Chen）是生殖醫學與科學中心的婦產科醫師暨共同創辦人；伊萬娜・巴尤（Ioana Baiu）是史丹佛大學外科住院醫師。陳博士指出，生育治療不應該當成一種選擇性手段，而應該納入全面醫療保障，因為生育治療具有相當重要的意義。巴尤博士則分享她的個人經歷，身為一名從事高壓職業的三十多歲女性，她選擇進行兩輪凍卵療程。由於戀愛時間有限，巴尤博士希望在接下來的人生，外科訓練無可避免的壓力稍微減輕以後，能夠開始組織家庭。她詳細講述了自己碰到的意外難題。即使身為相當熟悉複雜醫療程序的外科醫生，當她回到家，面對數百支針筒和藥物時，仍然會望之卻步。這些藥物混合需要精準到微克的劑量，並在一天中的不同時間點進行各種操作。每個週期之間都需要調整荷爾蒙水平。她在取卵後意外經歷了一段荷爾蒙失衡和疲勞期，花了好幾個星期才恢復過來。

我問巴尤博士，經歷這些困難後，她是否仍然覺得這一切到頭來都是值得的？她回說確實如此，凍卵減輕她的壓力，現在也不太擔心將來哪天能不能組織家庭。她知道卵子的健康狀況通常會隨著年齡而下降，所以現在儲存健康的卵子，讓她感到安心，隨時準備好在她覺得合適的時候使用。

我不敢說這幾頁的內容就能徹底討論這個話題。任何認真考慮凍卵療程的人都應該尋求專業的建議。令我印象深刻的是，這兩位醫生都很有同情心，並且在討論時非常謹慎，盡可能從最廣泛的角度涵蓋各種動機。因為她們知道，人們對這個主題有各式各樣的考量。

從網路上的反應很容易看出來，這個主題引發了大量評論。一位來自法國的三十四歲女性寫道，她剛開始進行凍卵療程，而在法國，所有女性都可以免費凍卵。她希望美國也能跟進，全面提供這項療程。另一位女性則前往巴貝多，在醫療條件相當、但費用低很多的地方進行凍卵。一位被單親媽媽收養的女性表示，如果她在四十歲之前還沒遇到對象，她也會選擇收養。一位「年紀輕輕就有小孩」的女性希望讓大家知道，開始組織家庭時，不一定需要一切都準備好。一位四十四歲「還沒遇到老公」的女性，正在使用捐贈者的精子進行試管嬰兒療程，希望還來得及。一位參加過 CrossFit 健身房聚會的女性提到，她在那裡遇到的五位女性，年齡介於三十二到四十歲之間，其中四位已經進行凍卵。一位在四十歲時停止約會，之後透過捐精者生下孩子（現在已經十歲）的女性則表示，現在很高興能再次約會，而且沒有必須找人當孩子的爸的壓力。

看到這麼多人考慮進行凍卵療程以增加選擇能力，將命運掌握在自己手中，即使過程可能會經歷痛苦或失望，讓人非常感動。不過這項選擇，顯然不是人人適用。對許多人來說，凍卵費用依然高得難以負擔。有些人因為宗教因素拒絕採取這種做法。在世界上的許多地方，根本沒有這項技術或不堪運用。即使是那些接受凍卵療程的人，也不一定會使用她們的卵子，或者即使用了，幾年後進行受精的過程也不一定成功。等到準備生小孩時，又可能因為各種條件狀況而無法實現。

對許多人來說，這不是一個解決心痛根源的完美方案，但依然是能賦予力量的選擇，讓他們擺脫原本繁忙生活中的長期壓力。我始終支持創造能帶來更大自由和減少焦慮的選擇。

對我來說，重點不在於強調凍卵或冷凍胚胎，而是理解B計畫與其他更大的接受度相關。接受，可以帶來自由和內心的平靜。有人可能會決定，A計畫是今天遇見某人並墜入愛河，同時保險起見將卵子冷凍起來。B計畫是在不久的將來遇見某人，如果屆時無法自然受孕，就使用她冷凍保存中可用的卵子。C計畫可能是決定到某個年齡將使用捐贈者的精子，不管怎樣都要生小孩，即使這意味著組成單親家庭。D計畫則是如果這個過程失敗就選擇領養。E計畫是以其他方式擔任孩子的導師，或把姪甥子女當成自己的孩子來愛護。

自由，來自於隨時準備好將B、C、D計畫或E計畫變成新的A計畫。這是選擇，不是將就。B計畫並非安慰獎。事實上，一旦知道B計畫是我們要走的路，我們就會下定決心，讓它變得不同凡響。這個選擇就像是一場反叛行動，你告訴自己：「如果A計畫無法實現，我就讓B計畫變得更精彩，好到我永遠不會回頭看，並且它會成為我生命中最棒的禮物。」B計畫無法實現？沒關係，那麼我會讓C計畫變成我所能想像最美好的事情，以致我真心感謝B計畫從未發生。沒有任何計畫永遠只是「備用計畫」。你選定C計畫的那一刻，它就會立即成為新的A計畫，而且你會讓這個新的A計畫變得更好，好到自己永遠不會回頭。

對我來說，這就是適應力的實際樣貌，不僅在這個領域，在生活中也是如此。這不是什麼神奇的解決方法，而是一個有意識的公式，可以讓你回到接受當下的位置，賦予自己無論情況如何都能快樂的自信。這不是說在人生某些時刻，不得不與曾經嚮往的生活告別時，就不會感到悲傷；在我們快樂抵達新的地方之前，悲傷可能是必要的。經歷了改變人生的失望後，要想辦法繼續生活下去，起初可能讓人感到非常孤單，彷彿被遺落在期望的人生之外。但令人驚訝的是，這種孤立無援的經歷其實非常普遍。失去工作、結束一段感情、未婚、發現自己浪費了多年時間在自戀狂身上——這類孤立的失望經歷不勝枚舉。這些情況下，最簡單也最能帶來安慰的體悟，就是認識到這些痛苦的疏離感是多麼普遍且深具人性。當你沉澱下來，能夠擺脫束縛或放慢腳步，看到有多少人也經歷過類似的傷痛時，這樣的認知甚至能成為一種安慰。

在接下來的章節，我們將更深入探討這個關鍵步驟，特別是「核心自信」的部分。這個重構過程幾乎每個人都會經歷，讓我們以全新角度看待那些不可避免的失望。令我驚訝的是，生活中的任何情況都不需要改變就能感覺好一點。你可以坐在你現在所坐的位置，透過重寫你的故事來改變整個體驗，以及可能淹沒你的情緒。重寫並不簡單，但這麼做，你就能拿回自己的力量，成為更好的故事作者。

How to Leave When You Can't Seem to Leave

12

離不開，怎麼辦？

有時候，人與人之間的差異會吸引彼此，而這種吸引力的不可預測性，一開始確實很令人興奮。「異性相吸」這句古老說法之所以能歷久不衰，自有其原因。探索自己與他人之間的天性差異時，我們會感受到自己身分的界線在變化與擴展。這也是大家推薦旅行的原因：可以接觸到不同的生活方式與思維，擴展對未來可能性的想像，並在回到家之後持續影響著我們。

但有時候，我們可能會走到已知宇宙的邊緣，並引來一種完全陌生、甚至性質不同的力量。這種力量遵循全然不同的法則，我們永遠無法與之共存。

上星期，我的動態牆突然出現一支影片，起初看起來很平常，畫面中是一群鱷魚在動物園裡懶散地躺著。躺著大概是鱷魚的主要活動，一開始整個場景看起來相當悠閒，接著，動物管理員扔了一些肉進去，鱷魚們開始騷動，其中一隻竟然咬了另一隻的腿，然後施展死亡旋轉技，把同伴的腳扭斷，一口吞下那塊血淋淋的肉。鏡頭後面發出驚叫聲。事後，兩隻鱷魚似乎什麼事都沒發生，繼續躺在那裡。我能夠對許多動物產生共鳴，但看過這支影片後，我可以肯定，鱷魚絕對不會是我的共鳴對象之一。

有些人就跟鱷魚一樣危險，無法用正常的方式和他們講道理。他們的行為難以理解，當面對質時，他們的反應也同樣令人困惑。因為——面對現實吧，這些人就像鱷魚一樣，沒有我們所擁有的個人責任感。他們認為你應該接受這些難以想像的事情，然後什麼都不計較。他們會說：「這不過是件小事！」他們似乎不具備一般人類的同理心，因此無法理解你在抱怨什麼。他們甚至可能會生氣，因為只要你不高興，他們就無法得到想要的東西，無論是愛、崇拜，或者只是希望你別再煩他們，讓他們可以回到輕鬆自在的狀態。

根據你的交談對象，這類人會有不同的標籤：自大狂、自戀者、反社會者……無論你得出什麼結論，這些標籤都描述了一種與我們根本不同的動物。

這裡有一個清醒測試，幫助你了解自己所面對的是什麼動物。試著回想一下他曾經傷害過你的事情，或者他所做出破壞你生活的事情，無論是不經意或故意。你會對他或對任何人做一樣的事情嗎？

為什麼你永遠不會做出這些事？因為你有良知，知道傷害了他會讓你感到痛苦。這是對所愛之人造成傷害的適當反應。現在，想想如果你對他做了他剛剛對你做的事，你會有多痛苦，再想想他實際上有什麼反應。當你原諒他、繼續生活時，他有像你一樣努力原諒自己嗎？他是否加倍努力，讓你感到安心和被愛？還是他只是像在紅樹林沼澤中出沒的鱷魚，繼續悠閒地過日子？

通常，這樣的人在你生活中引起混亂後，只想要一切儘快恢復正常。他們可能會淡化事情的嚴重性，試圖讓你覺得自己反應過度，讓你以為這是自己的錯，或者將矛頭轉向你和你的缺點。如果這些方法都無法奏效，他們可能會採取不同的策略，例如生氣、卑躬屈膝，或展現出平常沒有的關懷，試圖重新贏回你的心。但請記住：他所做的一切努力並不是出於悔恨，而是害怕失去你。

這並不表示他們不會受傷。當然，看到他們哭泣，也會讓我們心疼。當我們花了很多時間說服自己，他們是冷漠且缺乏同理心的人，這種情況可能特別令人困惑。看到他們痛苦的樣子，會讓我們開始懷疑自己對他們的判斷。如果他們真的感到如此痛苦，也許我們對他們的看法是錯的。

你可能會想說服自己，那只是鱷魚的眼淚，但這樣既不完全正確，也沒有必要。以他們的角度來看，自己當然很真誠。但不論他們看起來多麼真誠，都不是出自因後悔、同理心和內疚而生的悲傷。如果你置身於他們的處境，你會感受到不同的悲傷。他們感到痛苦，並不是因為你受傷，而是因為自己受傷。這是一種自私的痛苦，就像孩子被罰站，或因心愛的玩具被拿走而哭泣一樣。不要被那些可能是為你而流的眼淚給欺騙，因為那些眼淚從來不是為你而流。

要踏出接受現實的這一步很難。如果你和兩棲爬蟲類動物交往很久，可能需要花上幾年時間才能踏出那一步，且代價不小。通常，正是你那值得讚賞的情感本能讓你止步不前，因為你會把遺憾、同情和內疚的情感投射到對方身上；如果情況反過來，你也會受到這些情感的驅使。你的情感反應在這段感情中經常得到鍛鍊，讓你無法離開那個明明一次又一次地傷害你，卻毫無悔意的人。

在外面的世界，即使是最睿智的人也會有所防備。當然，達賴喇嘛無論走到哪裡都面帶微笑，但當他走在紐約市的街頭時，身邊總有一堆穿著西裝的壯漢在說：「女士，請後退，不能待在這裡。」處處防備真的很累，所以與熟悉的人相處時，我們想要卸下這些防備，做回真實而充滿愛的自己。這就是我們那麼喜愛狗的原因。回到家時，牠們總是興奮地迎接我們，幾乎克制不住對我們的熱情。（實際上，狗缺少一種基因，有些人身上也缺少這種基因：患有威廉氏症候群的人需要訓練自己，不要隨便擁抱陌生人，以保障自己的安全。）但鱷魚可不是狗狗。令人驚訝的是，戀愛中的人經常會犯這個錯誤。

提醒你：如果他看起來像狗，行為卻像鱷魚，並且像鱷魚一樣咬人，那就別再試著去理解他了。不會成功的。直接往出口走吧。本章將幫助你不再自欺欺人，並知道何時該離開。

看見警示燈

在東京，每棟高樓的屋頂角落都會亮起紅燈，提醒黑夜中航行的直升機和低飛的飛機。但街道上五光十色的霓虹燈在建築物外側閃爍，每走一步都會讓人分心，根本不會注意到那些警示燈有規律的微弱脈動。這就像我們對一段感情越陷越深的情況：原本從高空俯瞰容易見到的紅燈，都消失在熙熙攘攘的日常生活中。

有些感情關係戲劇性十足，充滿目不暇給的高峰和難以承受的低谷，既狂野又不穩定，既痛苦又令人疲憊，這樣的關係完全占據了我們的生活，耗費我們所有的時間、精力和思緒。當一個人長時間主宰我們清醒時的每分每秒，一旦他不在，生活就會變得面目全非。我們可能變得非常依賴他，以致難得有機會獨處思考幾分鐘的時候，都會開始懷疑自己的獨立本能。

這裡不是要談論那些感情中不可避免的時刻——對方是一個可靠的伴侶，我們卻暫時對他感到厭倦；也不是關係進入停滯不前的狀態，我們開始幻想著離開，但又因未知而感到恐懼，已經忘記過去單身的自己是什麼樣子。我不是在說倦怠，而是在談論一個無法成為你生活中正向力量的伴侶。他的存在已經成為你心理健康的毒藥；他讓你相信問題在於你的思想或需求，而非不該繼續與他相處。

本書第 5 章，我警告過大家不要進入你一個人的單向崇拜，但就像邪教領袖一樣，對方很狡猾，你不一定會發現。往往在你身陷其中，甚至把畢生積蓄和房契都簽給別人後，才意識到自己受騙上當。許多安全逃出邪教的人談到剛開始的那段愉悅時光，都彷彿找到地球上唯一能讓他們真正被看見、被理解的地方。聽起來有點熟悉？如果你在讀這段文字時全神貫注，偶爾閃過一絲認同感，那麼這很可能就是在描述你。

身處邪教關係需要付出不少努力。總會有人不斷對你洗腦，起初很微妙，然後越來越明顯：切斷你與任何能講道理的人之間的聯繫；剝奪你的獨立性；扭曲你的現實，直到有時你覺得兩人彷彿生活在一個只屬於你們的星球上。

為了合理化一切，讓自己留在這樣的關係中，你可能會不斷緊抓著和對方一起度過的美好時光。你為那些回憶而活，不僅懷念過去的幸福，還期待未來能有更多的美好。而這些美好時光在你經歷最低谷的時候，會顯得更加珍貴；這些高峰因為與你日常生活中的不適形成強烈對比，因而感覺更加美妙。

有些心理學家畢生致力於研究讓我們與這樣的人保持聯繫的動機。從某種意義上來說，你在自己的情況中能夠辨認出多少這類行為，並不重要。重要的是，當你意識到這類行為中的一種或幾種（無論是單獨出現還是一起出現），讓你無法過上平靜和快樂的生活，你會採取什麼行動。

接下來的幾頁，我們將採取實用的做法，首先看看分開過程中必要的步驟。這些步驟是為了幫助你找到行動的力量，避免反覆思考、猶豫不決，並讓自己準備好面對不可避免的痛苦。以下步驟按順序編號，因為每個步驟都相互關聯，而且多年的指導經驗告訴我，按順序完成每一個步驟非常重要。不要跳過任何一個步驟。快速完成通關，不如徹底執行到最後來得重要。

第一步：假設這個人永遠不會改變

身為教練，我必須相信人是可以改變的，否則指導又有什麼意義呢？但對於曾經傷害過你無數次、有時甚至持續好幾年的人，假設他永遠不會改變是一種必要的自我保護行為。有三個理由可以斷定他不會改變：

他不想改變

我不知道你是否接受過心理治療；如果你已經讀到這裡，我猜你可能考慮過這件事。根據我自己的經驗，光是出門接受諮商就需要付出相當大的努力，而到了那裡也不是進行什麼愉快的活動。每當我開個玩笑，諮商心理師就會想當然地認為我在隱瞞什麼。進展往往是靠淚水來衡量，而這還算是好的部分。

如果你曾經拜託身邊某個需要幫助的人去接受諮商，無論是母親、兄弟還是摯友，你就會知道，要他們尋求幫助比你自己去還難。首先，他們必須願意承認自己正在重複有害的行為模式，然後要有改變這些模式的意願，最後還得決心面對這個緩慢且往往痛苦的改變過程。要求某人去承認問題並做出改變，即便是那些無私且意圖良好的人，都已經很困難了，更何況如果這個人缺乏動力、自私、漠不關心、為所欲為或甚至自戀，讓他改變的希望就會更渺茫。

是什麼讓人重新評估自己的生活並做出改變？答案是痛苦。這就是我在二十多歲時接受心理治療的動力。我不是想要實現什麼美好的人生規劃，我只是想擺脫痛苦。就像骨折一樣，我必須趕快接好我的斷裂處。

你的伴侶也是這樣的感覺嗎？在你回答之前，請避免掉入「是的，馬修，我知道他內心深處很痛苦」的陷阱。如果他真的要採取行動來改變，不只需要意識到自己「表面的」痛苦和他對你造成的痛苦，還要有動力去改變這一切。

我們先從這個事實開始：如果他從未真正感受到失去你的危險，不太可能會有改變的動力。是的，你可能說過「受夠了」，威脅要離開，但你真的這樣做了嗎？

他有沒有真的了解到自己的行為會帶來什麼後果？如果沒有，他可能從來沒有足夠的外在動機，去改變自己的行為。

現在讓我們看看，你的痛苦是否真的能成為他改變的動力。當你或我意識到自己持續傷害著我們所愛的人，通常會有一個自然反應：「我必須改變。這樣會傷害他們，光是想到就讓我覺得非常難受。」相比之下，缺乏同理心的人，則會有這樣的反應：「天啊，真麻煩，你為什麼總是那麼情緒化？」即便是同理心促使我們想要改變，改變對我們來說依然不容易。所以，想像一下，當一個人完全沒有同理心時，他改變的機會有多渺茫。

記住，如果他改變的唯一動機是因為我們不斷催促，那這表示他內心根本沒有想要改變的意願。這樣的改變也無法長久。

即便有專家的幫助和充足的動力，改變自己對我來說仍然是一團糟。我曾經跌跌撞撞，花了很多時間，而且這個過程還在持續。我成功克服的挑戰都非常艱難，而且許多成果需要持續的維護和警惕才能保持。我相信你也是如此。那你為什麼還會認為，改變對他來說輕而易舉呢？正如雅各．布勞德（Jacob M. Braude）所說：「想想改變自己有多難，你就會明白，改變別人的希望有多渺茫。」

要做的改變太大了

即使是百分之一的行為改變也很困難，維持下去更是不容易。能夠鼓起勇氣去改變的人，通常是採取緩慢且漸進式的步調。如果所需的改變是根本性的，涉及個性特質和基本價值觀，則需要更大的意志力和決心。如果你在閱讀本章時，感覺這些內容就像是對著你說，那麼你的伴侶需要改變的幅度可能非常大。我的學員中那些成功改變的人，通常是在細微之處進行調整。這些調整對他們的生活產生了深遠影響，但並不會完全改變他們的個性。

有一個思想實驗，是自戀問題專家杜瓦蘇拉博士在我與她的交談中提出的。我大膽猜測並假設，親愛的讀者可能和大多數參加我們實體活動的人有某些共同特徵，這代表你是一個有同理心、有教養的人，會替他人著想，並努力幫助他人感到快樂。那麼，什麼情況會讓你不再關心別人，開始說謊、操控他人，只為自己的利益行事，甚至傷害你愛的人？你做得到嗎？我敢拿畢生的積蓄打賭，不管你怎麼努力都不可能做得到。即使用槍指著你的頭，也不可能徹底改變你的基本性格。

了解到改變自己的本性有多難，知道伴侶的本性與你有多麼不同，現在你明白伴侶不可能變得像你一樣，就像你不可能變得像他一樣了嗎？套用這個規則：如果需要完全改變一個人的個性，才能讓某人符合你的期望，乾脆當作沒這回事。

不只是行為差異，而是性格差異

我們經常犯一個錯：對最親近的人過度認同，以為他也在做相同的事情。然而，親密感與依賴感不一定是互相的，也不會自動創造或反映共同的價值觀。事實上，很多時候，共同的日常生活會讓我們看不到彼此之間的差異，但隨著彼此的親密感增加，我們對伴侶的認同感也隨之上升。久而久之，這種盲目的認同，變成了關係中不可或缺的部分，特別是當我們處於依賴狀態時，無論是財務上的實際需求，或是與自我認同相關的基本需求。這種單方面的連結，往往導致我們對未來生活產生幻想。而這些幻想變得如此詳細和熟悉，以致開始感覺與我們的身分密不可分。為了維持這種幻想，我們必須相信，伴侶本質上與我們是相似的，會在我們最需要他的時候支持我們。這種幻想的另一個版本則是地獄：我們意識到自己情感上與一個外星人結合——一個完全無法理解的人。不幸的是，這正是發生在許多人身上的事；他們離婚前才驚覺多年來都在欺騙自己，完全編造了一個共同擁有的道德和情感世界，而另一半卻從未真正進來過。

但在達到那個臨界點之前，你仍然期待他能和你一樣。如果你很善良，就無法理解他怎麼對傷害你的事情漠不關心。如果你是認真負責的人，就無法理解他為什麼在做出重要決策（比如大額投資或工作調動）時，完全不和你商量。如果你重視與伴侶成為隊友，發現儘管你多年來一直支持他，等到你需要他的支持時，他卻顯得毫無興趣，會讓你感到非常震驚。如果你愛一個人的方式是基於關懷、同理心、同情心、認真負責和善良，對方的愛卻是基於有個人隨時待在身邊，方便滿足他的需求，那麼你不僅會感到非常不開心，還會因為生活在一個無法理解的世界而感到精疲力竭。他們所謂的「愛」和你愛的方式不同，沒辦法比較。

這並不表示你和最終伴侶必須完全相同。一段成功的關係，部分魅力來自於彼此的差異、獨特的觀點，還有兩個堅強獨立的人攜手面對生活時所產生的驚喜與挑戰。然而，如果我們無法在基本原則上達成共識，比如誠實、忠誠或犯錯時的責任感，那麼我們注定只能依賴那些共同需求偶然交集的快樂時刻。這樣的時刻不會持續太久，無法建立信任；它們只是短暫的插曲，就像壞掉的鐘一天也會準時兩次。請不要賦予這兩次偶然交集任何特別的意義。在一天當中的其他一千四百三十八分鐘裡，你也絕對有資格被愛。

第二步：別讓同理心成為你的敵人

同理心是一種美好的情感。它幫助我們看見他人的真實樣貌，讓我們能夠體會他人的痛苦與挫折、喜悅與勝利。它激發我們的好奇心，喚醒我們的善良，消除我們的偏見，軟化我們的評價，並引起我們的同情心。從最簡單的層面來看，它幫助我們認識別人，無論是陌生人，還是最親近的朋友。而我們對別人認識越多，就越容易對他們伸出援手，無論事大事小。

但同理心也可能突變成極具危險性的情感。我們越有同理心，就越會找方法去寬恕伴侶最糟糕的行為。我們對伴侶了解越多，就越會用各種理由來替他的傷人行為辯解。這種情感甚至可能成為我們的榮譽徽章：「我比誰都了解他。」「在你看來可能會很荒唐，但從我的角度來看並不是這樣。」我們很自豪成為他的知己和緊急聯絡人，當那個唯一能夠寬恕他的人；即使他需要被寬恕的事情，大多是他持續對我們造成的傷害。

過度的同理心常常帶來問題：我們所有的理解能力，都無法幫助他改變。我們仍然是第一個因他的行為而受傷的人。我們或許是唯一知道他為何如此傷害我們的人，但這並不能改變他繼續這樣做的事實。有時事情發生得非常頻繁，甚至讓人覺得正是我們的同理心，使他能夠輕易地傷害我們。

還有一個問題：光是擁有這種廣泛的同理心，就讓我們容易成為那些人的下手對象。利用我們的同理心，往往有幾個目的：如果他「讓我們了解」看似造成他所有痛苦的童年經歷，不僅讓我們感覺親密——「親愛的，你知道我不是怪物」——也將他的身分從施暴者變成壓抑創傷許久的受害者。

這就是這種人利用同理心的方式。每次你輕輕帶過他最近的惡劣行為，轉而同情他長久以來背負的痛苦時，他就會獎勵你「對他的理解」：「沒有人像你這麼理解我！」這既是肯定（你贏得了獎賞），也是孤立（你是這座島上唯一的居民），同時設定了一個可怕的先例。你現在給他這麼多特權，將來如果不持續下去，他就會感到委屈：「我真不敢相信，在你知道我的一切、我的生活、我的痛苦後，竟然還是不明白我為何會這樣。我以為你很了解我。」

就這樣，我們的同理心從一種愛的本能，轉變成助長相互依賴的強迫行為。《拉撒路復活》（Raising Lazarus）作者貝絲．梅西（Beth Macy）在書中談及如何克服類鴉片藥物成癮。她指出，社會有個誤解，即人人都有所謂的「人生低谷」，一旦跌到極度痛苦的谷底，自然會反彈回到正常的生活。但事實不然。她表示，那個低谷其實還有地下層，而地下層又有一個陷阱門，一直往下延伸。換句話說，我們完全有可能跌落得比最糟糕的惡夢中所想像的還深。無底線的同理心被無情利用時，情況也是這樣。只要有足夠的同理心，幾乎任何事都可以被合理化：

- 對方習慣性對我撒謊：父母從來不讓他做任何事情，他所學會的唯一生活方式，就是隱瞞自己正在做的事。
- 對方不斷背叛我：他不知道如何戒掉這種成癮行為。他也很痛苦，一直覺得內疚，因為他太愛我了。而且話說回來，考慮到他的成長背景，怎麼可能有正常的性關係呢？
- 對方在做影響我生活的重大事情和財務決策時，從來不考慮我，總是自行決定：不管怎樣，他比我更了解這件事。雖然他完全不考慮我讓我很難過，但我內心深處知道，他只是想為我們這個家做出最好的選擇。

就像類鴉片藥物成癮一樣，我們的同理心是個無底洞。在戒掉之前，我們將忍受無止境的恐懼，可能包括財務災難、與家人朋友隔絕、自信心和自我感蕩然無存，甚至受到生命威脅。除非我們改變同理心的規則，否則沒有出路。

這並不表示要改變我們的本質；我們仍然可以展現對他人的諒解，但必須將寬容轉換為遠距離的同情。我們可以選擇從遠處憐憫某人，即使那個人做出最卑鄙的事情，也有能力拒絕讓他進入我們的生活。如果我們的同理心只能單向發揮，那麼它就是有缺陷的。我們不能允許對一個人的同情變成對另一個人的常態性折磨，尤其當另一個人就是我們自己的時候。當同理心變成常態性折磨，那它就不再是同理心，而是更深層、更具破壞性的東西，只是我們用同理心來掩護它。

第三步：別讓同理心成為害怕的藉口

與伴侶或家人相處時，出於對他們的愛，我們可能覺得給予體諒是可以接受的，甚至很高尚。然而，這種自我欺騙的手法，使我們用過度的同理心（我們最優秀的特質之一）來為這段關係的延續辯護。但實際上，我們之所以繼續維持這段關係，很大一部分是因為自己的恐懼：

- 我害怕失去這個人。
- 我無法忍受再次孤單一人。
- 我再也找不到像這樣的情感連結，沒有人會像他那樣愛我。
- 我再也不會像這樣愛上別人。

- 我必須重新開始。
- 我浪費了好幾年的時間。
- 我不知道怎麼獨自生活。

當我們面對這些恐懼，問題會迅速變得深刻：「如果我失去這個我已付出這麼多的人，那我迄今為止的人生還有什麼意義？如果我大半生都和這個人在一起，怎麼可能承認他的真實樣貌，而不貶低我過去成年生活的價值？沒有他，我會是誰？在別人眼中我會是什麼樣子？」難怪我們不會直接面對恐懼，而是選擇更容易接受、甚至看似正當的理由來維持關係。告訴朋友只有你真正了解這個人，或者你們的情況比較獨特且複雜，這樣的說法很簡單，但要承認你不知道自己是誰、自己的價值是什麼，或者不知道如何獨自應對，則困難許多。

請記住，你可能是個善良、忠誠、關心他人、認真負責且有同理心的人，但不要讓你在扮演這個角色的輕鬆，掩蓋了讓你留在有害甚至危險關係的真實原因。要想突破重圍，過上更好的生活，你必須看穿自己的同理心面具，脫去這層偽裝，面對自己的存在恐懼。

點燃引爆生活的導火線

有時候，一段感情崩潰不是我們能控制的。這種情況感覺很糟，像是一場情感上的車禍，不管是突如其來，還是像慢動作一樣逐漸逼近，如果對方沒有給你選擇的機會，你就從未感覺到自己握有決定權。像這種情況，我們會說：「就這樣，也只能接受了。」彷彿我們是無助的受害者。不論對方是斷崖式分手，還是因為一連串小背叛最終爆發，都讓你覺得還沒來得及反應，這段關係就已經結束了。

但另一種分手呢？那種你必須親手點燃導火線、摧毀自己生活的分手？那你就必須有主動權和決心。你不能只是等待關係自然而然結束，你必須親自啟動一切，並堅持到底。這種情況需要一種強大的勇氣：完全的接納。不是那種承認自己侷限性的接受（「我永遠跑不了馬拉松」），而是認清困境的現實（「這個問題不會是最後一次，甚至這星期還會再發生一次」）。你必須徹底接受這樣的事實：你的需求沒有得到滿足，這段感情以及它所帶來的生活狀況已經無法持續下去，你非常不快樂。只有當你承認自己理想中的關係和現實生活完全不同，一切才有改變的可能。

要掌握生活方向，你必須先承認自己現在有多不快樂，並且這種不快樂已經持續了很長一段時間。如果繼續這樣下去，你會一直不快樂。你必須深吸一口氣，然後承認：

- 我現在的關係／婚姻不健康。這段關係／婚姻已經結束了。
- 內心的平靜和我與這個人的未來，兩者無法並存。
- 這個人不再是我生命的一部分。
- 即使這個人造成我巨大的痛苦，我還是會想念他。我必須經歷一段痛苦的戒斷期、悲傷，還有剛開始的孤獨感。
- 我現在××歲，即將恢復單身。
- 我在這段感情投入的所有時間，並沒有讓它像我所期望的那樣成功，只是更加證明，什麼也改變不了這段關係。
- 我的朋友／家人／同事／社群不了解我的真實處境。我比我表現出來的還要痛苦，也沒有像他們所想的那樣擁有一段美好的關係。
- 這件事會讓某些人震驚，我也會感到羞愧，尤其是我曾經在他們面前努力維持一個幸福美滿的假象。

這一步是最困難的，需要你徹底接受現狀、鼓起勇氣，並具備適應和重新塑造自我的能力。但同時，這個過程也帶來一份巨大的禮物：拋棄虛假的身分，獲得真正的自信。

這個比喻有助於說明我的意思：假設你告訴所有朋友，你銀行裡有十萬美金，但實際上你欠了兩萬美金。每當你提起那十萬美金，好像越講越有這回事。別人對你的肯定讓這個謊言感覺更真實，並且成為你在朋友面前的身分象徵。現在想像一下，你努力加班、縮減開支，把債務從兩萬減到一萬。你還了一半的債務，這已經是很大的成就。但你無法慶祝，因為所有人都以為你早就擁有十萬美金。在大家為你感到高興之前，你必須先放棄那些虛假的肯定，可能還要面對長期偽裝的後果。

我們應該為自己真正的成就感到驕傲，但是，除非我們誠實看待自己的真實處境，否則永遠不可能做到。只有當我們接受事實——如果繼續留在原地，永遠找不到內心的平靜與幸福——承認這個真實的起點後，我們才能鼓起勇氣，點燃導火線，摧毀舊生活中破碎的部分。這可能看起來像是退了五十步，但只需要邁出誠實的步伐，就能讓人再次感受到生命力和自豪感。

你的內心會開始欺騙你

當我們越接近行動的那一刻，下定決心要脫離過去的生活，邁向未知的未來，恐懼與心魔便會試圖動搖我們的決心。我們會在面對痛苦轉變時，與自己進行一種微妙的心理交易。這些交易喚起我們最大的恐懼：孤單、不知道怎麼活下去、必須重新找回自我（「如果沒有這個人，我甚至不知道自己是誰」）、承認並哀悼那段再也回不去的生活。

這時，內心會有個聲音告訴你：「瘋了嗎？你真的只因為上星期跟這個人吵了一架，就要經歷這一切嗎？」它指責你對當前的狀況反應過度。想想這個聲音在關鍵時刻會對你說些什麼：

- 其實他／她真的很愛你，你也知道他／她有多在乎你。
- 他／她為你、為孩子、為家人做了這麼多事。還記得當初你弟弟需要錢的時候，他／她是怎麼幫忙的嗎？還記得他／她帶你去義大利的那趟豪華旅行嗎？還記得他／她替孩子們繳學費的時候嗎？
- 他／她在狀況好的時候，真的很好。你捨得失去這一切嗎？

- 儘管如此，他／她的出發點都是好的。是的，他／她很難理解。也許你們的關係有些挑戰，但哪段關係沒有問題呢？
- 你們曾經有過那麼多美好的回憶。你們在一起那麼久了，這些過去難道不值得珍惜嗎？你真的要把這一切都丟掉嗎？
- 真正的愛是無條件的。如果你希望別人無條件愛你，難道你不應該也這樣對待他嗎？
- 你會變得孤單……你知道嗎？

這一切都是自我誤導，像是在說：「看看你會失去的一切！」而不是那些讓你走到這一步的無盡痛苦。這是第一個考驗，測試你是否真的決心結束這段人生中的苦難。你曾經也到過這個地步，卻選擇回頭，結果只是發現同樣的痛苦和折磨依然等著你。這些內心的聲音已經說服你回頭多少次？它們非常擅長讓你懷疑，究竟該聽從內心的疲憊、痛苦、憤怒，以及那種再也無法或不願忍受的情緒，還是應該屈服於那些告訴你要撐下去的聲音。

記住：你想要一段關係。你一直想要這段關係，否則你早就結束它了，不只一次，可能上百次。你根本不需要任何人幫你留下來。但儘管如此，無論你內心有多麼不情願，最終你還是走到了無法再忍受的地步。到底是糟糕到什麼程度，你才會對一件曾經渴望的事物產生厭倦？

這個問題的答案說出了關鍵：要讓你放棄一件深深渴望的事物，需要極度的痛苦。而事實就是：你正在承受這種極度的痛苦。

這個過程中，你會發現，每當你解決一個心魔，另一個又會馬上冒出來。你可能會開始把你們的關係，與那些虐待更加明顯或極端的關係相比，藉此說服自己「沒那麼糟糕」；或者，你會與那些「無聊到不行」的關係相比，讓你無法想像交換處境的可能性。如果你能擺脫這些比較，最後一個聲音會浮現。它知道，如果其他聲音無法說服你相信當前的處境還不錯，至少可以讓你感覺不好：

你覺得自己很完美嗎？看看這些年來你做錯多少事。你不能完全撇清責任，他做錯的事有一半是你的行為所致。嘿，至少他還想要你，不然還有誰會想要你呢？想想看，這或許已經是你能得到的最好狀況了。你也不是什麼完美的對象。儘管如此，至少這個人愛你，想跟你在一起。

你腦海中每一個抗拒的聲音，都是為了讓你忽略在這種情況下唯一重要的真相……

待在原地，你永遠不會快樂

解決前面所有疑慮和心魔的方法，嚴格來說並不是答案。你不必告訴自己在這段關係中沒有做錯任何事（即使是真的），也不必假裝自己沒有需要改進的地方，甚至不必相信自己會找到其他人。你唯一需要告訴自己的，就是無論其他事情的真相如何，你都不能停留在這裡。

當經驗告訴你，有人會摧毀你，或為你的生活帶來混亂——這是可信且可預測的——那麼留在原地不僅必定會導致更多痛苦，甚至光想像自己必須經歷那種痛苦，就會感到不適。你曾經對這段關係抱有的希望都已經破滅了。之前我提過潘朵拉，她在「希望」逃脫之前就關上了那個盒子。在討論這種關係時，我不禁想起這個神話。一旦打開這種關係的蓋子，我們可能會完全被那些從盒子裡飛出的殘酷現實所震撼。

但也許最糟糕、最危險的就是希望。希望會讓你留在一個已經不再值得的地方。希望起初看起來像是一種正向力量，讓你有勇氣相信某人更好的一面，但它很快就會變成一種否認，讓你無視現實。到最後，希望會奪走你的主動性、你的行動能力，甚至會剝奪你最基本的自我保護本能。只要你還能從希望中獲得一些安慰，你就會選擇留下來，被動地屈從於任何人都不應該忍受的事情。可怕的是，你的感受與外界觀察到的情況有多麼不同。希望，可以把你這種被動狀態轉化為英勇行為，但從外界看來，這種行為與上癮無異。

這就是為什麼，儘管聽起來不尋常，但我們必須消除那份希望來拯救自己。當我們澆熄希望，便為更主動、更堅定、更能掌控的事物鋪平道路。只有在我們擱置希望，承認自己的處境確實難以繼續的時候，我們才能獲得清晰的思路，採取必要的步驟來做出改變。**不必擔心自己夠不夠堅強或配不配得上更好的；一旦我們看到曾經想要的未來在這裡永遠無法實現，就會找到需要的力量，去做必要的事情**。在某件事絕對必要時，人們往往會發現潛藏的力量。就像維吉尼亞州那位二十二歲女子，為了救她的父親，抬起壓在他身上的寶馬轎車，然後為他進行心肺復甦術。必要性，是希望和自我懷疑的絕佳解藥。

痛苦，不代表你做錯了

終極考驗來臨：失去的深切痛苦。

真的離開後，你的內心又會開始玩起新把戲。孤獨的夜晚來臨，無論你有多少朋友或和家人多親近，總會有那麼一刻，你感到焦慮不安，心裡也隱隱作痛。當你到達那個程度，你會認定自己做了錯誤的選擇。

但痛苦不是錯誤決定的可靠指標。如果你在第一次出現劇烈痛楚時就退縮，你可能會讓自己陷入舒適但不快樂的生活中。你可以讓自己回到某種感覺比較舒適的狀態，或者至少比孤獨的感覺來得好，但舒適不等於快樂。舒適的狀態也可能是地獄，就像你過去經歷的那樣。而痛苦，往往是通往快樂的前兆。

從「這麼痛苦」跳到「所以我離開可能是錯誤的決定」，這是不合邏輯的推論。人們總以為，只有在離開一段特殊而重要的愛情時，才會感受到如此深刻的痛苦，但這個假設和我們經歷的痛苦其實沒有關聯。這種邏輯讓太多人急忙回到那些只會再次傷害他們、毒害他們生活的人身邊。

不要再把痛苦的強度，當作評估愛的指標。成癮者試圖戒掉酒精、海洛因、情色書刊或3C，過程中必會經歷重大的情緒痛苦。在某些情況下，甚至還會經歷身體上的痛苦。但這並不代表海洛因就是特別的，不該被戒掉。戒癮中心沒有人會說：「看看他們有多痛苦，也許他們根本不應該戒酒。」相反地，我們會以他們的痛苦程度來衡量上癮的嚴重性，而不是那個事物的重要性。

我剛開始學習巴西柔術，就有人警告我，第一次實戰後會有被火車撞過的感覺（在柔術中，實戰相當於拳擊的對打訓練，即和另一個人對抗）。果真如此。初學者的一個明顯特徵：剛開始實戰根本無法控制自己的呼吸。緊張情緒高漲，自尊心作祟，你拚命地想要占上風，繃緊每一塊肌肉，卻忘了呼吸，過沒多久感覺就像是快窒息。我很快就用自己的經驗印證了這一點。

這時，我的柔術教練告訴我，和其他黑帶選手訓練時，他有時會設定一個六十分鐘的計時器，然後持續進行實戰。看到我震驚的表情，他說：「當你必須進行整整一小時的實戰，你知道這會很難，所以奇怪的是，你反而不再驚慌，因為你知道這不會很快結束。因此，與其試圖逃避，不如好好控制呼吸，保持冷靜，這樣能多吸進氧氣，你就會安然享受這個過程。」自從我學會這樣做以後，就不再感覺自己快溺水了。雖然仍然覺得像在參加馬拉松，但知道並接受這一點，能幫助你了解自己如何跑下去。

結束這些關係也是一樣。過程可能會讓你感覺撕心裂肺，持續幾個星期、幾個月，甚至更久。但當你急於擺脫痛苦，而眼前又看不到盡頭時，慌張的情緒就會來襲。如果你能接受「生活必定會痛一陣子」這個現實，就可以不再屏息，接受並順應痛苦的過程，不論是幾分鐘或幾個月。

要記住，雖然這條路會很痛苦，但另一條路會更糟。此時，你只能往前走，向未知邁進，才能重獲快樂，而不是回到一個總讓你不開心的環境。兩條路都不容易，各有各的困難。如果你選擇留下，就等於續簽一份合約，保證你會受到虐待，需求得不到滿足，沒有機會得到平靜或改善生活。如果你決定永遠離開，你將踏入未知世界，面臨思念前任的可能，並且要經歷悲傷——不只是關係結束的悲傷，還有接受對方永遠不會改變所帶來的、深刻而細膩的悲傷——但你終將學會，自己一個人也很好。兩種選擇都必然帶來痛苦，但只有一條路能引領你走出黑暗。

Identity Confidence

13

用「自我認同矩陣」保持平衡

前面我們提到，吸引力最危險的階段，就是當你決定喜歡上某人的那一刻。那時，你最容易將標準拋諸腦後，工作時心神不寧，取消星期二的瑜伽課，或者錯過和朋友的塔可之夜，只為了和新的迷戀對象共度每一刻。彷彿在他們出現之前，你的生活根本不存在。我們很容易落入陷阱，認為「這個新對象滿足了我所有需求」。即使你小心翼翼避開這些陷阱，比方說控制聯繫頻率，避免在社交媒體上偷偷關注對方等等，但如果你會在閒暇時間想像與一個只約會過兩次的人的未來，仍然可能陷入麻煩。即使對方不知道這些幻想，但你內心的迷戀還是會在見面時浮現出來。你不再只是單純地和他相處，而是開始擔心會受傷。你能察覺到一些小跡象，顯示自己走得太快，這樣的挫折感讓你感到焦慮，無法享受你們第五次約會時一起看的戶外電影。

這不完全是你的錯，因為浪漫的氛圍就像是我們共同生活的水。許多大眾娛樂、電影、音樂、書籍、廣告，都強調沒有愛情就不可能擁有真正的幸福。這種持續轟炸，會讓我們在沒有戀愛關係的認同時，感覺自己一無是處。

在第8章中，我們探討了一些技巧，防止你在早期約會階段、還在努力辨別對方是關注還是意圖時過度投入。但即使眼前的對象展現出真實的意圖，我們依然有失去視野的風險，忽視生活中其他重要的事情。有條實用的人生法則：我們投入於什麼，就越重視什麼。因此，如果我們停止投入與對象無關的任何事情，那麼生活中除了戀愛關係，其他事情的重要性就會大大減少，對他的依賴則會增加。我們與生活中其他穩定面向的連結越多，就越不會因對方三小時沒有回覆訊息而失去我們的平衡。

這聽起來似乎有點違背直覺，但當我們認為自己終於找到夢中情人時，更應該去做其他事情，而不是一味沉溺於這份迷戀。此時應該更加專注於生活中其他意義來源：我們的興趣、家庭、迫不及待閱讀的書籍、讓我們精力充沛和充實的活動，以及任何能讓我們與自己和人生目標連結的事物。要專注於那些有意義的活動，即使這個新出現在你生活中的人能夠回應內心湧現的感情，你也應該相信自己的生活，無論是現在的樣子還是你投入的一切，對你來說都已經足夠美好。

我經常以實際的方式來說明這個建議，告訴大家在你認為重要的約會之前，最好讓自己忙碌一個星期。這是相當有效的短期策略，可以讓你暫時忘記焦慮，減少誇大期望的機會。理想情況下，專注於自己喜愛的事情、需要完成的工作、剛起跑的活動，或一直拖延的事情，你就沒有時間去擔心即將到來的約會。由於這些繁忙的活動，你能順利轉換心情，享受與對方共度的愉快時光，不會想太多。而且，因為這段時間的生活經歷，你會有很多故事可以分享。

有些人可能聽過「F-U money」（財富自由），意思是，能讓你拒絕任何你不想做的事所需的一筆錢。擁有這筆錢，就能拒絕不喜歡的工作、上司，以及讓你不開心的人。

如果我們能夠在內在自信的領域，達到像金錢那樣的效果呢？想像一下，你的自信就像是一張桌子，支撐它的桌腳就是讓它穩固的來源。你生活中的各個支柱，給予這張桌子所需的穩定性。如果這張桌子代表你的自信，那麼每一根桌腳都代表了生活中的各個部分，分別給予你力量、意義、目標與愛。

坦承找到人生伴侶對你來說很重要，並沒有什麼不對。但如果我們在生活中的其他支柱上也投入心力，那麼當一個潛在伴侶出現時，就不會立刻依賴對方來保持穩定。「自信自由」（F-U confidence）來自於你在生活中擁有的穩固支撐。

一個特別有魅力、外貌出眾或讓人印象深刻的人出現時，我們很容易忘記自己原有的一切。然而，這些特質都不該讓我們的世界變得不重要。他長得更好看，那又怎樣？他在人群中表現得更自然，那又怎樣？如果周圍的人都認為他講話很有分量，那又怎樣？這些特質都不會削弱你人生的廣度和內在價值，也不會減去你生活中的一切意義。

在電影《良相佐國》（A Man for All Seasons）中，湯瑪斯．摩爾爵士（Sir

Thomas More）為充滿野心的李察・瑞奇（Richard Rich）提供建議。瑞奇覺得除非達成宏大抱負，否則自己將毫無價值，摩爾想讓他明白，其實有更深刻的方式來獲得自我價值感（sense of significance）：

> 摩爾：何不當老師呢？你會是位很好的老師，或許還會成為偉大的老師。
>
> 瑞奇：就算我真的是位好老師，又有誰會知道呢？
>
> 摩爾：你自己、你的學生、你的朋友、上帝。這樣的聽眾群不差吧。

每當我們和生活多采多姿的人約會，很容易會貶低自己的生活，彷彿我們的生活因為他的存在而變得微不足道。但即使是看似平凡的生活，也可能具有深遠的意義。誰能說一名花時間照顧幾位失智症患者的護理人員，生活就不如一名在科技公司管理百位員工的經理來得重要呢？與你生活中的精彩事物保持連結，關注身邊的家人、朋友所產生的影響，關注你所從事的工作、你所熱愛的興趣，以及你所堅持的生活方式。如果你能這樣做，無論誰出現都不會讓你感到威脅。沒有人能讓你覺得，需要加倍努力來獲得他的注意，彷彿他擁有你沒有的東西。與自己創造的價值，以及你在自己世界中擁有的愛深深連結，你就已經擁有了每個人都渴望並想要接近的東西：愛、意義和成就。再成功的人生，也無法保證你會擁有這些。

人與人之間的差異，對於建立關係是很重要的。但如果有人無法把你視為平等的對象，就請繼續前進吧。這是早期就需要注意的好指標：這位性感的陌生人多久之後會認為你是與之平等的對象？「馬上」可能是最好的回答。無論你的潛在伴侶多有魅力，這都是必要的測試。任何缺乏平等的關係都無法長久，也無法帶來真正的快樂。

自我認同矩陣

多年來，我在研習活動中會進行一項名為「自我認同矩陣」（The Identity Matrix）的練習。這是非常實用的工具，可以幫助我們理解生活中需要改變什麼，才能培養出我們所談論的「自信自由」。

首先，我會請聽眾列出他們生活中可以產生自信感的地方：友誼、職場地位、演奏樂器或第二語言的能力、珍愛的嗜好，以及他們為自己所創造的財務安全感等等。任何讓我們感到驕傲、有吸引力或重要的事情，或者讓我們覺得自己很有趣、生活有安全感的原因，尤其是那些我們賴以獲得自我價值或自我認同的事物，都會列入這份清單。對於一個為了新國家的公民身分而奮鬥的人來說，他的新護照可能會出現在清單上；另一個人可能會列出他投入多年心血的家；對其他人來說，可能是獲得豐富閱歷，或是到國外旅行，體驗不同文化的次數。不論清單上有什麼，都直接反映出他們迄今為止在生活中為自己建構的身分認同。

接著，我請每位聽眾畫一個大方塊，裡面再畫幾個分布均勻的小方塊，就像放大版的井字遊戲。我請他們將方塊內的各個小方塊分配給清單上的各個項目。最後，他們會得到一個方塊矩陣，我稱之為他們的「自我認同矩陣」。

不過，我接著指出，現實生活中這些方塊的大小並不一致。我請他們再次畫出自己的矩陣，但這次要調整方塊的大小，讓每個方塊大致反映出該項目對其自我認同的重要性。通常，會有一兩個方塊比其他方塊大很多，因為我們都有某些方面對自我價值感影響特別大。對許多人來說，通常會是他們的職業，而對有些人來說，主要的方塊可能是他們的關係。正如研習活動中一位參加者所寫的，這個矩陣不再像賓果卡，更像蒙德里安（Mondrian）的畫作，一兩個大方塊被小方塊所包圍。

製作自我認同矩陣未必輕鬆。如果你對自己誠實的話，可能會從自己的矩陣中，發現你對生活的某些方面給予過多重視，某些方面卻少了應有的關注。有些人甚至會發現，自己根本想不出有什麼可以放進他們的矩陣中。如果你也是這樣，不用擔心，繼續看下去，你可能會對填補自己的矩陣有更多想法。

關於矩陣，有一個要了解的關鍵，就是方塊的大小往往反映了我們最能產生認同感的部分。我們通常會認同生活中能夠帶來價值感和意義的方面。童年時期總是因樂於助人而獲得獎勵的人，長大後被稱為「明星員工」，因為他會加班、從不抱怨無法負擔的工作量，甚至為了工作犧牲掉生活和健康。因為外貌獲得過度關注的人，到後來執著於維持自己的容貌，認為外表是他們的主要價值。從許多方面來看，早年學習的那些「對我們有用的經驗」，會對我們將來的自我認同矩陣產生深遠影響。我們很難確定，自我認同矩陣是否反映了我們性格中某些固有的、注定會出現的特質，還是我們只是沿著最不費力的路徑，追隨著他人的肯定，最終讓身分變成了我們所認為的自己。可能兩者都有一點。每個人都在努力滿足某些需求，比如安全感、重要性，以及在這個世界上認同自己的方式；矩陣只是反映出我們為了滿足這些需求所做的最佳嘗試。不過，今天寫下的自我認同矩陣，絕不是最終的完整畫像，更像是一張快照，顯示我們在目前人生階段最常依賴的特質和行為。

直接看圖或許會比在腦中想像更容易。接下來會看到有兩個自我認同矩陣的範例，第一個是我二十一歲的矩陣，第二個則是我現在三十六歲的矩陣。原本可以再增加更多方塊，但為了便於說明，我篩選出最明顯的幾個。（兩個矩陣都是在同一

二十一歲

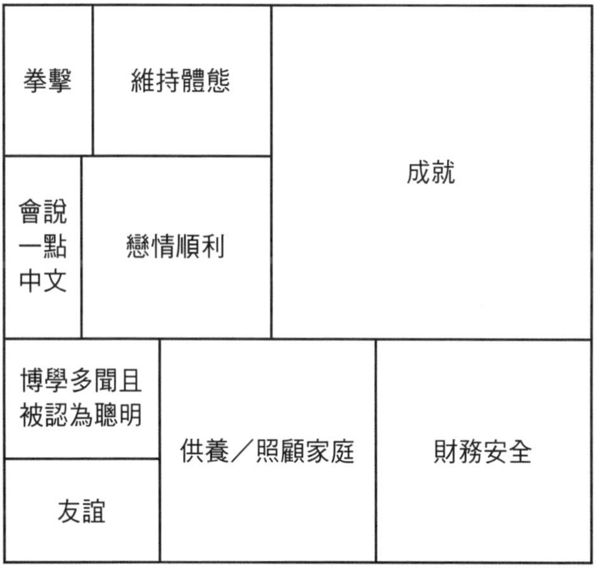

個星期內完成的，所以對年輕時的自我描述可能有些誤差。）

可以看到，二十一歲時，我將自我價值很大一部分放在「我認為自己在外在表現的成就」上，以及「認為我的財務狀況良好」。我也供養家庭；雖然是源於慷慨和責任感，但這讓我感覺良好，並成為我身分認同的一部分。戀情相當重要，但更多是關於我在約會和吸引女性方面的自我實現，而非單純尋找愛情。我開始學拳擊，這增強了我的自信。

我並沒有特別重視友誼；當時我過於專注自己的抱負，但友誼在我的自我認同矩陣中仍占有一席之地。在上海工作幾個月後，我學會了一些中文，這讓我覺得自己更有趣。維持體態很重要，但這也與「被需要」的感覺有關。我很喜歡別人認為我博學多聞，在跟我交談時，會覺得我聰明。可以這麼說，我在很多影響我如何分配時間和精力的事情中，都帶著一種健康的自卑感。這種自卑感驅使我做出選擇，並給予了我某種價值感。

現在來看看我三十六歲的矩陣，無可否認，事業仍然占據很大的部分。不過，已不是外在表現上的成就那麼簡單。其中一部分依然有成就——如果說我已經完全消除了野心，那是在撒謊，你可能也不會相信——但如今，我更看重的是擁有目標感，即使這表示我的事業不會飛快成長。內在成長是我比過去更自豪的事，因此這也是我當前生活中一個重要的面向。二十一歲時，內在成長只有在能帶來更多外在成就時才對我有意義。我真正渴望的是外在成就。

維持體態對我來說依然重要。我不排斥虛榮心，但如今，真正健康的感覺同樣重要。另一個顯著的方塊是「生活經歷」，這反映出我現在的自信和身分認同，更多來自於生活體驗，而不單單是工作。在我目前的自我認同矩陣中，你會看到我沒有為「照顧家庭」留出太大的空間，現在的重點是「緊密連結的關係」。我仍然希

三十六歲

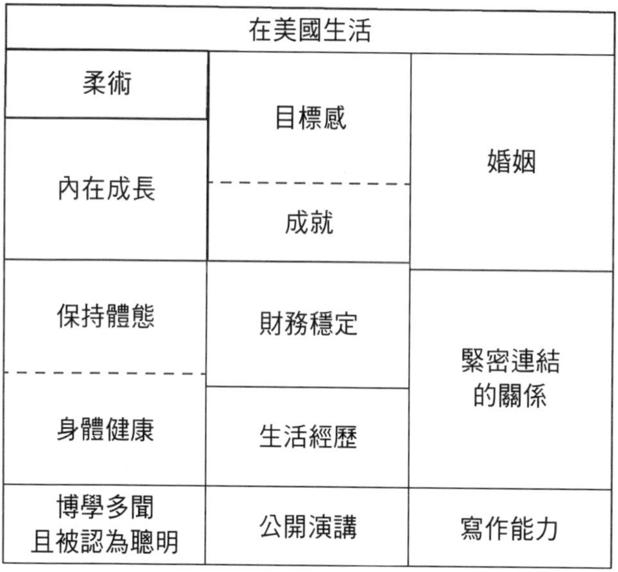

望能陪伴家人，如同他們陪伴我一樣，但為家人做事不再是我尋求意義的途徑。我選擇以愛和互惠作為這些關係的基礎，而不是義務。我感受到的是這些關係中真正的連結所帶來的獎勵，而不是因為我能為別人做什麼而感到重要或有價值。我現在從婚姻的穩固中獲得自信，而不是有多少人覺得我有吸引力。

如今，關係在我的生活中扮演著更重要的角色，因此在我的矩陣中也占據了更大的方塊。我從未如此感激生活中的愛；年輕時，我不知不覺將這些愛視為理所當然。我曾經以為，人生中的關係，無論友誼或家人，就像冰封在琥珀中的史前昆蟲，不需要投入任何精力就會永遠不變。但現在，我更專注於如何為這些關係付出。比起以往，我更清楚「緊密連結的關係」這一部分的大小，直接反映了我投入的精力——我對這些愛的感激之情，使我投入的精力大幅增加。這就是矩陣中自我實現循環的運作方式：我們越是感激生活中的某件事，就越會尊重並投入精力；我們投入得越多，這個方塊就會變得越大。

自我認同矩陣簡單而直接，它可以幫助你誠實面對自己的優先事項，以及可能需要調整的地方，好讓自己變得更快樂和自信。這並不需要幾個月或幾年的心理治療。這個過程是自然發展的，特別是如果你願意定期抽空去畫一個矩陣，它必然會顯示出你優先事項的變化。有了這個視覺化的結果，你會發現自己不再只是被環境給左右，而是能主導自己的方向。你可以清楚看到自己的脆弱點和投入過多的地方，並據此調整自己的精力。在繪製矩陣時，別想得太複雜，練習難免粗糙而不完美。只要大致勾勒出你認為自己今天的樣子，然後決定需要改變的地方，來讓你的矩陣更健全。

你可以看到，三十六歲時，我的矩陣不只有更多的方塊，整體也變得更大，就像我在矩陣最上面加了一層頂樓一樣！這是因為隨著年歲的增長，我的認同感也擴展了，自信來源和自我認同感變得更加多元。這既反映了我把焦點放在哪裡，也顯示出我如何安排時間。如果你的整體自我認同矩陣大小完全取決於在事物上投入的時間，那麼在帶來自信感的生活和個性方面，將永遠都是零和遊戲。對我來說，能夠在美國生活和工作，是自我認同感的一個重要部分，但這並不會像我近年來的巴西柔術愛好那樣「占用時間」。它只是存在於我心中，讓我感到自豪，並帶來安全感。公開演講能力也是如此，雖然沒有出現在我年輕時的矩陣中，但實際上並不表示我在這方面花了更多的時間（我在二十一歲時也做了很多這方面的事情），而是反映出我現在更清楚地意識到擁有這項技能的美好。我特別喜歡矩陣中的這個方塊，因為即使我身無分文，這項技能依然會存在。寫作能力也是，這是我的核心技能，即使我失去所有業務，這項能力還是會跟著我。當我重新專注於感激自己擁有這些技能的幸運時，我的矩陣因為我選擇感恩而擴大。

儘管如此，大多數讓我們感到自信的事物確實需要花時間，所以矩陣自然有很大一部分顯示出我們如何或在哪裡投入時間與精力，這使我們有機會考慮是否以支持長期目標和持久價值的方式，分配有限的資源。

讓矩陣多元發展

我們往往會根據矩陣中的某些方塊，來形塑所謂的「自我認同」，無論是好是壞。在人生中，我們努力維持這個身分，因為它給了我們一種安全感，是「我們所熟悉的東西」。即使我們不喜歡自己的工作，但由此獲得的頭銜、地位和金錢，已成為我們本身的一部分，讓我們覺得無可取代，甚至可能覺得失去這些就像四肢殘缺一樣。危險在於，我們可能過度依賴這些主要的認可來源，以致讓它們變成我們的「變異」。如果不加以留意，我們便只會使用這些特定的技能。漸漸地，這些變異反而成了我們最大的弱點。如果失去這些認可來源會重創我們的自我認知，那麼我們很容易就會被這一兩個過度發展的矩陣方塊給困住。如果你之前還在苦思自己矩陣中最大的方塊是什麼，只需要問一個問題：「如果要拿走某個方塊，對我的自信影響最大的是什麼？」

對某些人來說，這些變異幾乎明顯可見：例如，健身房裡手臂壯碩的男人，或頂著紅毯妝容走進速食店的 TikTok 網紅。有些變異則比較隱晦，但依然顯而易見：比如一名本來充滿抱負的工作狂父親，幾年後卻無法在和家人度假時放下工作，或者已婚伴侶把對方當成唯一的焦點，冒著失去火花的風險。克里斯多福・希鈞斯是那個世代最偉大的辯論家之一，他曾坦承，在與家人相處時，會特別小心避免過度使用他的辯才，因為有些爭辯最好輸掉，有時保持沉默是最聰明的選擇。我們都知道那些最後不堪重負、精疲力竭的討好者，或是那些過度關愛孩子而導致孩子想盡辦法逃離的父母——我們可能都在不同方面過度投入。

每個人都應該問自己：「如果我失去矩陣中最大的方塊，我會成為怎樣的人？」告訴我你對這個問題的答案，我會告訴你你有多容易因失敗、危機或悲劇而陷入困境。毫無疑問，過度依賴矩陣中任何單一元素所帶來的自信，絕對是一個風險。這是因為，幾乎所有讓我們產生自信的元素，都可能發生變化。親近的人會離世，關係會結束，工作可能丟掉，我們可能受傷、老去或罹患重病。我們辛苦獲得的技能，若不常練習則會退化（有時即使經常練習也會退步），而且，我們也可能失去施展這些技能的場所或設備。

有些人認為，我們強烈認同的事物就像是一種盔甲，保護我們不受外界影響。然而，這些事物本身以及由此產生的自信，在某種意義上也成了一種拐杖，甚至可能是全面體驗人生的主要障礙之一。這樣的觀點不無道理。在正念圈裡，這種觀察很快就會被提及。確實有一種更深層次且無法動搖的自信心存在，那就是「核心自信」，我們將在後續章節更詳細探討這一點。然而，我們都是在瑕疵中過生活的普通人，面對世界的時間可能遠比面對內心的時間多得多。

為了避免過度依賴我們的主要性格特質，最明智的做法，就是確保我們的人生不只圍繞著單一事物。有三種方式可以讓矩陣更加多元化：（一）將更多精力投入到你之前沒花太多時間或注意力的部分，隨著投資增加，這一部分會逐漸成長。（二）對你已經擁有的事物重新培養鑑賞力，藉此發現自己原本就能依靠的自信來源。例如，我重新發現了寫作和公開演講這兩項技能。（三）增加一個全新的方塊，嘗試一項你從未涉獵過的事物。我相信你一定能在矩陣中想到一些以前不存在的方塊。對我來說，這就是柔術。受傷讓我無法再從事拳擊運動時，我開始接觸柔術。現在，不管有多忙，我每週都至少練習三次。我變得非常關注自己的進步，經常反思從中學到的課題。

有別於簡單專注於對已擁有事物產生新的感激，將精力放在一個想要擴大的小方塊上，其實存在一個問題：生活是一場零和遊戲，這麼做可能會削弱你在其他擅長領域的優勢。但這未必是壞事。我有一位朋友非常擅長諷刺，她用這個技巧讓大家開心，掌控對話，保持氣氛輕鬆。這表示，有時候她會在別人還沒開口之前，就把所有感興趣的話題都說完了。在她主導話題的情況下，幾乎總是沒有脆弱或好奇的空間，而這兩者都需要空間和真誠，有時甚至需要沉默，不全然是機智的話語和熱烈的笑聲。

我試著讓她放鬆一下，但完全沒有效，因為如果她聽從我的建議，她在社交場合的表現會更糟。她幾乎肯定自己會變得不那麼有說服力，不那麼有趣、自在、自信，至少一段時間是如此。這會讓她感覺像是退步。即使從她的矩陣視角來看，這其實是向前邁進了一步，朝著力量和多樣性走去，遠離對一種顯然變成逃避手段的技能過度依賴。誰想要再成為一個笨拙的學生呢？這可能是非常謙卑的體驗，特別是當我們知道還有更好的地方可以去，還有可以更擅長的事情。

我的朋友兼出版人凱倫．里納迪寫了一本書，可說是對多元化矩陣的讚歌，書名叫《有件事做得很爛，真是棒透了》（It's Great to Suck at Something）。凱倫喜歡衝浪，儘管她告訴大家她很不會衝浪，但這並沒有阻止她在哥斯大黎加買了一處可以逃避現實的住所，花幾個小時在浪上，歪扭摔倒，再爬上衝浪板，然後繼續划水回去，排隊等浪。她在《紐約時報》寫了一篇文章，分享自己從失敗中學到的一些經驗：「失敗沒關係，更好的是，這不是反而感覺鬆了一口氣嗎？」為了配合這篇文章，她還發布一段自己衝浪的影片，結果有位同事到她的辦公室說：「這樣看來，你還真的很不會衝浪耶！」

「不然你以為我在謙虛嗎？」

她的同事提到她想像中的酷酷凱倫，正悠閒地待在哥斯大黎加：「但我在你發的那段影片中看到的不是這樣……你真的很不會衝浪！」

「那又怎樣？」

「知道你真的不會衝浪，我很開心！」

正如里納迪指出的，所謂的「酷」（以及它通常所掩飾的自我保護態度）可能會成為敵人，妨礙你嘗試新事物，妨礙你在學習中找到樂趣，也妨礙你因不在乎自己在某個未掌握的技能上看起來有多好而獲得的韌性。嘗試新事物是有獎勵的。它讓你鬆開完美主義的束縛，並為初學者的遊玩和驚嘆提供空間。也許有一天，你真的會覺得自己的技術有所提升，但好處遠不止於此。當你開始接觸新事物，就減輕了對以前某些事物的過度依賴。而且，因為這一點小小的光亮，如果生活中某些情況奪走了你一直依賴的某些東西，你就不會那麼容易崩潰。

獨特的組合

追求多元化除了內在的獎勵之外，還有一個更棒的好處。當我們的自信有多個來源時，這會讓我們在別人眼中變得更有吸引力。我稱之為「獨特的組合」，即一個人擁有兩個或更多特質。這些特質本身都很吸引人，組合在一起則創造出更強大的魅力。為什麼？因為這個組合讓人意想不到！我們幾乎馬上意識到，我們還沒有完全了解這個人，這個人是個謎，難以預測。這不僅讓我們思考「這個人身上還有什麼麼我不知道的？」同時也會想「世界上哪裡還能再遇到這樣的人？」一個特質吸引了你的注意，第二個特質則讓這個人變得無法抗拒。

正如出版人兼衝浪者里納迪所證明的，你不一定要在兩項特質上都表現得很出色，但你必須對它們充滿熱情。擁有兩個截然不同的特質，會形成一種能量場，使任何事情都變得有可能。在已經因為某項特長而出名的人身上，很容易找到這樣的例子。比如演員塞斯・羅根（Seth Rogen），他對自己做的陶藝非常痴迷。美國前總統小布希開始專心畫一些關於退伍軍人和移民的細膩肖像時，可能還意外地贏得了一些選票。

我有位朋友叫傑西・伊茲勒（Jesse Itzler），他是名成功的企業家，熱衷於耐力挑戰。他在自家後院舉辦其中一項挑戰，邀請大家在非常陡峭的山丘連續攀爬一百次。他稱之為「山丘上的地獄」（Hell on the Hill）。我可以證實，這是只有完成過 Ultraman 超級鐵人三項多日賽（六・二英里的游泳、二六一・四英里的自行車和五二・四英里的跑步）的人才想得出來的惡搞挑戰。有一年，他邀請我去參加，那是我人生中最難的體能挑戰。第二年又收到邀請時，我問能不能帶我的未婚妻奧黛麗一起來。

「帶她來！她會喜歡的！」伊茲勒這樣回覆。那一年我們剛好訂婚，或許我心裡有一部分是想看看她對這座陡丘的反應，然後再認真考慮是否結婚。（嘿，別讓她知道我這麼說。）

她看過我前一年以最後一名之姿完成挑戰的影片，當時還有兩位朋友幫我爬上最後的攀登。我想她可能認為那只是我運氣不好，或許挑戰根本沒有那麼難。我一直告訴她：「不，那真的非常可怕。」儘管我一再告誡她，不要因此蹺掉訓練，她還是不經意地缺席了好幾次與我一起訓練的課程，深信這只是我在健身房孤獨想找個伴的詭計。

夏天尾聲，我們到達傑西位於康乃狄克州的家，看到桌上擺滿了香蕉、各種能量果膠和電解質飲料；這些通常是酋長岩（El Capitan）攀登者會隨身放在口袋裡的食物。地獄挑戰開始，前二十次山丘攀登過去後，奧黛麗仍然是那個奧黛麗，總是在每次攀爬前幫我們兩人拿水和橙片。但到了第四十次攀登，約兩個小時後，她終於明白，挑戰不僅如我所說的那樣激烈，而且接下來需要更努力，才有希望完成挑戰。第七十次攀登，時間來到第三個小時，奧黛麗心思細膩的遞水儀式沒了。到第八十次攀登時，我能看到她心中的怒火。她一言不發。音樂放得很大聲，人們互相喊著鼓勵的話，但奧黛麗既沒有眼神交流，也沒說半句話。

我從未見過這種情況。奧黛麗是我所認識最體貼、善良且富有同情心的人。她不只會注意到別人的感受，還會想辦法讓他們感覺更好。但此時此刻，她把所有資源都用在自己身上。在山丘頂上，傑西大喊：「我們這麼辛苦走到這裡，可不是只為了到這裡！」我隱約記得，這句話其實是個不錯的人生座右銘。接著，他看到我們有些遲疑，便放下擴音器說：「嘿，赫西、奧黛麗，給你們一個建議。」他指著一桶冰水，「每完成一圈，把整隻手臂放進去十秒鐘，再把頭浸下去。相信我。」我們聽從了他的建議，結果發現這樣可以幫助我們完成下一次攀登。於是，從那時起，我們每次攀登都重複這個步驟。完成挑戰後，他才告訴我們，這個「冰水浸泡法」是他當場編出來的。

四個小時過去，我那年的額外訓練開始發揮效果了。我感覺比前一年好很多，甚至在第九十九次攀登結束時，我轉向奧黛麗說：「嘿，寶貝，我們最後一趟跑起來，輕鬆一點，享受一下吧？」奧黛麗毫不猶豫，立刻用堅定又氣喘吁吁的語氣回我：「不要。」

我們兩人都完成了挑戰。奧黛麗在終點線敲響鈴聲，更像是為了結束這場折磨，而不是慶祝什麼勝利。有人在她脖子上掛了一枚「完成者」獎牌。她倒在草地上，眼淚止不住地流下來。每隔幾秒，她會尷尬地說：「我也不知道為什麼我在哭。」但我知道，這和我前一年的經歷一模一樣。

開始攀爬之前，我就知道我愛奧黛麗，而且從我第一次跟她打招呼時，她對我的吸引力就已經很明顯了。但我從來沒有這麼佩服過她。回想起訓練時，她經常是那個提議留在家裡點披薩，而不是去健身房的人。但在這座山坡上，她的戰士精神展露無遺。我近距離見證了她的決心。我明白，這就是我在困難時刻需要的那種隊友。我知道她很堅強，但她的潛力遠超我的想像。我再也不會愚蠢地懷疑她了。這就是所謂「獨特的組合」。

這就是「獨特的組合」的魅力。你在一個人身上看到了兩種你從未想過會同時存在的特質，同時，你也會感覺到第三個特質，隱藏在前兩種特質之間，屬於這個人身上、你還沒看過的一面。它就像雲層下的整個山谷，等著你去探索。

Surviving a Breakup

14

從分手災難存活下來的六個策略

分手有兩種情況：一種是我們無法控制的，另一種則是我們主動提出的。兩種經歷看似截然不同，很難想像有什麼建議或生活策略能同時適用於兩者。但實際上，兩種情況的後續影響遠比我們想像的更相似。無論是哪一種分手，都會在我們的生活中留下空缺，而這樣的空虛感可能會帶來危險。它們都可能讓我們感到遺憾，甚至是深深的羞愧感，並且都需要時間來恢復。即便我們馬上投入下一段感情，情況也是一樣。

「向前看，永不回頭」是相當不錯的分手座右銘，無論哪種情況都適用，尤其當我們剛從有毒或虐待關係中解脫出來的時候。但即便是我們被別人甩了，這句話同樣適用：我們不能美化那段自以為得到了愛，但對方其實根本不曾關心過我們的關係。不論分手的原因是什麼，我們都可以採取實際行動，幫助自己向前走，避免停滯不前，甚至倒退回去剛離開的問題關係中。每段分手都看似痛苦且獨一無二——畢竟是發生在你身上，沒有人能完全理解——但有些步驟可以幫助我們重拾生活。接下來的六個策略沒有特定順序，因為情傷就是這樣，你可能覺得好幾個星期或幾個月都沒事，突然間某個情緒的巨浪襲來，讓你覺得好像又回到了分手的第一天。所以，請隨時運用這些方法，並在需要時反覆使用。

策略一：找回內心的平靜

當下的你，可能會覺得這就像叫你用義大利麵做衝浪板一樣荒謬，但我每天都在輔導那些因為分手而變得更好的人。是的，我們依賴的那個人不在了，這種缺失所帶來的情感重擊可能讓人崩潰。很難不去想他，總是期待他會突然出現在街角，像曾經美好的日子一樣。**但是，當我們沉迷於過去，往往忽略了分手後，我們的生活其實已經在很多方面變得更好了**。

你可以從兩個不同的角度來看待這種改善。第一個角度可能因為分手產生的負面情緒而難以察覺，但不要讓這些情緒蒙蔽你的雙眼，忽略了剛剛從負面情緒解脫的自己。意識到這種解脫，對現在的你會有所幫助。回想那些時刻：對方的行為或無所作為讓你感到傷心、焦慮或憤怒，甚至奪走你的快樂。也許你的前任在家庭聚餐時表現很差，或是從未對你重視的事情表現出任何興趣，可能他輕視你的工作，甚至讓你經常處於不安的狀態。或許每次出門旅行，他總是害你遲到，使原本應該放鬆的假期從一開始就變得壓力重重，害你氣喘吁吁地登機，尷尬地避開一排排憤怒乘客的目光。

「Love Life 俱樂部」是由來自世界各地的人所組成的線上社群，我們持續為這些人提供輔導。寇特妮是其中的一員，她剛經歷艱難的分手，發現丈夫多年來長期出軌，還把他們一家拖入了嚴重的債務危機，簡直是屋漏偏逢連夜雨。她和兩個孩子不得不開始新的生活，還要想辦法脫離財務困境。

然而，即使家庭突然陷入一團混亂，終身保障也受到非常真實的威脅，她來參加我們的輔導課程時，思緒卻始終困在失戀的痛苦中。在這種情況下，我的任務只有一個：將她的焦點從失去丈夫的痛苦，轉移到她現在所能獲得的平靜。我希望她能看到兩者的對比。她不再需要每天因為丈夫隱瞞的事情而焦慮，不用在家等待和別的女人約會的丈夫，也不再需要忍受丈夫把她當透明人，始終迴避現實、對日益增長的債務置之不理。我指出這些事情時，她說：「是的，馬修，但儘管如此，當時我至少還有他在身邊。現在一個人真的好難。」

接著，我們仔細檢視他實際上有多常陪在她身邊，結果真相大白。他經常在工作日加班，或者根本不回家，因為「住酒店比較方便」。週末他總是把自己關在辦公室裡，用他的筆電。她一直害怕沒有他會怎麼辦，卻沒有注意到自己其實早已習慣了這樣的生活。認真想一想，會發現她以前的生活和現在幾乎沒什麼區別。她已經獨自生活了很長一段時間；她害怕面對的事情，其實她已經都面對了。她的生活在不知不覺中反而變得更輕鬆。

從第二種角度來看分手後的生活改善：你的生活變得更有價值。現在，她不再像戴著電子腳鐐的白領罪犯一樣，整個週末待在家裡，而是開始和朋友出去玩。她不再因為不想讓他「一個人」而拒絕出門。她開始加深那些長期忽視的關係，整個週末都和家人或朋友在一起。當她不再執著於失去的幻想，心碎感也隨之減輕。她開始意識到，自己失去的其實比想像的少，得到的卻遠遠超過她原先以為的。現在，她可以自由接受那些讓生活更豐富的事情。這使她建立更多情感連結，展開更多冒險。她開始重新發現自己。

你可能會說：「馬修，如果前任是個自私的騙子和不忠的虐待狂，這招也許有效，但我的前任除了不想和我在一起之外，在其他方面都很棒。我該怎麼克服呢？」

有時候，讓我們感到幸福的人會毫無預警地跟我們分手，不僅打擊我們的自尊心，也影響我們未來對感情的判斷能力。然而，當一個假裝非常幸福的人突然離開，讓你措手不及，回頭檢視過去的警訊可能會有幫助。這些警訊顯示出他的性格並不像你以為的那麼完美，可能是他的謊言、無法解釋的行為，或者你當時選擇忽視的、其他人對他的負面評價。重新找出這些警訊，有助於將你對他的感情從崇高地位上拉下來，不讓這些感情長期停留在愛情的巔峰狀態。發現你其實沒有失去你以為失去的那個人，你會感到平靜。

也許你找不到前任的任何警訊，也許他真的很棒、你也很快樂。即使上述情況都是真的，也絕對不要忘記一個基本且深層的真理：你的人生摯愛，只能是選擇和你共度一生的人，不可能是那個沒有選擇你的人。不論你曾經多麼快樂，這段關係都不算是你的理想關係，因為一段理想的關係，應該是持久的。當我們意識到，自己失去的只是一個暫時模擬愛情的東西，根本稱不上真正的愛情，放下會變得容易一點。

不過我們先回頭想想：你真的如此刻的心碎所說的那樣快樂嗎？他在的時候，你總是感到快樂嗎？還是你的快樂被持續的焦慮感所玷汙？他不一定是個壞人，但你和他在一起卻覺得不快樂。造成這種感覺，原因之一是我們感受到這段關係中的愛與投入並不對等。這種情況通常發生在伴侶開始對這段感情產生猶豫的時候。即使他什麼也沒說，並繼續履行伴侶的角色，但我們的直覺通常還是能察覺到，他在某種程度上已經對這段關係心不在焉，或者從未像我們那樣全心投入。

除了完全反社會人格，一般人不會突然做出分手的決定，也不會在告訴你分手的當天就這麼結束。這會是一個可能持續幾個星期、幾個月甚至幾年的心理過程，直到有一天，他終於決定在自己選擇的時機點，讓我們知道他的決定。這種表裡不一——私底下的想法和兩人相處時的行為不一致——是分手讓人感覺像背叛的主要原因。他一直隱藏自己的內心世界，讓我們相信自己處在某種關係中，投入這麼多承諾和熱情，而他卻在另一種完全不同的關係中，充滿猶豫不決和虛偽。

意識到自己與一個沒有真正投入感情的人維持幻想中的關係，這種感覺可能會讓人羞愧。過去幾個月、甚至幾年，所有重要時刻承載的情感重量瞬間消失。你以為自己過著豐富多彩的生活，結果發現那只是一場全息投影。這也解釋了為什麼他能夠這麼快走出來。我們也許是今天才得知消息，但他可能早在幾個月前就已醞釀多時，甚至在心裡考慮過其他選擇。

我們的直覺可能早在所有事實釐清之前就察覺到不對勁，而且在這種不協調的狀態下生活越久，感受與日常生活中的事情不一致時，我們越會內化自己的焦慮，告訴自己是我們做錯了，是我們瘋了，並為自己無法解釋的焦慮感到羞愧。這種情況很快會變成一種自我否定的地獄。我們在這個所有人都認為是完美伴侶的人身邊，感到越來越不安全。

在典型的分手過程中，人通常會本能地將對方妖魔化，列舉他所有的祕密惡行和背叛紀錄，彷彿這樣可以讓自己更容易放下。其實，把焦點放在他帶給我們的感受會更健康、更容易。我不是指我們對他的感覺，不是所有我們欣賞或愛慕他的方式；我說的是，在他的陪伴下，我們在日常生活中的實際感受。我們感受到安全、快樂、被愛嗎？我們充分感受到被愛嗎？還是總覺得缺少了什麼，幸福像搖搖欲墜的舞台，充滿虛假的表現？

不適合你的人不只限於有毒之人，還包括那些相處時無法讓你感到平靜的人。而且，和不選擇你的人在一起，你永遠無法獲得內心的平靜。

失去那樣的人，起初可能會很痛苦，覺得自己失去了最想要的東西。但如果我們願意，其實可以找到一種新的平靜感。這樣一來，我們就擺脫了持續的焦慮，擺脫了覺得自己不夠好的感受，不再試圖抓住那些本來就不屬於我們的東西。不管你在那段關係中經歷了什麼，那都不是真正的幸福。真正的幸福就像有機花園，你投入得越多，花園就會越豐富。就算你可能還沒找到愛情，但你會發現，這種新的平靜感堅固且真實，絕不虛幻。當你找到合適的愛情，會感覺到平靜感的延續，而不是偏離。

策略二：一直講給別人聽（這很正常，沒關係）

單靠一次對話，不管多麼精彩，都無法永久解決我們的痛苦，但或許能稍微減輕心碎的程度。這些改變確實很重要，就像一絲陽光，能讓我們從床上爬起來，而不是整天躺在那裡。然而，在任何一次對話後的幾小時內，傷痛就會重新浮現。聽到正確的話，學會在痛苦中前行，這是每天都需要反覆進行的事情。在剛開始的階段，我們慢慢嘗試為這一切賦予新的、更積極的意義時，尤其需要大量的重複。多和能讓你做自己的朋友一起安排活動，告訴他們發生了什麼事。有時候，我們會不想承認某些事情；尤其是婚姻結束的時候，因為婚姻已成為我們自我認同的核心，我們會選擇不告訴那些最愛我們的人。但讓他們了解發生了什麼事，不只是接受的重要一步，也讓朋友有機會支持我們。

有一點值得注意：分手幾個月甚至幾年後，我們可能仍然在默默受傷。如果我們覺得已經過了某個無形的界線，談論分手變得不再被接受，那麼可能會面臨第二波孤立感。在這個階段，諮商心理師和教練的幫助可能會有幫助，因為至少花錢請他們，可以讓我們有權不斷重複自己的故事，不必自責或擔心對方會聽到不耐煩。

策略三：移除會想起他的事物

這個步驟很簡單，但非常重要：移除所有讓你想起對方的東西。我們必須在

「處理分手」和「反覆思考分手」之間劃清界線。處理是主動的，有助於我們前進。反覆思考則是被動的，容易讓我們陷入強迫性思維。處理分手可以透過與諮商師和教練交談、與朋友進行療癒對話，或者獨處時花點時間來感受悲傷和失望。這就像鍛鍊一樣，你去健身房是為了達到健康目標，但你不會想待在那裡一整天。完成該做的事後，接下來的二十三個小時，你還有其他生活要過。

那麼，反覆思考呢？我們被突如其來的回憶打擊時，這些時間就這樣悄悄流逝了。如果我們無法控制自己的思緒和觸發思緒的事物，就特別容易陷入這種情境。分手後，我們必須像緊急處理傷口的醫生一樣，不帶任何感情地清理掉每一個可能引起再感染的微小物質。丟掉任何讓我們想起前任的東西，不管是桌上的大溪地日落照片、臥室裡他從來不關的閱讀燈、冰箱頂層那罐發霉的果醬，甚至是手機裡那個你不再需要的天氣預報程式（還追蹤大溪地天氣幹嘛？）把他在手機裡的名字改掉，這樣每次打開手機，你不會再因為看到他的名字而產生條件反射的刺痛感。我曾經叫一位學員把對方的名字改成「結束」，這樣每次看到時，引發痛苦的希望感就會被瞬間的終結感和掌控感取代。清理藥櫃、汽車副駕座位下方的空間，整理廚房的雜物抽屜、走廊儲物間的上層架子、壞掉的電子設備箱。如果還有任何東西讓我們想起前任，就代表我們沒有盡到應有的責任。

如果我們真的想走出來，就必須系統性地處理這一切。徹底清理你的房子，把所有讓你想起他的照片、運動服、搞笑襪子打包起來，然後拿出家門。如果可以的話，離開住處幾天。住在朋友家、去健行，或造訪你一直想去的城市和景點。最起碼，去那些你不會聯想到他的城市角落，餐廳、酒吧、咖啡店……把這當作一個探索新地方的藉口，認識你從未涉足的一隅。

同時，徹底清理你的社群媒體。不用多說，即使你覺得自己開始好轉，也應該停止瀏覽他的近況——你不需要知道他在做什麼，這只會讓你退步。不過，別只是告訴自己不要主動找他，還要確保演算法不會將他推播到你面前。取消關注或隱藏前任，這樣他就不會出現在你的動態裡，對他的朋友、甚至共同朋友，也應該這樣處理，避免任何人發布的內容重新勾起分手的痛苦。記住，重點不是擔心會冒犯誰，而是自我保護。你隨時可以打電話給共同朋友，告訴他：「嘿，讓你知道一下，我在社群媒體上暫時隱藏了你的動態，不是因為你做錯什麼或我不想再跟你聯絡，而是因為看到關於前任的照片或近況，我真的會很受傷。那會阻止我前進。」和朋友見面敘舊，也可以直接說：「能不能別提到我的前任？我不需要聽到任何關於他的消息或近況。我們可以聊點別的，這對我走出來會很有幫助。」

然而，有些長期關係已經深深融入我們日常生活的每個方面——社交圈、居住空間，甚至地理環境——想要徹底消除與他相關的事物，幾乎等於把自己流放。當生活中處處都是他的痕跡，我們該怎麼辦？我們不可能把自己的世界全讓給前任吧？你們一起住在芝加哥？那芝加哥就變成他的地盤了。你們一起迷上壽司？那壽司現在也屬於他了。你們以前喜歡一起聽經典搖滾樂？抱歉，搖滾也歸他了。

這就是為什麼，本節標題應該加上一個但書：**移除那些讓你想起前任的東西，但前提是不會影響你的生活品質**。如果你們一起在某個城市生活了十年，這座城市的許多角落自然會讓你想起他。你真的想放棄你最喜歡的城市嗎？如果移除所有與他相關的事物，會嚴重縮小你的生活圈，那你可以採取另一種策略。這時候，你內心的海豹部隊就必須重新奪回你想保留的領地，而不只是掃蕩、消除那些你不想看到的東西。當這些事物已經與前任密不可分且情感緊密連結時，又該如何應對？

策略四：改變事物的意義

分手之所以讓人感到壓迫，其中一個原因是它會干擾你的理性思考、攻擊你的情感，讓人無比困擾，且難以改變。曾經和前任共享的許多事物，隨時可能讓我們陷入情感混亂。你看見一雙顏色繽紛的運動鞋，聞到西班牙海鮮飯的香味，或是聽到以前一起看的節目主題曲片段，這些都會瞬間讓你被那股強烈但無法再擁有的情感包圍。

氣味是特別強烈的情感觸發器，因為傳遞初始刺激（如洋蔥、橄欖油、可可脂或退潮的氣味）到大腦邊緣系統（包括杏仁核和海馬迴，這些與情緒和記憶相關的區域）的突觸迴路，是所有感官中最直接的途徑，從開始到結束只需一兩個細胞連結。有一次，我受邀為倫敦兩家知名百貨公司哈洛德（Harrods）和塞爾福里奇（Selfridges）的美妝樓層員工舉辦一場培訓。其中有名員工負責替靠櫃客人噴古龍水。這項工作總是讓她感到愉快，但有一天，一位女士走進那股香氣中，立刻哭了出來，因為那是她已故丈夫最喜歡的香味。

了解情緒的強大影響後，我試著引導人們有意識地建立觸發器，以激發正面的情緒。我把它們稱作情緒按鈕：一種能夠穩定喚起所需情緒的刺激物。當我準備上台對聽眾演講，一講就是幾小時，而我想喚起聽眾能夠回應的熱情與熱忱時，我會回顧一些我的情緒按鈕，可能是幾分鐘「鱷魚先生」史帝夫．厄文（Steve Irwin）的影片：有一段他蹲在樹幹後面，看著一群鱷魚撕咬著河馬屍體，並驚呼「不可思議！這是我一生中最有趣的時刻。」我看完這個片段，兩分鐘後就能重新連結到我在自己工作中想要表現出的熱情。這就像在見到聽眾前喝下能量飲料。我在我的研習活動中，花了很多時間解釋情緒按鈕的運作方式，因為我希望人們能有實際的方法，有意識地編程出他們想要感受到的情緒，並持續實踐。

然而，心碎能摧毀我們所有精心構築的防線。正因為它會產生如此多負面情緒按鈕，這些刺激每次都會召喚出我們不想要的情緒。這些負面情緒表面上看起來荒謬可笑，其實破壞力非常大。我輔導過一位女性，她每次經過商場的維多利亞的祕密（Victoria's Secret）專櫃都會非常憤怒，因為她在丈夫衣櫃裡發現了幾件內衣，根本就不是她的尺碼。還有一位女性，突然討厭整個國家（「去X的法國！」），只因為她的前任有法國口音。這些令人心酸的例子，說明前任在分手後的重要性被過度誇大：一顆爛蘋果，毀掉六千七百七十萬顆好蘋果。

心理學家蓋．溫奇（Guy Winch）提倡情緒急救，建議我們應該清除與前任相關的不愉快聯想，並透過在不同情境下重新造訪這些地方，藉此創造新的聯想。這是一種逆轉負面情緒按鈕的方法。例如，不需要避開你最愛的餐廳，反而要多回去幾次，或許和能讓你開懷大笑的朋友一起去，讓全新的經歷改寫你對舊地的感受。有一條規則：在那裡，不可以談論你的前任。

將重要事物與前任切斷連結的另一種方法，就是重新認識事物的相對意義。在我的研習營中，有位學員因為剛與一位知名作家分手而心碎不已。在遇到他之前，她就熱愛閱讀，書籍是她的正面情緒按鈕之一。也就是說，書籍會讓她產生正面的聯想，能立刻讓她心情愉悅、思緒積極。而這些正面的聯想——圖書館的氣味、在最喜歡的書店裡翻找新書、一本好書所帶來的細膩感受、讓她沉浸在從未接觸的世界裡——從一開始就將她與前任緊密連結在一起。然而，人生中最痛的心碎扭轉了兩極局面，書籍突然變成令人痛苦的聯想。她最愛的事物變成負面情緒按鈕。書店讓她想起他們在小說區低聲交談，現在也很難再去圖書館了，因為經常不得不看到他的書擺在推薦閱讀的陳列桌上。她看到一本評價不錯的新書，卻發現他的名字列在書背簡介上。突然間，書籍也和他們的其他習慣一樣，比如星期天一起看書、在床上牽手閱讀，變得讓人痛苦不堪。

但書籍並不屬於他。她對書籍的畢生熱愛，早在他們交往之前就開始了。多少人和她的前任完全不同，卻也有著與書籍的獨特關係？書籍在他之前又有多少年的歷史？對書籍來說，他只不過是眾多熱愛書籍的人其中之一，而書籍的意義遠遠超越了他。他甚至還謊稱自己博覽群書。透過認識事物的相對意義，她開始重新將書籍視為正面情緒按鈕。

表現出反抗態度是有益的。有些活動是沒有人能從你身上奪走的，你必須做出這樣的宣言：「分手後，他無法奪走我的熱情，無法奪走我對老電影、樹木或晨間健行的熱愛……當然也不能奪走披薩！」

將事物擺在適當的尺度時，請提醒自己：這個世界遠比前任更大。在分手後的第一時間，我們可能會感覺前任就是全世界。然而，儘管前任現在對你來說就像全世界，實際上約有八十億人根本不知道他的存在。我記得聽過一個我非常關心的人不斷重複她離婚的事，大概已經講了五十次。那段經歷真的很慘：她的前夫外遇，兩人當面對質時，他突然結束婚姻，並搬去和新情人同居，連假裝釋出善意或遺憾的樣子都沒有。她理所當然地把這件事告訴任何願意聽的人。起初，這是必要的，最近卻成為她唯一的話題。除了社交上的負擔，這也讓她流失力量。每次她重複這個故事，他似乎就在她生活中變得越來越重要，存在感越來越大。

有一天，我說：「你知道現在住巴黎的人，根本不知道你前夫是誰吧？事實上，整個歐洲都過得很好，沒有他也沒關係。你的前夫就像浩瀚汪洋中的一滴水，甚至只是你私人海洋中的一滴水。如果你能抬頭看看，會發現未來充滿了無數全新的故事，比你現在所能想像的還多。但在你放下這段感情之前，你無法迎接那些新故事的到來。」

處理負面情緒按鈕的其中一種方法，就是改變它的意義。假設有一條街道讓你想起和前任的特別時刻，現在你每次走過那條街，都會渾身不舒服。讓我們試著把生活中美好的事物，重新與這條街道聯繫起來。也許自從分手後，你最感激的事情之一，就是與那些因這段關係失聯的人重新建立深厚友誼。也許你覺得這些友誼拯救了你，每當想到他們以及他們在生活中帶來的深刻意義時，內心就有滿滿的感動。現在，是時候建立這個聯繫了。每次走過那條街，你就打電話給其中一位朋友，或者傳簡訊，跟他們進行愉快的交談，或是單純表達你的感激之情。每次你走過那條街，都要重複這個行為，直到那條街成為你生活中愛與友誼的美好象徵。因為這次分手，你才找到或是加深了這份愛與友誼。這是另一個例子，告訴你如何將已經成為負面情緒按鈕的事物，轉變為正面情緒按鈕，讓你想起對這次分手的感激之情。

我手機的備忘錄裡，滿是我每天使用的情緒按鈕檔案。我很重視這件事。如果我懷疑某個事物已經成為我的負面情緒按鈕，便會開始想辦法將它轉變為正面情緒按鈕。我的做法之一，是寫下引發負面情緒的想法，然後寫下一個新的、賦予自己力量的真理，來改變其意義。這個過程要有效，我必須真心相信這個新真理的有效性。這個真理必須能讓我感受到真正的情感，否則我只是膚淺地用空泛的正面言詞掩蓋自己的痛苦。每當我找到一個有用的真理，不論是因為某個看似隨機的想法突然讓我感覺好轉，或是我聽到的話，或是有人對我說的話，我都會把它記下來。

幾年前，我發現自己正處於人生中最艱難的一段時期。同時面對多重失敗，任何一件小事都足以讓我一蹶不振，而它們就像海嘯直撲過來。那時我的生活宛如駕駛艙，周圍每個按鈕都是負面的，它們都觸發了同樣的想法：真希望一切都沒有發生。實在太難，我快撐不下去……

差不多在那個時候，我打電話給我的拳擊教練馬汀．雪諾，向他表達這種感受。他沒有絲毫遲疑，用沙啞且低沉的嗓音，帶有時代感的布魯克林腔說：「必須這麼難。如果人生不苦，那麼走過這一切就不會有任何英雄色彩。你必須經歷這些，否則未來別人需要幫助時，你無法告訴他們如何重新站起來。未來別人需要的是那個克服困難的你。繼續努力，孩子，我們還有該死的事要做。」

馬汀說這些話時，我感覺到胸口在起伏。他的話讓我產生共鳴，而這種共鳴成為我可以依靠的堅實理由。在艱難時刻，正面的話語往往會被我們忽略。有些話似乎與我們的處境無關，但馬汀說的話卻打動了我。因為無論事情有多困難，這些挑戰只會讓我更加堅信馬汀那天對我說的話……**越困難的情況，越需要我去挖掘更深的力量來克服它。而我挖得越深，最後能夠付出的也就越多。**這成為我在那段時期轉化痛苦的一個正面情緒按鈕。我突然意識到，痛苦是我的必經之路，幫助我成為對別人更有幫助的人，或者幫助未來遇到新挑戰的自己。結果證明，馬汀是對的。如果沒有人生的各種痛苦，我無法寫出這本書；我所經歷的深度，正是因為這些痛苦才得以實現。沒有痛苦，就沒有這本書。

小提醒：你的情緒按鈕不一定對這個星球上的其他人有任何意義。通常不會有任何意義。它們可能太奇怪、太具體或太尷尬，以致你不想分享。我曾經把我的情緒按鈕告訴妻子，她對我說：「這對我沒用。我才不在乎自己是不是英雄。」（我寫到這裡時忍不住笑了。）我們真的非常不同，但這就是重點！這些情緒按鈕都是非常私人的。因此，你必須在生活中多加留意——你永遠不會知道，什麼時候會聽到或想到一個真理，它可能會就此成為你珍貴的正面情緒按鈕。在我最低潮的時候，情緒按鈕拯救了我。如果我們的房子著火了，我會帶著那些儲存情緒按鈕的設備衝出家門，還有我的妻子。很明顯，這樣才夠英雄嘛。

我的大部分按鈕都在手機和筆電裡，因為情緒按鈕隨時都在我指間，不必等待就能立刻感覺良好，無論是改變觀點、感恩、興奮，還是獲得平靜。它們像是情緒的操作手冊，讓我能夠即時控制自己的想法和情緒。如果它們被埋在某個筆記本裡，我就無法將其發揮作用。

那麼，如何使用情緒按鈕來撫慰心碎呢？正如我所說，我無法幫你寫下你的情緒按鈕，因為那可能對你來說毫無意義。但這裡有一些例子，說明如何在那段時間裡將負面按鈕轉化為正面按鈕。首先你會看到負面按鈕，然後我會提供一個事實，作為將負面情緒按鈕轉化成正面情緒按鈕的範例。

- **負面情緒按鈕**：我覺得自己毫無價值。如果我夠好，他就不會傳訊息給別人了。
- **正面情緒按鈕**：人總是會做出傷害別人的事，這些行為和另一半的真正價值無關。如果我毫無價值，那麼所有曾遭背叛的傑出人士，難道也都毫無價值嗎？對方缺乏誠信，反映的是他自己的標準問題，與我的價值無關。
- **負面情緒按鈕**：失去太多，我承受不了……
- **正面情緒按鈕**：這次失戀讓我的世界變得更大了。我和家人、朋友的聯繫比以往都更密切。在這段痛苦的時期，我從一直陪伴在身邊的人身上感受到美好的愛和善良，我了解到誰才是真正在我身邊的人。這是一個寶貴的提醒，讓我知道自己忽略了哪些重要的人，同時也是一個訊號，讓我知道應該對誰投入更多時間、精力和愛。我對大自然、對靜謐以及對生活的基本要素有了新的理解。之前，我看不見周圍的禮物，這次失去迫使我去關注它們。它讓我認識到人生中的無價之寶。這次失戀讓我建立起自己的世界，任何人都無法奪走它。

- **負面情緒按鈕**：我們以前很快樂，但現在一切都結束了。
- **正面情緒按鈕**：他其實沒有像我一直告訴自己的那樣，讓我感到幸福。想想看，我有多少次感覺不到被重視，或者根本不是他優先考慮的人。我多常感到焦慮。永遠不要忘記，這段關係能維持這麼久，很大一部分是因為我忽略了他無法滿足我所有需求的事實。
- **負面情緒按鈕**：我失去了對的人。
- **正面情緒按鈕**：如果沒有選擇我，他就不算對的人。就這樣。我的真愛是那個選擇與我共度一生的人。
- **負面情緒按鈕**：我再也不會對其他人有這種感覺了。
- **正面情緒按鈕**：過去我對其他事情或其他人也有相同的想法，但我最終克服了，並展開更好的生活。就像那些過去，有一天我回頭看這段經歷，也會覺得自己當初以為是世界末日真的好傻，心裡可能還會感到欣慰。

這些只是例子。今天就開始在手機或電腦上，記錄你自己的情緒按鈕吧。這個做法不只能幫助你度過任何可怕的事情，甚至能把糟糕的挫折，奇蹟般地轉變成讓你心存感激的經歷。就像我，以及我親自指導過的數千人一樣。

策略五：去做你當時不能或不敢做的事

無論你和前任有多親密或交往多久，回想一下，你一定有一些在相識之前的習慣，在這段關係中無法繼續。同樣，你可能也有一直想做的事情，但因為在一起而遲遲未去嘗試。更別提那些你勉強自己去接受的事情了，回歸自我真是解脫！也許這些事很小，例如噴某款特定香水；他受不了午夜香草氣味？那就大膽噴吧！也許是他永遠不懂的小小樂趣；他討厭音樂劇？現在你可以去百老匯看任何一場演出了！也可能是你花太多時間在這段關係上，沒時間去嘗試的愛好；現在就去報名參加那個繪畫課吧！也許你只是知道，他不會樂意看到你和好友一起上鋼管舞課。又或者，也許是你在交往期間從未好好享受過一個人靜靜喝茶讀書的悠閒時光。不論這些限制是對方明確表示，還是你自己選擇放棄，現在都不再有任何阻礙。去推動一個對你有深刻意義的計畫吧。錯誤的關係會讓我們的生活變得狹隘，壓抑我們的個性，阻礙我們成長。而此刻，整個世界在你面前展開，等著你去探索。

在別人痛苦的時候，叫他們往好處想、期待更美好的未來，可能有些殘忍，但我的意思不是這種空泛的勸告，而是要你去開啟一個具體的計畫，不管是為了未來著想，一個小小的、私人的、支持性的舉動，還是需要重新調整生活的大膽目標。記得一段新戀情剛開始，對方第一次用未來式跟你交談，那種激動的感覺嗎？這一刻，就是你和自己建立新關係的時刻。去慶祝你跟自己的每一個里程碑，因為這些正向的舉動，顯示了你對自己的信任逐漸變成日常生活的一部分，提醒著你自己走過的路、曾經有多悲傷，還有你從那段經歷中創造出的所有美好。

策略六：避免用新歡忘舊愛

我們都不會希望心愛的人遭受心碎之苦，因為這是極度痛苦的經歷。然而，我也不會想剝奪所愛之人經歷這種痛苦的機會，因為我認為，這是我們人生中最寶貴的體驗之一。為了從中獲得價值，我們必須深入去感受愛情，這也是為什麼應該避免用新歡忘舊愛。這種填補空窗期的關係，會讓我們無法真正面對內心的情緒，無法重新認識自我，也無法看見自己有多堅強。或許，我們甚至會發現自己比想像中更享受獨處時光。這是人生中最美好，卻也最容易被忽視的經驗之一。最起碼，當你度過一個週末，發現自己安然無恙，就已經是一種超能力了。

令人驚訝的是，即使心碎期間非常痛苦，但當時間過去、傷痛減緩後，我們可能會回頭想念這段剛失戀的時期。有位朋友分手一年左右，我問他近況如何，他說：「你知道嗎？其實我有點懷念六個月前的感覺。當時我充滿動力，積極嘗試新事物，現在那種能量已經消退了。」儘管他現在的狀態看起來比較健康，但他承認，剛分手時的那股推動力確實很有價值。

在經歷我自己最慘痛的分手之前，我總是很快找到新的對象。然而，真正心碎的那一次，我反而抗拒這種靠新歡忘舊愛的方式。我自己剛剛經歷了這樣的痛苦，我不忍心傷害另一個人。不僅僅是這樣，還有一種來自內心的強烈感受，是心碎產生的副作用，讓我有種奇怪的自豪感。我開始為自己和他人做一些正面的事情。這些小小的行為讓我感覺更好，讓我對未來充滿更正向的看法。我也感受到，人有時真的會陷入非常糟糕的狀態，這讓我變得更有同情心。我喜歡這種感覺，這種脆弱、受傷的狀態讓我變得更敏感、對這個世界更敞開心胸。我覺得這種痛苦不再只是我一個人的，我能遇到其他也有相同感受的人。我不想因為馬上投入下一段關係，而模糊了這種對世界的全新認識。

關於心碎……最後一點小提醒

請記住，我們討論的是你的生活，不是你前任的。分手之所以讓人心痛不已，是因為你讓對方成為了自己生命故事的主角。不小心把前任看得太重要，是很正常的反應。我們要不是把他美化成心目中的天使，就是因為他帶來的傷痛，將他妖魔化。無論哪種方式，都是在賦予他過多的力量。

從小我們就被教導要找到那個「人生摯愛」。我們的大腦像是在尋找一個目標，來投射我們一生對愛情的種種幻想。當我們找到一個人，即使他只符合我們期望的百分之五十，我們的希望與想像就會幫忙補齊剩下的百分之五十。於是，當這個看似完美的人離開，我們陷入了悲痛，卻沒意識到，如果當時沒遇到他，我們也會找到另一個目標來投射愛情的理想。這並不是什麼消極的想法，反而是一種樂觀態度，這表示你可以、並且會再次擁有這樣的感覺，只要你願意放下之前對那個人的固有想像。所以，讓我們把他從心中的神壇上拉下來，放回他應該在的位置：已經過去的普通人，而非糾纏未來的幽靈。

事實上，分手那一刻起，他的生活、選擇、成功，以及他找到的愛情，都與你毫無關係。既然你已經沒有和他在一起，他和誰約會、在忙些什麼，對你來說，就像從沒去過的咖啡店裡某個不認識的服務生在和誰約會一樣，根本不重要。他只是另一個過著自己生活的人，而你，才是這個故事中的主角。情況最糟糕的時候，正是你展現英雄氣概的最佳時機。我們喜歡洛基（Rocky Balboa）這個角色，不是因為他是個勝利者，而是因為他是個鬥士。

所以，去戰鬥吧！戰鬥！

Core Confidence

15

核心自信：愛自己的本質

在我的職業生涯早期，我注意到人們對「自信」有各種不同的定義。有時是一種外在表現，有時是一種行為模式，有時似乎是內心的一種感覺。但如果我們無法精確描述自信，該如何去獲得它呢？如果一開始就沒有設定明確的目標，也就無從制訂抵達的路徑。

通常我們談到自信，指的是某人在走路、說話、外觀或行為上的出色表現，甚至是激勵人心的表現。我稱之為「自信的表層」（surface layer of confidence）。其中很大一部分出自傳達內在自信的肢體語言：姿態的自在、動作的優雅、聲音的表達力。關注這些細節，有助於我在舞台上、鏡頭前，或是在某個場合中展現強大的存在感。我第一次接觸這些概念，是在十一歲時讀了《人性的弱點：卡內基教你贏得友誼並影響他人》（How to Win Friends & Influence People）這本書。後來，我甚至創辦了一個「影響力」課程，專門講授這些肢體語言如何影響我們的形象。儘管我稱它為自信的表層，但它並不膚淺。就像巴菲特（Warren Buffett）曾說，他做過對未來成功最有價值的事，就是在二十一歲時參加了公開演講課程。

然而，單靠這些表層改變所帶來的效果有限。如果我們外在的自信沒有更深層次的支撐，只要遇到其他強大存在的阻力，或面對生活中各種不確定性時，這種自信就會迅速崩潰。要邁出下一步，我們需要更深層次的自信，也就是我在前面章節所說的「自我認同自信」。這種自信，為自信的表層提供穩固基礎。我們可以透過有意識的體驗來強化這一層，投入更多時間和精力在我們現有的「自我認同矩陣」上，或是透過投資新的領域來豐富這個矩陣。根據《牛津英語大辭典》，這種自信的特徵是：**一種因欣賞自身能力或特質而產生的自我肯定感**。

但即使是自我認同自信，本身也存在弱點：我們的身體會衰老，股市會下跌，伴侶可能會離開，我們的能力也會遭受質疑。如果我們過度依賴自我認同矩陣來建立自信，就會變得容易受到外界變化的影響。如果我們的自信仰賴於諸事順利，哪天事情不如預期，自信就會變得脆弱。我們並不是在假裝滿足於現狀，因為懂得在自己能力範圍內過著心滿意足的生活，也是一門藝術。然而，情況總會改變。

除非我們所依賴的確定感被奪走，否則誰都不知道自己到底有多安全。發生重大變化時，沒有誰能完全不受影響。但是，這些挫折或失落會讓我們的自信徹底崩潰，還是只需要重新調整，取決於我們是否已在更深層次上建立了所謂的「核心自信」（core confidence）。

牛津辭典進一步定義了與自信根源有關的兩個層面：

- 對某件事的真實性感到確定的狀態。
- 相信可以依賴某人或某事的感覺或信念；堅定的信任。

某些感覺只有在缺乏時才會強烈感受到。如果你曾經試圖在一段關係中建立信任，卻一再被對方辜負，那你一定清楚缺乏這種自信的感受。如果有人經常對你撒謊、欺騙或不尊重你，那麼你很難不讓這些情緒影響自己。你會因焦慮和不安而自責，渴望能夠對自己更有信心。但是，如果自信是一種確定的感覺，那你會有缺乏自信的問題，也很合理，因為你試圖在一個根本不安全的環境中尋找安全感。只要你依賴的人不值得信任，不可能有任何真正的自信感。

這就是為什麼，轉換我們確定感的來源，能立刻對自信產生影響。我們不再試圖從一個明知不值得信任的人身上尋找安全感，而是意識到，即使身邊親近的人真的背叛我們，我們也有足夠的力量走開，並且可以好好過下去。這個簡單的轉換，讓我們的自信感從自我認同層移到核心層。自我認同層的自信是：「我有自信，（部分）原因是我擁有一段關係。」核心層則是：「即使沒有某一段關係，我也有信心能過得好，包括我現在的關係。」

人生中最不可撼動的關係，其實是我們和自己的關係。而核心自信，正是我們面對這段關係的方式。調整自信的表層，會影響我們在外人眼中的形象，核心層的改變，則影響我們如何看待自己。不過，核心自信並不是喊喊幾句口號就能建立。如果有人問，我們與自己的關係如何，大多數人都會承認，這段關係其實很複雜。

你和自己的關係

無論在哪裡，總會有人告訴你，人生的祕訣就是愛自己。在社群媒體上，這樣的建議已經不再是什麼新聞，反而像是不停重複的聲音。但如果這麼明顯且普遍的建議就是成功的關鍵，為什麼我們還是很難做到？這是因為，就建議而言，愛自己實際上超難執行。

愛上別人對我們來說似乎毫不費力，反倒是學會放慢腳步，避免嚇跑對方或急著投入不該進入的關係，才是困難的部分。（如果這本書有任何啟示，那就是證明了這一點。）希臘神話裡，納西瑟斯（Narcissus）只是往水池看了一眼，就立刻愛上了自己。實際上，大多數人連喜歡自己都很難。很多人光是單獨待在房間裡就感到極度不適，更不用說愛上「自己」這個你必須相處一輩子的人了。

提出感覺做不到的建議，很讓人生氣。我們或許會笑著說：「你說得對。」心裡卻想：「你這個笨蛋，以為我沒試過啊？這根本不可能做到。」如何真正達成所謂的愛自己，說明手冊彷彿被藏在某個我們從未去過的海岸洞穴裡。這就是我一直以來的感覺。「愛自己」這類說法的問題，跟「相信自己」這種自我提升的咒語很相似，它們讓我們在多次嘗試後依然做不到時，感到更加無能。所以，聽到別人說「我很愛自己」時，總會懷疑他們是不是在撒謊，或者是不是我們自己有問題，甚至兩者都有。

努力愛自己，卻徒勞無功

我問現場聽眾「為什麼我們應該愛自己？」時，通常會有幾秒鐘的沉默。大家或許知道這是一件應該做的事，但要立即在眾人面前說出具體的理由，卻是一項困難的挑戰。

最後，總有人會說：「因為我是個好人。」或者：「因為我很棒。」又或者：「因為我們值得。」注意，第三個回答其實只是在用另一個空泛話語來代替原本的問題，令人想問：「那為什麼我們值得被愛呢？」於是我們又回到原點，有人會接著說：「因為我很善良啊！」或者忠誠、慷慨、任勞任怨、無私……

問題在於，這些理由都暗示了它們的反面：如果我們因為優點而值得被愛，那是不是表示我們表現不好的時候，就不值得被愛？當我們不善良、不忠誠、自私或懶惰時，就不值得被愛嗎？這種邏輯讓我們感覺自己表現好才值得被愛，當我們狀態不佳、真正需要愛的時候，卻反而感到疏離。

就像是只有當孩子帶著全A成績回家時，我們才愛他——這種附帶條件、目標導向的愛，會讓孩子長大後過度追求成就，唯恐自己失去被愛的資格。而且，無論我們擁有多少優點，外面總有人比我們更優秀。

這時候，聽眾們開始意識到這個問題充滿了陷阱，於是他們試圖用模糊的說法來迴避：「我們值得被愛，因為我們很特別。」我則反問：「所以你是說我們每個人都很特別？」他們回答：「當然！」

「但如果每個人都特別，就沒有人真的特別，對吧？」不論有多少人推廣這種理念，我們心裡明白，並不是每個人都能得到金牌，也總會有人拿到好幾面。我們見過那些天賦異稟的人吸引所有目光，見過比我們聰明的人輕鬆超群達標，見過繼承數百萬財產的人，還有因為種族或性別優勢而躍升高位的人，見過有人過得比我們更平靜、更快樂……沒有人能說服我們，機會、金錢、地位、外貌或心理健康是平均分配的。不論我們如何告訴自己「我很特別」，最好的結果顯然總是屬於少數人，而這些結果也確實能大大改變生活品質。

我用這種方式跟大家過招，並不是刻意刁難。我只是反映出內心的對話：那些常見的格言，無法真正讓我們感覺好過。

當一個孩子沮喪地從學校回家，告訴父母她在體育課最後才被選上，因為她不擅長那項運動，父母可能會安慰她，說她在其他方面很特別。「你很聰明啊！」他們這樣提醒她。但孩子會說：「但那不會讓我籃球變得更厲害。我因為籃球不好，才會最後被選上。」即使是聰明的孩子，最終也會發現自己身處一個滿是天才的房間，就像我弟弟史蒂芬在牛津大學攻讀博士時的經歷。於是，我們又回到了原點。

在成人世界裡，我們所愛之人或許會說，我們對他們來說很特別，我們值得擁有最好的一切，但我們內心深處那個敏銳的孩子，仍然覺得這話聽起來不太對勁。更何況，作為成人，我們已經歷過真正的失望，累積了許多後悔的事，常常還在為此自責。所以，當有人告訴我們：「你很特別，你值得找到愛情。」我們內心的聲音卻在說：「對啊，說得輕鬆。不如教我一些實用的技巧，讓我在交友軟體上別再像個隱形人一樣。」

我說這些話，原因在於每當我感覺自己被某些建議「敷衍」時，就會立刻失去興趣。其實這些問題早在我跟聽眾討論前，就已經在心裡自我辯論了多年。當外貌逐漸衰退、失去工作，或者在學校或人生中拿了C、D甚至F的成績，我們該怎麼辦？當我們感覺自己不夠好時，又該如何學會愛自己？我們應該基於什麼理由去愛自己？

「愛自己」究竟應該是什麼樣子？泡個熱水澡點上蠟燭？多吃點沙拉？少工作一點？還是不工作最好？那當我們盡了全力卻看不到成效時，又該怎麼辦？不管我們多努力去塑造自己的身分，試圖成為最完美、最圓融的自己，最終還是會站在鏡子前，對著裡面的自己感到不自在。即便這些努力有了實際的結果，讓我們在外人眼中看起來充滿自信，我們的內心仍會感到一種越來越強烈的「冒牌者症候群」——懷疑自己隨時會被揭穿，原來我們並不是自己所塑造出來的那個樣子。隨著我們得到的成就越來越多，這種感覺反而變得更強烈。我們被困住了。不管多努力，這種深層的自卑感仍然無法解決，但我們又不敢鬆懈，擔心一放手，就會失去我們的價值來源。

如果你還沒有弄清楚如何愛自己，別擔心，很多人都還沒搞懂。許多自稱懂得愛自己的人，實際上只是誤導你，讓你誤以為那就是方法。這個主題一直是我的執念，因為這是我面對過的重大挑戰之一。看起來我這十五年來一直在幫人們解決感情問題，但其實，為我自己和他人建立這張路線圖才是我的主要目標，尤其因為我們無法在沒有自我接納的基礎上，擁有一段持久幸福的感情生活。

這段時間裡，我學到兩件重要的事：第一，核心自信是我們在面對人生重大逆境時的關鍵答案。它能幫助我們應對那些伴隨一生的深層不安和自卑，這些情緒阻礙我們冒險，讓我們做出錯誤的決定，並剝奪內心的平靜與幸福感。第二，許多人根本誤解了「自愛」（self-love）的意義。自愛這個概念，必須重新定義。

重新開始自愛

我們試圖為愛重新定義，將愛從感受的領域，穩固地植入行動的範疇，這就是名詞「愛」和動詞「去愛」之間的區別。這種轉換非常重要，甚至直接體現在本書的英文書名「Love Life」中。這種改變幫助我們擺脫對某人的感受，轉而關注他實際的行為——他為我們付出了多少？為了經營、培養和保護這段關係做了什麼？

談到愛自己時，這種轉換同樣必要。太多時候，我們將浪漫愛情視為自愛的榜樣，這正是為什麼它行不通。我們搞錯了。愛自己不是目標，而是行動。自愛是起點。核心自信不是一次性的頓悟，而是一種練習，能在日常生活中立即應用。這實際上是你可以不斷進步的事情。

為什麼浪漫愛情的模型不適用於自愛呢？埃絲特・沛瑞爾（Esther Perel）提到，慾望是親密關係中愛的催化劑。慾望是最初的驅動力，讓我們接近某人，隨著愛的感覺越來越深。但親密感逐漸增強，慾望卻逐漸減退。隨著距離縮短，神祕感消失，追逐的渴望也會減弱，完美的面紗隨之被揭開。此時，人們開始質疑自己是否身處正確的關係中。慾望的急流不再將他們帶往那些海洋般感受的愛情。突然間，愛需要主動性。潮流轉變，現在的渦流拉向——嗯，其他人，他們沒有你家的鑰匙，仍然保留著神祕和刺激的氣息——那些以適當距離觀察到的其他人，現在看起來完美無瑕。你心中不禁想，這些迷人的陌生人肯定不會……這裡可以隨意置入你最近另一半的缺點。

透過這個角度，很容易理解為什麼許多人覺得自愛很難。我們與自己的關係有多普通呢？我們每天晚上都共用一張床，知道自己所有的缺陷。如果熟悉會導致輕蔑，那麼還有什麼其他情感容得下呢？每天結束時，我們回到自己身邊，卻對自己視而不見。我們對自己施加苛責，因為沒有誰會像這樣永遠留在身邊。

在浪漫愛情的世界裡，我們通常是先喜歡一個人，然後才愛上他。當他的簡訊中出現兩個字，讓我們感受到一陣多巴胺的衝擊，或是和他在床上翻滾時，讓我們感受到催產素的充盈，這時我們就知道，過程已經開始了。但是，當我們不再將愛視為荷爾蒙波動的感受，而是當作一種行動，就可以不再擔心喜歡自己是不是自愛的前提。愛自己應該擺第一。

愛自己，是一種積極的行動。在本書的重新定義中，我們需要將這句話的「愛」視為「照顧」、「投入」、「鼓勵」、「培養」和「捍衛」的同義詞。自愛是一種行動。

現在，關鍵問題是：經歷了一生的遺憾、失敗和自我輕視之後，我們該如何激勵自己去「愛／照顧／鼓勵／培養／捍衛」自己？

重新理解自愛

如果我們要拋棄浪漫愛情的模式，那麼就需要一個新的模式來取代它。簡單起見，我們可以從一個已經熟悉的關係入手：父母與孩子的關係。還記得那個讓許多聽眾感到困惑的問題嗎：「你為什麼要愛自己？」把這個問題放在父母與孩子的關係中來思考。想像一下，問一位家長：「你為什麼愛你的孩子？」

我實際上曾經問過父母這個問題，從來沒有得到過一份關於孩子優點的清單。父母們很少會說：「因為她聰明、善良、有趣、美麗，還在學校裡拿到A。」就好像這孩子在競選「本月最佳孩子」一樣。當然，有些人可能會這麼說，但大多數人不會，因為他們的愛並不是基於這些條件。他們或許會在我問「為什麼以孩子為榮」時提到這些特點，但不會用來回答為什麼他們愛孩子。而且，他們的愛也不是單純因為喜歡這個孩子。或許有時候，孩子讓人難以喜愛，但他們依然會愛他。

那麼，被問到為什麼愛自己的孩子時，他們會怎麼回答呢？通常是：「因為他是我的孩子。」這種語氣讓人明白，這是一個愚蠢的問題。這是我在尋找核心自信根源時，得到的一個重要線索。

兄弟姊妹之間，也常有類似的連結。我媽是同卵雙胞胎，當我問她為什麼愛她的姊妹時，她簡單地回答：「因為她是我的雙胞胎。」這又是一個線索。

這些關係，無論是與父母還是兄弟姊妹，都不是有賴於對方做了什麼。他們並不要求對方完美，或是要盡力而為。雖然這些期待可能會存在，並且有助於增進關係，但如果問一位有愛的家長，在孩子表現最差的那一天，他們是否仍然愛他，他們通常會對這個問題嗤之以鼻。

這是一個令人振奮的領悟，感覺像是自愛的本質。於是我開始到處尋找這種感覺。聽聽孩子怎麼談論他的絨毛兔子：「它是我的兔子。」我敢打賭，如果你告訴小艾迪，你有一隻外型更好、更新、更貴的兔子，比他走到哪都拖著的那隻路易吉更好，他聽了不會高興。路易吉或許缺了一隻眼睛，身上沾滿汙垢，每個接縫處都在漏毛，艾迪和路易吉卻依然形影不離。為什麼？因為這不只是一隻兔子，這是艾迪的兔子。這與兔子能提供什麼毫無關聯，與艾迪對路易吉的定義有關。路易吉是艾迪的兔子。你甚至不需要小孩來測試這一點。下次戶外散步時，注意那隻毛髮凌亂、樣子古怪的狗，頭上三根毛豎著，舌頭永遠懸在左邊嘴巴，然後試著向牽著牠的主人提議要交換一隻毛更柔軟、更威風的狗。不用想都知道會發生什麼事。

所有關係背後的愛，根本原因都是相同的：「**我愛他，因為他是我的。**」這個認知讓我開始學會去愛自己，接受自己所有的缺陷和羞愧、遺憾與自我厭惡，將那從每個接縫中流出的毛絮，從一個不可能的理想，轉變成我知道該如何做到的事。

重拾自我

這可能聽起來有點奇怪，但我們真的把自己當作一個完整的人來看待嗎？邏輯上，我們知道自己存在，身為世界中的一個人，有鞋碼、有身分證字號，以及要去的地方。但這通常不是我們體驗自己的方式。相反地，我們感受到的自己，更像是一個在身體中旅行的心靈，打扮得漂漂亮亮，透過這個身體的眼睛觀察生活和其他人。我們看著其他人，和他們交談，建立關係，照顧他們，向他們點咖啡，或在街上擦肩而過。但「我」呢？我是怎麼看自己的？

看看我們花了多少時間擔心別人，以及擔心自己如何對待他們。我夠禮貌嗎？我是不是講太多了？我給的小費夠不夠？希望我昨天說的話，沒有讓我妹妹不高興。我需要打電話給那位朋友，關心一下他的情況。與此同時，我們幾乎沒有考慮如何對待自己。我們也許重視善待他人，但你有多久沒把善待自己當作一種應該延伸的美德？我們仔細監控向同事提出的要求，卻丟下一堆難以承受的待辦事項給自己。我們鼓勵朋友，因為這樣能幫助他們茁壯成長，卻對自己表現不佳大肆責備。我們感謝他人為我們所做的一切，卻幾乎不承認自己走到這一步所付出的勇氣和犧牲。反而，每當我們安靜下來，就會追溯起那些我們覺得辜負自己或他人的時刻。

大多數人都是無意間陷入這種非人性化的狀態。如果我們對所有人都很糟糕，或許還能被原諒；至少那樣有一致性。如果我們聲稱在乎別人，卻系統性地將自己排除在這種關懷之外，那就太殘忍了。但就像殘酷行為往往發生在遠離公眾視野的地方，周圍也沒有人會憐憫我們，或為我們發聲。

對其他人來說，我們顯然是一個完整的人。朋友不會把我們視為值得遭受非人待遇的特殊存在。如果我們聲稱愛人，那麼我們也應該成為這種關懷的對象。沒有理由對自己施加一套更嚴苛的標準。我們是個人、世界公民、地方的常客、一張熟悉的面孔，怎能聲稱關心他人，卻始終忽視自己，無視自身需求，以一種我們從未想過要對任何人施加的方式來虐待自己？如傑克・康菲爾德（Jack Kornfield）所說：「如果你的同情心不包括自己，那麼它就是不完整的。」

明白這一點，我們應該就能朝著基本的禮儀邁進。我們可以承認自己犯了錯。我們做過壞事，傷害過他人，讓自己和別人失望，這些都很難啟齒。但其他人也是如此，而我們大多數人都認為這些錯誤不該成為被善待和尊重的理由。因此，停止這種特殊待遇。對自己要有善意，或者最起碼要有基本禮儀。這或許還不是自愛，但已經是個開始。

快速回顧一下，到目前為止，我們已經確立幾個重要的觀點：

- 如果我們因為自己最突出的特徵和優點而愛自己，那麼在那些特質未能展現，或是有其他人展現出更多特質時，我們就容易受到質疑，認為不應該愛自己。這表示，我們必須找到更深層的理由來愛自己。
- 浪漫的愛情模式對於愛自己沒有幫助。要和那個你比任何人都了解的人——你自己——墜入愛河是相當困難的事。你必須把愛當成一種行動，而不是一種感覺。

- 我們可以在其他愛的模式中找到愛自己的線索，例如父母與孩子的關係。
- 一旦理解自己也是這個世界中的一個人，我們就會意識到，所有我們對待他人的禮節、善良、尊重和同情的價值觀，也必須延伸到自己身上。

我們可以就此打住。如果大家能夠遵循這個邏輯，就會開始像對待其他人一樣好好對待自己，甚至不只是人類。我曾經邀請拳擊教練馬汀・雪諾在我位於佛羅里達的研習活動上演講；這是很冒險的舉動，因為沒人知道這位先生會說什麼。他說過一句話：「你會餵你的狗吃垃圾食物、酒精和藥物嗎？不會？那你為什麼要這樣對自己？」但我們需要再進一步，才能充分理解自愛的真正意義。

有個核心真理：地球上有八十億人口，你正是其中一人。這不只是說，你對自己的照顧程度應該和對待其他人一樣重要，而是應該更關照自己。因為在這八十億人中，只有一個人是你一直以來負責的，就是你自己。

想像一下，有人問你為什麼愛自己，而你就像一位家長說：「因為那是我的孩子。」這與你有多優秀無關，根本不需要任何特點、素質或成就。你會說：「因為我就是我。」就好像這是再明顯不過的答案。仔細想想，的確如此。

如果你意識到「我就是屬於我的那個人」，你會如何對待自己？在你出生的時候，無論是自然、上帝，還是你所信仰的任何東西，都給了你一個需要照顧的人，這個角色要持續一生。最開始的時候，你還無法完成這個角色，因此需要其他人來撫養你。他們可能做得好，也可能做得不好，但那時候，讓你活下去是別人的責任。他們一直擔任你的監護人，直到你找到最終擁有撫養權的人：你自己。

大多數人從來沒有這樣思考過。我們可能感受到對他人的責任，比如孩子、生病的親人、兄弟姊妹，卻從未對自己有過這樣的感覺。一旦我們長大成人，就會從別的地方尋找可以得到或希望得到的關懷，例如某個父母的角色、導師、愛人、好友。許多人仍在尋找某個人來接替保護和照顧自己的角色。我們希望這些人能證明我們夠好、夠聰明、夠有吸引力、值得被愛。雖然在成人生活中建立一個社群，確實對我們的幸福相當重要，但這更像是放棄責任，就像一輩子都在試圖把我們應該負責的工作交給別人。而這項工作的內容很簡單：主動去愛自己，滋養自己。

逃避這項基本責任，等同於擅離職守。我們就像《獅子王》中的辛巴逃離了獅群，因為這位合法繼承人認為更有能力的人會照顧他們、保護他們、滋養他們，並為他們做出更好的決定。但那是我們自己的工作。這就是為什麼，我們應該更認真看待愛自己這件事，而不只是等待愛自己的感覺。我們必須決定去愛自己，把它當成我們的工作。它也確實是我們的工作。並不是說救援部隊不會來；我們自己就是救援部隊。

為什麼要浪費生命去擔心別人擁有、我們沒有的東西呢？這一切都是自我意識的表現，只會讓我們分心。是的，這個世界上有八十億人，我們在某些方面可能不算最優秀，但這些都不重要。真正重要的，是我們的唯一工作：撫養這八十億人中屬於我們的那個個體。當我們以這種方式看待生活，和他人比較就毫無意義。我們無法用自己去交換另一個人。我們只有這一個自己。我們的責任，就是為這個生命帶來最好的生活。

我不知道你是誰、過去犯過什麼錯、傷害了誰、心中懷有什麼遺憾、遭遇過什麼私密或公開的羞愧，以及你的弱點是什麼。我也不知道你的優點是什麼，或是什麼讓你成為一個卓越的人。但我不需要知道你身上那些優秀的特質。這正是重點。我只知道，**你最好每天全心全意地愛自己，因為沒有人有時間去愛你**。

曾經有幾年，我對自己不好，總是覺得自己做得不夠，拚命工作。當自己未達標準，便對自己極其苛刻，絕不寬容。我曾經認為這就是我的個性。但這陣子，在我感到倦怠的時候，當我因為犯錯而自責、對自己毫無同情心時，我會告訴自己：「你只有一個最重要的工作！你跑去哪了？」

愛自己不單單是一種感覺，更是一種態度。為自己做困難的事情，出於責任感和義務感來支持自己。我們必須停止尋求自愛的短期回報。核心自信是一項長期投資。父母投資孩子十八年，這種投資的許多成果都是將來才會顯現。隨著孩子長大成人，他們會對父母為自己所做的事情產生新的感激之情，並隨著每次領悟，讓這段關係變得更加豐富和甜美。養育自己也是類似的長期投資項目，可以從任何年齡開始，永遠不嫌晚。我們可能會發現，即使到了六十歲，還像不成熟的青少年般笨拙地照顧自己。但就像對待任何青少年一樣，不要期待那份愛會馬上回報給你。回報需要時間，但它們會是真實的。

自愛並不要求你對自己有過高的評價。過高的評價甚至可能會成為障礙。但我們確實可以培養出一種對自己的愛，源於同理心和同情心。這種同理心和同情心的起點，是對過去的自我寬恕。

自我寬恕

後悔不斷重複著我們最糟糕的時刻，讓我們無法專注於當下和身邊的人。如果我們不能寬恕自己，不能原諒自己的弱點、錯誤、缺陷、失敗和疏忽，就永遠無法在當下找到真正的快樂，也無法為我們想要的未來召喚能量。

有一件事，是我們共同擁有的：一段充滿錯誤的過去。每個人都曾做過讓自己付出代價的事情。某些情況下，這個代價高得讓人難以想像，以致我們無法原諒自己、繼續前行。這些事情包括：

- 沒有早點離開某個人。
- 沒有好好觀照自己的健康狀況。
- 讓自己有害的行為模式毀掉了一段關係。
- 拖延重要的事情，直到來不及完成。
- 做出錯誤的決定，尤其是那些改變整個人生的決策。
- 傷害某人或許多人，包括我們最愛的人。
- 沒有記取重要的教訓，然後又犯同樣的錯。
- 感覺自己虛度人生。

當我們真的列出後悔的事情，最後可能會厭惡自己。對於背叛我們的人，很難不心生厭恨。當那個人是我們自己，這種苦澀感更是難以擺脫。

這些錯誤決策和自我背叛，使我們覺得好像錯過了讓自己過上更好生活的機會。而自責的循環，往往讓我們對自己感到憤怒和厭惡，使最私密的時刻變成最有害的瞬間。這些感受持續存在時，我們甚至覺得，若能擺脫這種毒害，對世界來說反而是改善。

請先停下來，檢視現狀，避免這種情緒不斷往下墜。回答這兩個問題，看看你是如何對待自己：（一）當你做對事情，有沒有花時間認可自己的貢獻，並慶祝這個成就？（二）當你犯錯或做了愚蠢的事情，會花多長時間責怪自己？

我在世界各地問過這兩個問題，大多數人表示，慶祝成就的時間從三十秒到二十四小時不等，反過來卻會花幾天、幾星期、幾年，有時甚至是一輩子的時間在為錯誤自責。

我曾經也是這樣的人。從有記憶以來，我就一直在嚴厲地責備自己。這讓我疲憊不堪，有時甚至讓我生病。這就是為什麼，我這麼努力思考這個主題：為了解決我個人的強迫性反思危機。在這一生中，我經常嚴厲地責怪自己，最後我才明白，除非建立一個有意識且健全的模式來實踐自我寬恕，否則我的生活毫無品質可言。以下是我成功做到的方式。

將責任與責怪分開

小時候，我非常喜歡原版的《侏羅紀公園》電影。記得七歲時第一次看到這部電影，一開場嘎嘎作響的木板箱和裡面的迅猛龍讓我目瞪口呆。那時候我心裡想的很簡單：恐龍真棒。可是，作為一個正在自責掙扎的成年人，當我再看這部電影大概第十二遍時，突然有一句以前從未注意到的電影台詞蹦出來，讓我對自己過去的看法有了不同的理解。

由已故的李察．艾登保羅（Richard Attenborough）飾演、侏儸紀公園創始人約翰．哈蒙博士對一名犯錯的員工說：「我不會責怪他人犯下的錯誤，但我會要求他們為自己的錯誤負責。」我相信這句話是原諒自己的過去，並使我們能在當下更加自信的關鍵。這句話突顯了一個必要的區別：責任與責怪的關鍵差異。

從各個角度來看，責任是有意義的。責任使我們能夠修正錯誤，努力去彌補過去的失誤。它讓我們意識到犯錯的代價，並承擔起相應的責任。透過承擔責任，我們明白有些後果是自己必須忍受和適應的。成年人擁有自己的選擇，而承擔責任和解決問題是對自己過去行為的負責，並且是一種改善現狀的方式。

然而，責怪沒有任何實質用處。事實上，無止境地責怪自己不但毫無意義，在邏輯上也不合理。

如果你能做得更好，你早就做了

想想生活中某個讓你感到後悔的瞬間，某件你始終難以原諒自己的事情。你可能已經在腦海中重演這個情景無數次，清楚知道自己應該做什麼，而不是做了什麼。這樣的反覆思考令人抓狂，讓你渴望擁有時光機，回去改變自己的選擇，做出當時沒有做的事情。

我玩過這種遊戲無數次，直到最近才意識到，我根本不可能做出不同的選擇。認為自己可以做到的想法，簡直就是科幻小說。假設你責怪自己在虐待關係中待了二十年，認為自己「虛度了人生」。你恨自己太軟弱，走不開，並不斷提醒自己這個缺點。但你忽略了一點：在那個時候，你並沒有面對離開時所需的條件。你缺乏資源，沒有現在的洞察力，或者即使有，你也沒有行動的工具。**對自己產生同理心和同情心的關鍵，也是自我寬恕的第一步，就是要意識到：任何時刻的你所做的事情，都是你當時能力範圍內的最佳選擇**。這對許多人而言似乎是奇怪的說法，或許是因為我們心中懷有一個虛構的理想，認為自己的最佳表現等同於最大努力，或在最有效率的日子裡的最佳反應。這種期望，無疑讓我們在一場永無止境的賽跑中始終落於下風。其實，這不是盡力而為的真正意義。我們在任何時刻所能做到的最佳表現，都是根據當時狀況所能做出的決定。如果不是正確的選擇，我們也能在事後原諒自己。盡力而為不一定是做得好；我們的最佳表現可能不值得讚賞。但無論好壞，當時我們所做的，已經是最佳表現了。

哲學家的自我寬恕之道

正如我在〈擺脫痛苦模式，看見更多選擇〉一章中提到的，自我不只是傲慢、膨脹的自我感。自我可能會宣稱：「我值得擁有我的財富、美貌、出色的孩子和開曼群島的加密貨幣！」但也會朝著反方向運作。如果你認為自己特別糟糕、可惡、該受譴責、不值得信任，並且因為背叛了摯友、毀掉新年假期、做了最糟糕的婚姻選擇而不配擁有快樂，那也算是自我。兩種情況都包含了過多的「我」。

我找到一個有用的哲學思考，適用於處理這兩種情況：硬性決定論（hard determinism）。（別擔心，我們也會提到軟性決定論。）這是對可觀察現實的一種詮釋，認為每個事件都是由先前的原因完全決定的，並且不可能以其他方式發生。這種觀點在美國心理學會（American Psychological Association）相當流行。他們對心理學有自己的一套定義：所有人類行為都源於特定的、有效的因果先行因素，例如生物結構或過程、環境條件或過去經驗。

換句話說，我們的童年、體型、思考習慣、成長地、在那裡學到的教訓、遭受的虐待、引導我們的導師，以及那些沒有引導我們的人等等，這些都形成了一種變數的混合，直接導致我們即將做出的決定。有些人對此感覺不舒服，因為這沒有給自由意志留下太多空間，「軟性決定論者」（soft determinists）由此而生。他們是相對於硬性決定論者的好警察，認同雖然我們所做的一切都是前一個行為的結果，但這些行為同樣可以受到人類選擇的影響，和外部力量一樣重要。無論是軟性還是硬性決定論，在自我寬恕方面都很有幫助，因為它能幫助我們放下那種自我膨脹、認為我們不值得得到寬恕的想法。

有一位名叫蘭德爾的學員，與一個自戀的老闆共事多年後來找我。這個老闆馬克對他撒謊，甚至到了病態程度，違反承諾、濫用蘭德爾的時間和善意，讓他覺得自己無法在別的地方工作，說服他相信留下來最符合利益，因為馬克會「照顧他」。更慘的是，對蘭德爾來說，兩人不只是工作關係。馬克已經成為他生活中父親般的角色，而且控制欲極強。他敬佩馬克，受到他的啟發，覺得馬克給了他父親從未給過的支持。蘭德爾的父親和他一直很疏遠且情感冷漠，從來沒有擁抱過他，從未告訴他「我愛你」，在他年幼時幾乎沒有花時間陪伴他。如今，蘭德爾有了自己的家庭，他的父親對於他的妻子和孩子也表現出相似的漠不關心。蘭德爾成年以來，一直試圖填補父親缺失的空白。

馬克出現時，蘭德爾只看到馬克給了他父親從未給過的東西。所以，當馬克沒有按時發工資，幾乎每個月都讓他索討薪水，當馬克開會遲到幾個小時、甚至根本不出席，或者馬克說某件事已經完成，但實際上沒有做到時，蘭德爾會告訴自己：「他沒有惡意。他一直在支持我。」在忍受了二十年的虐待後，蘭德爾終於來到我這裡，決定結束與馬克的不良關係，並找到另一份工作。

不幸的是，離開這個自戀的老闆後，蘭德爾因長期忍受這種情況而產生的自我厭惡感並未消失。我給了他決定論的觀點，試著讓他明白，從他出生的那一天起，骨牌效應就已經開始運行。這都要歸咎於他不慈愛的父親，以及他獨特的生活環境和基因。事實上，這一切甚至在他出生之前就已經開始了，基於種種因素，導致他父親對待自己的兒子如此冷漠。

每一個階段裡，蘭德爾在他疏遠的父親和控制欲強的老闆之間，都盡己所能運用自己所擁有的工具。當時，蘭德爾並沒有太多工具可以選擇。他擁有的，和你我一樣，是一個無法選擇的神經系統。這個神經系統在他年幼時就已無意識地建立起來，以應對和度過他當時所經歷的一切。這個神經系統將他引向了馬克。但藉助新工具，蘭德爾得以採用新的觀點，離開那份工作。當我輔導的人能夠讓人生骨牌朝向不同方向倒下時，感覺就像一個小奇蹟。體認到偏離我們的程式設計有多麼困難，對於自我寬恕相當重要。蘭德爾一直盡力而為，如今，由於他在自我成長上所做的努力，他的最佳表現比以往更好。太好了。

這是將自愛轉化為行動的方法：告訴自己，你一直都在盡力而為。**你可能有時不喜歡這樣的自己，或者努力卻不足以達到你想要的結果，但你所做的就是當下的最佳選擇**。反覆思考自己本來可以做得更好，讓自我反省變成了一種科幻劇情。在某個無限多元平行宇宙中，或許有一個版本的你做出了不同的選擇，但並沒有在這個宇宙發生。在這裡，你所做的，就是你的最佳表現，無論是好是壞。

正如作家兼神經科學家山姆．哈里斯（Sam Harris）指出，從決定論的角度來看，自我仇恨或仇恨他人都是沒有意義的。在這種觀點下，如果有人犯罪，他的所有經歷和基因都將導致犯罪的那一刻。我們可以選擇因為他的罪行而仇恨他，但同樣可以將這份仇恨，指向過去影響他行為的所有事件和基因。這個人可能需要入獄，以便與社會隔離（責任），但仇恨他（責怪）是毫無意義的。

採用這種觀點，可能會讓我們覺得好像無法控制自己的人生。如果我即將做的事情都早已預定，那怎麼可能改變任何事呢？重要的是，要記住，讓我們走到今天這一步的是舊有的模式，新的模式有新的輸入、新的思維、新的見解、新的參考點。你現在正在閱讀的本書，就是一個新的輸入。每一個新的輸入都帶來新決策的可能性，讓這些決策創造出新的現實。

不要責怪舊的自己

你用過早期的 iPhone 嗎？或者在那之前的 iPod？還記得那些小毛病嗎？時常當掉，突然關機？好像是故意要你升級的故障？等到你終於入手新機型，從精美的盒子裡拿出全新 iPhone，有沒有對著它大喊，抱怨舊 iPhone 的種種問題？當然沒有。你會因為擁有最新的手機而感到興奮，舊的 iPhone 瞬間就成為過去的事。為什麼我們不能用同樣的方式看待自己呢？

再舉一個比喻：我喜歡把人生看作是一場接力賽。在奧運會的接力賽中，有四名選手，每人跑四分之一的賽程。第一位選手手持接力棒衝刺，盡其所能跑出最好的成績。完成自己的賽段後，將接力棒傳給下一位選手，下一位選手接著出發。每位選手的任務，是在這場更大的比賽中跑好自己的那一段。

現在，假設四名選手中的第二位在比賽中跌倒，導致團隊浪費了幾秒鐘的時間。這很令人沮喪，尤其是對第三位和第四位選手來說，他們現在必須努力彌補第二位選手造成的時間損失。毫無疑問，這使得他們的比賽變得更加艱難。但——重點來了——如果聽到其他選手因為第二位選手的表現，在回家後對著鏡子大喊大叫，我們會覺得很奇怪。因為他們氣錯人了。這個錯誤不屬於他們，而是第二位選手的責任。

想像一下你的人生，如同接力賽般分成多個階段。每年當時鐘在十二月三十一日的午夜敲響時，上一年的選手將接力棒傳給全新的一位，這位選手將從元旦開始跑接下來的十二個月。或者，你也可以像我一樣想像：每天都有一位新的選手醒來，接過前一位選手的接力棒。每天，新選手的任務就是在接下來的二十四小時內全力以赴，跑出最好的一場比賽。

當然，之前的選手中有些人走了捷徑、有些人出界，有些人在過程中犯了嚴重的錯誤。他們傷害別人和自己，浪費時間，做出錯誤的決策，說一些不是真心的話，妨礙自己，錯過了勇敢的機會，不敢冒險。這些情況令人沮喪，甚至氣憤，因為他們在很多方面讓我們現在的生活變得更加困難，比如財務狀況或是感情生活。就像奧運接力賽的第二位選手，那些跌倒讓我們浪費了時間，也讓今天的比賽變得更加困難。責怪他們是可以理解的，但責怪今天的選手就毫無意義了。

每位選手都是從零開始，沒有任何責任或包袱。畢竟，我們對他們有很高的期待。我們的工作是盡可能釋放他們的能量，讓他們能夠在沒有擔憂的情況下全力以赴地比賽，直到該將接力棒傳給新的選手。今天的比賽已經夠難了，無須再背負過去的錯誤包袱，輕裝上陣吧。

這樣不是在逃避責任。今天的選手有責任修正過去的錯誤，如哈蒙博士所說，這是我們為錯誤付出的代價。我們無法逃避這個責任，因為最終，我們都是在同一場比賽中，屬於同一個團隊。如果不接受重回正軌的任務，那麼作為今天的選手，我們就是在犯錯。然而，只要今天全力以赴、有責任感，我們就應該對這一天的比賽感到自豪，不因過去的責任感到沉重。這就是責備與負責的本質與差異。

研習活動中，當我引導大家理解寬恕的概念時，他們會發現，賽跑中最艱難的部分並不是解決昨天的問題，而是結束那種與創造問題的選手不健康且壓抑的認同感。一旦這些包袱消失，我們會驚訝地發現，自己能夠迅速奔跑，即使是困難的賽程也變得愉快。

當我們站在起跑線上，已經寬恕自己並準備輕裝上陣，還有一個重要的步驟有助於擺脫自我厭惡，讓我們明白，迄今為止的人生發展其實是好的。這是一個勇敢而具創造性的過程。更重要的是，這是一個自我實現的過程。並不是說積極的故事是對的，消極的故事就是錯的，而是你自己可以決定事物的意義。這就是人類能夠塑造情感，並指引未來的特別之處。

為你擁有的食材慶祝

我不認為任何人都能成長，除非他以自己真正的樣子被愛。

——羅傑斯先生（Mr. Rogers）

一聽到美食實境秀《Chopped》的節目設定，一群廚師競爭，從相同的神祕食材籃中創作出最棒的三道菜，我就知道，這個節目抓住了自信的兩個基本要素：接納和靈活應變。

果然，在我看到的第一集裡，廚師們需要製作一道開胃菜，食材包括阿拉斯加帝王蟹、海藻乾、鹽水和手指檸檬。所有參賽者都非常喜歡其中一種食材（不用猜就知道是哪種），但他們的菜餚必須包含所有食材。限時二十分鐘內，他們必須接受現實，並快速利用手上的材料來創作。

擔心自己手上的食材，不是節目的重點，關鍵在於如何創意運用食材。廚師們根本沒有時間為自己感到可憐，幾乎在認出食材的瞬間，就必須開始設計菜餚。因為他們知道，評分標準是根據他們對困難食材獨一無二的料理方式，以及將這一切呈現在餐桌上的速度和自信。

這個節目的吸引力在於那些不知名、看似不可能、讓每位參賽者都感到困惑的食材。但正是因為廚師們用這些食材創造出驚人的料理，才讓我們想繼續看下去：看看誰能在與時間的賽跑中，將不可能變成勝利。

每個人都需要一點這種精神。人很容易認為成功或幸福都取決於我們的「食材」——外貌、智慧、家庭背景，以及擁有或缺乏的優勢——卻忘記了我們主演的這場秀，真正的重點在於我們如何利用現有資源，創造出小奇蹟。

我們經常因為專注在錯誤的事情上而失去自信，花太多時間擔心自己手上的食材不夠好。不過有這種心情也無可厚非。這樣的訊息很難錯過，有時它嚴厲而直接，有時則微妙而間接。但無論如何，這種訊息無時無刻不在。社群媒體每天都讓我們用不可能（且人為）的標準來衡量自己一百遍。因此，若有人告訴我們，不要因為外貌感到不安（「別傻了，你真的很漂亮！」）感覺就像一種心理操控。畢竟每次我們打開手機，都會面對自己顯然比不過的審美演算法。在網路上，我們可以沉浸在完美臀形的海洋裡，然後回來看看自己的身材……感覺就像一塊海藻乾。

「你的鼻子很好看！」我們告訴一位正在考慮整形手術的朋友。她越來越看不慣自己獨特的外貌資產，因為她看到的每一個完美鼻子，都和她的相反。所以，她是真的沒有安全感嗎？還是她只注意到了這些？

在接納和靈活應變方面，我們不需要對所有食材都一視同仁，甚至根本不必喜歡它們。事實上，強迫自己喜歡某個食材，只會讓人進入死胡同，還可能會過度強調那一種食材的重要性。我們得到一整籃隨機的食材，裡面有阿拉斯加帝王蟹，也有海藻乾。我們或許能學會愛上海藻乾，但我可以肯定地說：任何能用海藻乾做出驚人創意料理的廚師，都很容易讓人愛上。

你是運用食材的大藝術家

如果是出色的廚師，他們看到的不只是手指檸檬、海藻乾或胡蘿蔔，他們會看見手指檸檬的潛力：可以用各種料理方式脫穎而出，或與其他食材融合。隨著我們作為廚師的技藝越成熟，對食材的喜愛也越強烈，甚至激動。我們驕傲地展示其他人認為毫無用處、不好入菜的食材，讓這些食材反過來為我們所用。我們的靈活應變能力，即核心自信的中心，將不斷茁壯。在自我認同層面上，只要事情進展順利，並按照我們的方式發展，自信便會增加。不過，當我們與核心自信連結時，就會相信自己的靈活應變能力，讓任何事情都能運作。靈活應變需要創意。在他人眼中是阻礙的地方，我們卻能看到新的食材、一個展現機智與能力的新機會。

BJ・米勒（BJ Miller）是一位安寧療護醫師，能在站上舞台時展現出智慧與自信。任何觀看他TED講座的人，都無法否認他的魅力。他娓娓道出年少時的一場悲劇，如何成為事業與同情心的跳板。一九九〇年，他還是普林斯頓大學二年級學生。參加完派對後，他和幾個朋友出去，爬上一輛靜止的接駁火車。他一伸手，意外碰到高架電纜，結果一萬一千伏特的電流瞬間竄入體內。那一瞬造成嚴重的傷害：大面積燒傷，失去膝蓋以下的雙腿和左前臂。一個星期後，他醒來，發現自己以為的一場惡夢，其實是無法改變的現實。一切都是因為他生命中那個無法挽回的時刻，一個決定，一個錯誤。

然而，米勒說他並沒有對這起事故感到後悔，甚至那些傷害。他表示：「我從中獲得的好處太多了。在事故之前，我沒有打算走醫學這條路，如果沒有那次經歷，我不可能成為一名出色的緩和醫療醫生。這份禮物，讓我擺脫了思考未來和與他人比較的習慣，迫使我活在當下。我其實對此心懷感激。我找到了新的自信。」

經歷如此慘重的創傷後，米勒原本可能輕易放棄，認為他的人生已經結束。然而，他卻看到另一種故事，著重於這次事故帶來的收穫。這就是重新架構（reframing），把生活中不可改變的情況轉化為自己的東西，在這過程中達到一種精妙的境界。我欣賞的，不單是米勒已經明確原諒了自己，並在遭遇這場劫難後跑出難以置信的成績，更重要的是，他實際上把這次事件視為催化劑，讓人生從此朝著積極的方向發展。

重新架構的一個重要部分是：**認知到我們的某些經歷，正是因為那些希望從未發生過的事情，才得以體驗到**。人生的錯誤無法被刪除，否則我們也會失去造就今天這個人重要且珍貴的元素。你也許花幾年接受心理治療，試圖消除父母對你造成的傷害；這令人敬佩，但也應該想想，你身上某些寶貴的特質，正因為父母是這樣的人才發展出來。即使經歷了種種困難，也許你仍然從他們身上學到一些極具價值的東西，或者你在對抗自己憎惡的事物時，發展出自己的應對方式。即使沒有父母的陪伴，也可能帶來我們不敢招惹的特質。這並不是說，把生活中最糟糕的部分當作是別人需要的良藥，但就我個人而言，我不會想改變那些過去，因為我害怕失去現在最感激的事物。

如果你回到過去，抹去你的錯誤、悲劇和痛苦，肯定也會抹去你自己。你性格的豐富性、複雜性和深度，既是這些事件鍛造而成，也因為你的成就而推動。兩者缺一不可。如果拿掉了創傷，就會失去珍貴寶藏，也就是那些讓你成為你的事物。現在也是如此。你現階段面對的問題正在塑造你，讓你成為未來會為自己驕傲的人。每當你遇到問題時，問問自己：「為了解決這個問題，我需要成為什麼樣的人？」答案會立刻為問題賦予意義。

人類擁有一種獨特的超能力：創造意義，並利用這個意義來改變我們的生活。有些人說萬事皆有意義，但我覺得這種說法沒那麼有趣。在生活中試圖找出某些困難或可怕事件的意義，是被動的，創造意義則是主動的。這就是講故事。這就是重新架構的核心，也是善用你手中食材的精髓。我朋友梅爾・亞伯拉罕（Mel Abraham）幾年前被診斷出癌症，他告訴我：「我在尋找意義的第一年後意識到，意義不在過去，而是在未來。」換句話說，梅爾將用他接下來的行動來創造意義。他要成為某個人，做某件事，使這些經歷變得有意義。

現在，請你立刻做出一個決定：從現在開始到生命結束，將所有精力專注於你的靈活應變能力，而不是用你手中的食材來評價自己。**記住，每一天都有一個新的你醒來，今天的你有責任在當前的情況下做到最好**。你是不是有一些難以處理且奇特的食材？太好了！這正是你作為藝術家的展現機會。

你可能會指出，生活不是電視節目；現實生活中，有些人確實因為出生在優渥的環境而得到好處。長得好看的人更容易找到工作。下班後，他們的社交生活排得滿滿的。來自好社區的孩子、常春藤名校的子弟，暢遊在強大的人脈關係池中。這些都是真的。

這就是為什麼，唯一的法官是你。只有你知道自己必須克服什麼——難相處的父母、遭受欺負或背叛的成長時刻、不滿意的外貌或身材、成癮、破產或心理健康問題、失去摯愛，或者錯失建立理想關係的機會——只有你知道自己在面對這一切時做了什麼。

你可以因為渴望接受未來挑戰而獲得極大自信，但絕不能忘記過去在艱難環境中所展現的靈活應變能力。你不是已經用你所擁有的資源，創造了一些美好的事物嗎？想想你幾乎從零開始烹調出來的所有料理。想想你有多少成就，卻從未給自己肯定，因為你用那些對你實際生活毫不知情的人來衡量自己。

我們標準配置的古老大腦，天生被設計成要掃描地平線上的威脅，所以即使我們曾經做出最完美的餐點，也會有一種強烈的本能讓我們迅速忘記它，繼續前進。但是，當你回想起自己最具靈感的即興創作時，請記得，當時的你還不如現在那麼成熟。如今，你是更出色的廚師，更有智慧、更敏銳，甚至我敢說，更有經驗。而且，這可能是因為你一路以來學到的技能、掌握的工具和資源，讓你今天擁有比當時更優秀的技巧。

這就是為什麼，你應該意識到自己走過的路有多長，並提醒自己這段漫長旅程是培養日常自信心的一部分。我們都習慣於緊偎著山邊，仰望還有多遠的路要走，或是別人在山上已經走得多遠。很少有人會練習定期往下看，看看自己經歷了多少艱難險阻才來到這裡。

沒有人比你更了解自己的生活。無論別人是否認為你的成就令人注目，你都要肯定自己迄今為止的非凡成就。對於一個從癱瘓意外中康復的人來說，復健期間能夠在兩根平行桿上撐起自己，汗流浹背，一寸寸往前移動，都是驚人的進展。而且，就算大多數人都能輕鬆自如地行走，也並不影響那項成就的價值。我們必須培養一種覺察，去發現自己所做的事在當前環境中所發揮的巨大力量。只有我們能夠衡量的成就，才是自信的基礎，無論這些成就對別人意味著什麼。在某些方面，沒有人能衡量這些成就，反而給了我們一種優勢。利用這種優勢的唯一方法，就是學會欣賞我們達到的高度。

Happy Enough

16

「足夠幸福」就好了

不久前，我在 Instagram 上問了追蹤者一個非常直接的問題：「你對未來最大的恐懼是什麼？你最擔心什麼？」共有三千一百四十五人留言，多數人都非常坦誠分享他們的內心感受。其中一位叫丹妮的女生，她的評論特別引人注目，不只我注意到，那也是最熱門的留言，獲得了兩千兩百零二個讚和一百八十四則回覆：

> 我最大的恐懼是一輩子單身。我知道這聽起來可能很膚淺，或有些人會認為還有更糟的事……他們會說我需要先愛自己。我有，我確實很愛自己，但我也有很多愛可以分享。我喜歡戀愛！我的生活很充實，有一份很棒的工作，還有要好的朋友，每天都活得很精彩。我還會計畫獨旅。所以我的生活並沒有因為等待「那個人」而按下暫停鍵。但最讓人害怕的是，我搞不好永遠找不到「那個人」。別人愛怎麼說就怎麼說，但戀愛填補了我們心中，其他愛所無法填補的空隙。

多數留言表達了與丹妮類似的想法，「害怕老後孤獨地死去」「害怕永遠找不到對的人，單身一輩子。」但她的回應觸碰到問題核心：無論他們的生活各方面多麼順利，都無法彌補缺少伴侶所帶來的痛苦。她誠實的回應，似乎戳破了那些對付孤單的標準建議：找到人生目標、交朋友、學會享受獨處。

在《給青年詩人的信》（Letters to a Young Poet）中，萊納・瑪利亞・里爾克寫信給一位年輕人。這位年輕人的擔憂，讓他想起了幾年前的自己。里爾克建議在生活中培養獨處的美德：

> 孤獨只有一種，巨大且不易承受的……
>
> 人總是被簡單的事物吸引，並選擇最簡單的方式。但很明顯，我們必須堅持面對困難。

我敢打賭，就算是里爾克也會被丹妮的留言難倒。我彷彿能聽到她說：「我懂啦，萊納，但我已經做到了。看看我的行事曆，早就安排好一趟獨旅，週末還有大把時間用來獨自閱讀和泡澡。我現在已經準備好遇見某個人了。」

獨處固然重要，但它並不是快速見效的幸福處方，也無法解決那種只在戀情中找到的特別火花。像丹妮一樣的人想知道的是，沒有這種火花，我們真的能感到幸福嗎？

影集《王冠》（The Crown）中，有一幕令人動容的場景。瑪格麗特公主向她的姊姊、女王伊莉莎白二世一五一十地說出內心感受，那些因被禁止與畢生摯愛彼得．湯森（Peter Townsend）上尉結婚。而錯過的事情。錯過的這些，正是女王與菲利普親王多年婚姻中所擁有的幸福。這段對話有些激烈，因為正是莉莉白（她暱稱姊姊為「莉莉白」）本人，以女王的身分禁止妹妹與彼得結婚。原因是：彼得不只離過婚，還是一個被認為「高攀」的平民。

瑪格麗特說：「沒有陽光和水，作物就會枯萎，莉莉白，讓我問問你，菲利普做了多少事情？當你無法出手時，他挺身而出；當你無法堅強時，他變得強大；當你無法生氣時，他替你憤怒；當你無法果斷時，他替你決斷？你有多少次默默為他祈禱，心中感謝著他，並想著『如果沒有他，我根本做不到』？你有多少次這樣想過？彼得是我的陽光，我的水。而你剝奪了我擁有他的機會。」

有多少人像瑪格麗特公主和丹妮一樣，覺得自己生命中缺少了陽光和水？是因為失去了曾經的愛，還是從未找到屬於自己的那個人？

很多年前，我也有過這種失落感。那天我從一場夢醒來，夢裡我短暫感受到某種我希望有朝一日能找到的愛情。我平時不太會在醒來後對別人說「你一定要聽聽我做了什麼夢」，但這場看似平淡無奇的夢，卻深深留在我的心裡。

夢裡，我和一個女人站在電梯裡。我們剛剛一起逃離了某個危險的地方。當電梯慢慢停下來，我們心裡明白，不管即將面對什麼，我們都會一起面對。電梯門打開，她抓住我的手，不是害怕，而是安慰，彷彿告訴我，無論如何，我們都會沒事，因為我們擁有彼此。我感覺到自己既在保護她，也在被她保護。

雖然我從未見過她的臉，但我知道，她就是我要找的那個人。彷彿夢創造了一個空間，讓她可以成為任何人，不只是一張臉，而是一種感覺。我從未感到如此安心。不管是什麼，我都已經找到了。不只是愛，而是愛所帶來的一切，足以讓我面對世界的一切。那是一種我永遠不會放手、她也不會放開我的感覺。然後，電梯門打開，光線湧入，我醒來了。

醒來後，我心痛不已，因為剛剛那麼接近的感覺瞬間消失了。我渴望回到夢裡，回到那份確定感，和與我共享這份感覺的人在一起。我試圖重新入睡，希望能回到那個夢中，哪怕只是幾分鐘。不過，即便我再也沒有夢到那個場景，那份感覺已經深深印在心底。這個夢揭露了我生活中的空缺，並讓這個空缺變得更加明顯。

這種渴望重返夢境的感覺，反映出我們在感情生活中常常有的無力感。在生活的其他方面，我們至少可以找出一些具體方法，來達成想要的結果。想減肥，我們可以調整飲食、增加運動；想賺更多錢，我們可以儲蓄或投資。但在愛情中，無論我們多努力，仍常常得不到可預測的結果或持續性的回報。你可能一年間每星期約會四次，卻依然找不到一個你喜歡並且也喜歡你的人。即便你找到了，並且付出了愛、尊重和忠誠，也無法保證對方不會欺騙、撒謊或離開你。

面對不確定性和無力感時，許多人會感到難以忍受。因此，我們在能控制的地方努力掌控，如工作狂、健身成癮、飲食成癮、酗酒，甚至在友誼和家庭關係中尋找掌控感。有時候，我們乾脆拒絕戀愛，這樣愛情就無法再拒絕我們。然而，想要被看見、被接受和被愛的渴望卻不會輕易消失。撰文當下，我們開始聽到關於ＡＩ虛擬情人的消息，人們開始轉向軟體來創造理想伴侶，這提醒我們，建立情感連結的需求很普遍。人會不惜一切代價來滿足這種需求。

ＡＩ能提供什麼正常愛情所沒有的？答案是控制。ＡＩ虛擬情人不會離開或背叛你，保證在你需要的時候隨時陪伴，願意傾聽並產生共鳴（尤其是如果它的共感能力由臨床心理師設計）。ＡＩ虛擬情人能讓那些因年齡、殘疾、生病、離婚或生活變化，而感覺自己被忽視的人，找到一個被看見的地方。

選擇放棄與真實的人約會，轉而追求里爾克所謂「最簡單的方式」，這樣做該受到譴責嗎？無論是完全放棄戀愛、找尋AI虛擬情人、只透過交友應用程式的螢幕約會，或者只和一個看起來不會有結果的玩咖消磨時間——這些慰藉雖然各有缺陷，卻比什麼都沒有來得好。不過，「什麼都沒有」往往是唯一的選項。當期待的更佳選擇遲遲不來，我們應該維持高標準等待多久？

我在講台上或網路上奉勸別人甩掉那個沒辦法滿足自己需求的對象，經常感覺好像在剝奪他們唯一的慰藉、唯一能讓他們撐下去的東西。然後，我想起以前不知道見過多少這樣的情況，最後那些人的處境比一開始還慘。就像吸毒者，起初是為了追求快感，後來卻得依賴毒品來避免痛苦，結果只能面對成癮和戒斷的折磨。

但是，像戀愛這樣攸關幸福的東西缺失時，我們該如何繼續生活？答案是，學會「足夠幸福」（happy enough）。

我喜歡足夠幸福，這幾年來，一直很喜歡這樣的狀態。有人可能會認為，這種狀態不過是「將就」的另一種說法，一種逃避渴望的方式。對我來說，足夠幸福不只是面對生活中必然的失望和損失的重要方式，還讓我感到深層的平靜，使我更敢於冒險、更投入，並獲得更好的結果。

足夠幸福始於我們徹底接受當下的自己，然後得出結論：即使一切都不再改變，我們其實也會沒事。並不是說我們沒有想追求的東西；我們不再從匱乏的心態出發，而是從平靜的心境開始。這個當下，這樣就已經足夠了。

年輕的我，因為A型性格，可能會把這種想法當成輸家的心態，但我越是獲得成功，就越發現身邊很多人似乎都抱持「永遠不夠」的想法。這些人不斷折磨自己，甚至讓家人也跟著受苦。我認為這種狀態就是「生病」。每當我看到一個人停不下來，我會想：「糟了，他得了這種病。」每當我發現自己不斷追求下一個目標，我也會提醒自己：「喔，馬修現在也病了。」

足夠幸福並非願意接受更少，而是一種建立於感恩和接納基礎的哲學。**這個當下，這樣的生活、這樣的身體、這樣的心智，已經足夠讓我感到幸福**。我或許會選擇追求更多，因為更多可能會帶來樂趣、舒適、新體驗或新的情感連結，但我不是從匱乏的心態出發，而是從平靜的心境中去追求更多。很神奇，這樣的想法讓你能夠嘗試更多，因為突然間，你沒有什麼好失去的。如果我們想要的沒有實現，並不會因此失去幸福。聽到「沒什麼好失去的」，我們常常往消極的方面想，就像一無所有的人。但當我們足夠幸福，就沒什麼好失去的。我們能夠看到當下的生活，認為這樣便已足矣。

從這個角度，我們可以覺得擁有一段感情很美好，可以對這個可能性感到興奮，甚至可以承認，擁有合適的關係可能會讓我們比現在更幸福。但是，沒有的話，也不會妨礙我們享受現在的生活，並感到足夠幸福。這才是真正的力量。這種力量不是來自防禦或憤世嫉俗的心理，而是掌握自己幸福的主導性，與我們對生活的好奇和無限可能性的開放態度共存。

足夠幸福是標準的基礎。當我們足夠幸福，就可以心平氣和拒絕不好的對待、不尊重的行為，或者與我們生活文化格格不入的舉止。我們可以拒絕那些意圖不同的人，無論是否有別人能替代他們。就像是把一艘船放進湖裡，水會暫時改變形狀，騰出空間，但船被移走，水面會回到原來的狀態。沒有任何空缺需要填補。

足夠幸福不需要替代選項來說「不」，因為拒絕並不會留下空缺。**生活本身就已經足夠，所以任何受邀進入我們生活的人或事，必須讓生活變得更好，否則就會被拋下**。不快樂的人會接受讓他們不快樂的人，因為他們認為如果沒有這些人，自己或生活就毫無價值。足夠幸福的人，能夠客觀評估某件事是否值得他們花時間，而不是像囚犯一樣感覺別無選擇。足夠幸福賦予我們說「不」的自由。

但被痛苦和折磨壓垮時，怎樣才能達到足夠幸福呢？可能是一次撕心裂肺的痛苦、悲慘的生活境遇，或是深深的、持續不斷的孤獨感。為情所困的我們，無法想像足夠幸福的概念。

管理疼痛

前面分享過我與慢性疼痛抗爭的心情。我很少在公開場合談論情況有多慘，擔心自己隨時可能崩潰，所以總是私下面對這種痛苦。如先前所說，這就是我開始接受心理治療的原因，不是想要什麼成長，而是迫切避免被痛苦淹沒的求生本能。我感覺自己與生活脫軌，無法和任何人或任何事產生連結。從外表看來，一切似乎還算正常，事實上我早已陷入困境。我開始明白，那些生活在無止境痛苦和絕望中的人，為何會將死亡視為一種解脫。

某天早上在治療的過程中，我脫口而出：「我已經決定只為別人而活，因為我再也無法從自己的生活中找到任何快樂。我腦中只剩下疼痛。」這是我人生中說過最悲觀的話。諮商心理師對我說：「馬修，這就是典型的憂鬱症。」也許我的憂鬱是環境造成，由身體上的慢性疼痛所引發，但其實沒什麼區別，因為它在心理和情緒層面的影響完全相同。

「疼痛，」他解釋：「會讓人集中注意力。特別當疼痛位置在頭部的時候，因為它感覺離我們非常近。」他用「集中注意力」這個詞，真的非常貼切。疼痛就像黑洞一般，吞噬了我生活的全景。雖然說實話，我不覺得頭痛比心痛更讓人無法忽視。我花了很多年才理解這一點。但這些疼痛，確實教會了我一個重要的課題。透過與疼痛的抗爭，我學會如何在困境中感到足夠幸福。即使是在最難熬的時刻，足夠幸福也能讓困難變得稍微容易一些。

疼痛工具箱

接下來要介紹的每一個工具，都是基於我從疼痛中學到的重要見解：關於疼痛，最痛苦的並不是疼痛本身，而是我們與疼痛的關係。所以，首先來談談我與痛苦的關係。

我與疼痛的關係是有害的。每當頭痛和耳鳴，我不只感受到身體上的不適，這種感覺還會引發一連串災難性思考，最後總是以某種「我完了」的形式結束。以下是我落入負面思考的典型過程：

- 由於這種疼痛，你再也無法享受生活。你永遠回不去熱愛的生活了。
- 一旦女人發現你有這個弱點，就沒有人會想要你，因為這讓你看起來可憐、不健康、毫無吸引力。女人喜歡強壯、有能力的男人，而不是那種脆弱、不堪一擊、隨時可能倒下的人。疼痛奪走了你曾經令人嚮往的自信。

- 你還能期望什麼呢？一切都是你自找的。你沒有好好照顧自己，總是讓自己陷入壓力和焦慮，結果現在你壞掉了，無法修復，這一切只能怪你自己。
- 你再也無法實現那些曾經想要達成的偉大目標，因為疼痛將會主宰你的生活。如果無法實現那些目標，你就會變得毫無價值。

還有更糟的，但你大概懂我的意思了。

請注意，這裡完全沒有任何自我同情。在我最需要朋友的時候，我卻把自己變成了敵人。我的日常生活很快就因此充滿深深的羞愧感。我與疼痛的關係、這種自我責備的惡性循環，就像一個放大器，讓疼痛變得加倍痛苦。在接下來的篇幅中，你會看到我在這段旅程學到的工具，它們改變了我與疼痛的關係，並且讓我能夠找到足夠幸福。事實上，我現在已經足夠幸福，甚至可以把這一切說給你聽，這是我迷失於痛苦之中時所辨不到的。足夠幸福，讓我們再次有能力改變自己的生活。

我相信這些工具對你也會有幫助。我並不是發明它們的人，但我從許多不同的來源學習，並將這些經驗整合，創造出一套相當完整的疼痛工具箱，每天運用在自己的生活中。

別把事情搞得太嚴重

身體症狀最嚴重的時候，我跟一位導師談過。我告訴她，吃某些食物或喝酒似乎會讓症狀加重。我只要喝一口酒，馬上就會感到疼痛、頭暈，耳鳴也變得更大聲。我從來不是個酒鬼，但我非常喜歡美食，一杯紅酒或雞尾酒，能讓我聯想到一些美好回憶，如旅行和冒險。我當時情緒低落，用沮喪到不行的語氣表示，因為我的症狀，我再也無法享受這些東西了。她對我說的話，我至今難以忘懷：「聽著，我們根本不知道你一年後會怎麼樣，更不用說五年後了，所以別再用『我再也無法做這件事』這種想法困住自己，因為誰知道會不會真的那樣。現在只要專注於『當下什麼對我最好』就行了。有些東西似乎會引起疼痛，那就暫時不要碰，等到情況好轉。」

她要我「別把事情搞得太嚴重」，其實是叫我停止災難性思考。這種思考比我當晚無法喝一杯墨西哥辣椒瑪格麗特還叫人痛苦。感情生活也是，當我們感到孤單，腦海裡往往會將事情嚴重化（「我會孤獨終老！」）這種想法才會把我們推向恐慌和憂鬱。所以，別把事情搞得太嚴重！

一切都會變

導師建議我「別把事情搞得太嚴重」，道理很簡單：你無法預知自己一年後會有什麼感受，或生活會有怎樣的變化。疼痛，和人生中的其他事情一樣，都會改變。有時，疼痛會減輕，甚至完全消失；有時，疼痛依然存在，但不會像以前那樣影響我們，因為我們學會了與之和平共處，用不同的方式去管理它。到了某個階段，這兩者之間還有區別嗎？不要根據你此刻的感受，判斷未來的一切。萬物都在變化，而且是一直不斷地改變。下次你要根據當下情況為整個未來編寫劇本時，請記住，你唯一的任務就是管理好今天的狀況，盡力而為，同時對未來抱持充滿無限可能的開放心態。

臣服

艾克哈特．托勒曾說：「接受無法接受的，這就是世上最偉大的恩典來源。」雖然未來可能會有驚喜，但坐著期待和等待驚喜出現，是很爛的主意。唯一的生活方式，就是適應當前的環境。我曾經每天醒來都在期待自己的症狀會有所改變，後來發現這樣的期待多麼適得其反。這並不表示我放棄尋找減輕症狀的方法。我嘗試了太多次，每次失敗都會極度失落，甚至連希望本身也開始變得有腐蝕性。為了對抗這種悲觀和絕望，我學會告訴自己：「也許幾年後我的症狀會消失，但目前症狀還在，而生命太短暫，我不能因為這些症狀，錯過享受生活的機會。」所以我接受這些症狀，並學習如何在它們存在的情況下，讓生活過得更好。

這種接受的態度，立刻減輕了痛苦對我的束縛。我不再與之對抗。希臘神話裡有一個關於建立特洛伊城的王子伊洛斯（Ilus）的故事。他犯了一個錯誤，不小心看到諸神送來的聖物，雙眼立刻瞎掉。史蒂芬．佛萊（Stephen Fry）重述這個故事時，寫道：「伊洛斯夠聰明，了解奧林帕斯諸神的行事方式，所以沒有驚慌失措。他跪下來，向天祈禱感謝。經過一個星期的虔誠祈禱，他的視力終於恢復。」

也許有人認為這個故事講述了不切實際的奇蹟，沒什麼值得學習的，但我從中看到了人生最重要的一課。對我而言，伊洛斯王子象徵著那個即使視力無法恢復，卻依然感到足夠幸福的人。也許他本能地知道，這段新經歷將為他帶來寶貴的啟示，因此滿懷感恩。他在劫難中找到感謝的理由，而他的這種態度，便是一種恩典，讓他的視力恢復。但這並不是故事最有趣的部分。真正重要的是，他透過感恩和臣服的角度，看清楚自己的現實處境。

臣服不一定能改變我們的處境，但確實改變了我們對處境的看法。伊洛斯王子的心境，遠比他生活的外在環境更為重要。透過臣服，我們改變了看待生活本身的視角，接受當下的現實，甚至願意走別人抗拒的道路。這樣一來，我們與當下的處境就建立了一種全新的關係，不再像過去那麼痛苦。這種接受並不消極，反而是需要決心的有意識行動。臣服就像是：讓我與現狀和解，然後盡我所能讓現狀變得更好。當我們說出「事情就是這樣，不會是別的樣子」時，便能自由地問：「我如何在這種情況下做得更好？」當我們不再與現狀對抗，就可以釋放出能量，去探索其中隱藏的益處。

選擇你的痛苦

我記得心理學家蓋．溫奇跟我講過一個關於老鼠的實驗，內容大概是這樣：老鼠A可以自由選擇要不要在輪子上跑，老鼠B則被限制在與老鼠A的輪子連接的輪子上。每當老鼠A選擇跑動，老鼠B就不得不一起跑。事後發現，老鼠A展現出運動帶來的正面效果——減少壓力、提升血清素；老鼠B則顯示出壓力荷爾蒙皮質醇明顯增加。兩隻老鼠做的運動量相同，為什麼一隻老鼠得到正面的神經反應，另一隻卻得到負面的？答案是，老鼠A是自願的，老鼠B則否。

我們選擇的痛苦會帶來益處，停留在受害者心態的痛苦則會傷害我們。這給了一個線索，告訴我們如何重新定義自己與痛苦的關係。我們可以不僅是接受痛苦，還能選擇自己的痛苦。

我們或許沒有選擇單身、心碎或孤單，但可以假裝是自己選擇這些狀況，藉此從中找出它帶來的獨特益處。這是一種「事後選擇」的方式，能將我們從老鼠B轉變成老鼠A。我們會因為生活強迫我們經歷的這段「運動」而心懷感激。我開始了解到，學會管理自己與身體疼痛的關係，其實已經為管理我與生活的關係建立了一個模式，可以適用於生活和未來的各個層面。如果我一開始就能輕易消除痛苦，根本無法獲得這樣的成就。這個經驗成為我數一數二的珍貴資產。

想像你收到一張菜單，上面列出了各種會帶來痛苦的生活情境。每一道困境旁邊都有份清單，指出透過這些情境，你可以獲得的寶藏與好處。現在，想像你在菜單上看到那個帶來巨大痛苦的情境。你再看向旁邊的欄位，看到這些痛苦為你帶來的所有好處：它讓你變得更堅強、更有趣、更有能力、更有韌性、更有同理心，也讓你對其他挑戰做好更萬全的準備。接著，想像這些好處已經屬於你，而且在這個情境中還有更多好處等著你發現。雖然你可能一開始並沒有選擇這個情境，但既然你身處其中，試著想像自己事後從菜單中選擇了它，因為它帶來了那些獨一無二的好處，都是你無法以其他方式獲得的寶貴成果。

人其實經常從生活中的「菜單」選擇痛苦：攀登高山、去健身房鍛鍊、努力創業，甚至選擇寫一本書。這些選擇看似比我們在現實生活所經歷的痛苦更容易看出好處，但事實並非如此。我們主動承擔的痛苦所帶來的好處，並不一定比生活環境所造成的痛苦更有價值。從我的角度來看，不得不說，從那些我一開始並未選擇的痛苦中所獲得的價值，遠遠大過我主動選擇的痛苦所帶來的成果。

選擇從獨特益處的角度來看待自己的困境時，我們也就重新書寫了痛苦的故事與意義，並藉此將自己從老鼠B變成了老鼠A。

留意痛苦的變化

某些日子或某幾個小時，你的孤獨感可能會達到十分，有些時候只有三分。兩者的差別比想像的大多了。我感受到十分的痛苦時，很容易失去客觀判斷。在痛苦最強烈的時候，往往會忘記那些感覺良好的時刻。這種短暫的盲目，使我們無法看清當下的極度痛苦只是暫時的。過度重視那些糟糕的時刻，會導致災難性思考，接著陷入絕望。

提供一個建議：有時你會感覺稍微好一些，有時會好很多，記錄這些變化很重要。這個紀錄可以提醒你，在最糟糕的時候，你的感受並不是最終事實，情況是可能好轉的。同時，它也幫助你了解，哪些行為讓你在最糟糕的時候感覺好一點。知道如何把痛苦從十減少到七，或從七減少到四，你的生活會有所改變。一旦掌握了幾個這樣的公式，就能夠重複取得相同的效果。

我曾經一天到晚都在想我的疼痛。後來我開始注意到，有時我可以連續十分鐘都不去想它。對於不為疼痛所苦的人來說，這不算什麼，但對我這種經歷長期疼痛的人來說，卻是一大壯舉。這讓我知道，其實有時候我是可以不去想它的。如果我能做到十分鐘，那我當然可以做到二十分鐘，甚至一個小時！一旦達到一小時，目標就變得簡單：多創造這樣的時刻。處於失戀痛苦中的你，心中那個人總是揮之不去，但有一天，你會發現自己可以有一個小時不去想到他。意識到這一點，就像是看見希望，能幫助你專注於創造更多這樣的時刻。至少，下次陷入絕望時，你會記得自己可以有一個小時完全不會想起那個人。這個想法本身就足以讓你感受到光明，深呼吸，讓自己冷靜下來。

練習自我同情

你已經感覺夠糟了，為什麼還要用那些說法，讓自己更加痛苦呢？像是「這都是我的錯」「我真是個笨蛋，怎麼會讓自己陷入這種情況」「我活該受到這樣的對待」或「沒人要我，因為我毫無價值」？這就是我們需要練習自我同情的時候，在前一章關於核心自信的內容中也有提到。

自我同情，就是對自己說：「我感覺不好／難過／受傷／孤單／疼痛。光是有這種感受就已經很糟糕了，今天我應該好好照顧自己，讓自己感覺好一點。」在疼痛發作最嚴重的時候，我常常覺得自己無法完成任何事情，我會因為那天沒有生產力而折磨自己，然後又因為自己有這種疼痛疾病而感到羞愧，努力找理由責怪自己，認為痛苦都是自己造成的。這些思緒疊加起來，釋出讓人喘不過氣的訊息：「你今天什麼事都做不了。你的人生會被甩在後頭，一切都是你的錯。」

我必須學會用完全不同的方式跟自己對話，放下圍繞這種痛苦編造的所有末日故事，把痛苦看作那一天的事實：這種痛苦確實讓馬修感覺很糟。我花了一段時間才學會新的自我獨白，像這樣：「今天馬修很痛苦。對馬修來說真的很難受，尤其是他還有很多事情要處理。今天能怎麼幫助馬修呢？我可以找更多時間讓他休息嗎？能不能找其他人幫忙分擔他的工作？或許我可以給他一些放鬆的空間，讓他今天暫時延後或甚至不做某些事，讓他好好充分休息，這樣下星期才有機會去做到更好。」又或者：「今天不會真的什麼事都做不成，也許只要一點鼓勵和溫柔，我們還是可以完成一些重要的事情，只是小事也行。」

這就是自我同情的實際表現。下次你感到孤單，可以對自己說：「感到孤單是一件不好受的事情，所以我為×××（放入你的名字）感到難過，因為她／他今天覺得很孤單。她／他真的很難過。我能怎麼幫助×××感覺好一點呢？她／他需要什麼才能讓明天過得好一點？我現在該如何支持×××度過這種感受？」把自己當成一位朋友，幫助她／他走出痛苦。重複自己的名字幾次，有助於獲得足夠的視野，更客觀地看待自己。

如果現在有隻蜜蜂突然叮你，雖然會痛，但你不會對這種痛賦予任何特別的意義。只是一種疼痛的感覺，沒有其他涵義。孤獨之類的情緒痛苦，也只是另一種感覺。如果我們拋開所有羞辱和責怪自己的敘述方式，就可以更單純地看待身體上難受的感覺。這樣小小的調整，讓我們更容易實踐自我同情，有助於走出或遠離這種感受。

調整期望

自我同情有個關鍵：願意根據當前情況調整對自己的期望。在艱難的時候，這一點尤其重要。身為一個會強迫自己設定目標的人，我必須學會的重大課題之一，就是與那些在艱難日子裡無法完成的事情達成和解。我必須開始考慮到那些不好過的日子，適時降低對自己的要求。有時候，我需要放慢腳步；有時候，我需要少做點事；而有些日子，我需要什麼都不做。

如果我們總是將自己的表現與他人所做的事情比較（不論他們是否面對相同的挑戰），就會很難調整期望。就算比較的對象是過去的自己，調整期望也一樣很困難；以前我們並未經歷現在的痛苦，或者當時的責任較少。

忘掉別人正在做的事情，忘掉你以前做得到的事情。進步的意義因情況而異。對於重度憂鬱的人來說，早上能從床上起來就是了不起的舉動。我們必須決定對我們來說怎樣才是美好的一天，並停止擔心自己的生活是否與別人一樣。

保持適當的視野

山姆．哈里斯說過：「如果你認為事情不會變得更糟，那只是因為你缺乏想像力。」你今天的生活狀況與可能發生的糟糕情況相比，或許已經很理想，因為還有許多可能會出錯的事情沒有發生。如果你目前沒有面對生活中的重大挑戰，那也不表示你在其他方面不會遇到同樣棘手、甚至更糟的問題。每個人都有自己的難關。有多少看似婚姻美滿的伴侶正在準備離婚？有多少人遭遇了改變人生的意外，迫使他們學會以全新的方式與自己的身體相處？又有多少年輕人罹患疾病，不像你還有時間去尋找一段感情？

生活總會有不確定性，也總會有新的痛苦，你必須學會與之共存。不要把這些困難看得太認真。即使在你感到痛苦的時刻，也不代表你有什麼問題。我們的痛苦並不獨特，它只是我們需要解開的特殊魔術方塊。擁有它，掌握它，看看你能從中學到什麼，它將成為你未來的跳板，讓你能夠成為自己引以為傲的人。

說來諷刺，我寫到這部分時，身體症狀恰巧特別嚴重。這是我很熟悉的感覺。右眼後面有緊繃感，耳朵裡的脈動伴隨著比平常更大的嗡嗡聲，整個右側頭部感到壓迫，難以集中注意力。我不確定為什麼今天早上的情況比較差。任何有慢性疼痛的人都知道，引發症狀的因素很多。如果我快要感冒，最先出現症狀的通常是頭部和耳朵，就像是暴風預警系統。也許我在不知不覺中承受著過大的壓力，我的頭部和耳朵正在發出警告。這個季節我也可能會過敏，這是另一種誘因。我不知道為什麼今天的疼痛指數會升到八分，而不是可以輕鬆應對的二或三分。不過某種程度來說，那都已經不重要了。因為我學會如何在八分的情況下感到足夠幸福，正是使用我在這一章提到的工具。

過去像這樣的時刻，我會變得意志消沉，甚至驚慌失措。那些念頭又湧上心頭：「我永遠克服不了。疼痛會糾纏我一輩子。我以為我已經好轉了，結果痛苦又回來了。沒救了。我做不到。」其中，「我做不到」這句話最危險，因為它代表意志完全崩潰，徹底投降。以前，這會讓我放棄當天需要做的所有事情，蜷縮回床上，陷入情緒的深淵。我看不到出路。雖然爬回床上不一定是壞事，有時正是需要休息，但幸虧有我提到的那些工具，現在我會用不同反應面對疼痛。

首先，我會把疼痛當作一種獨立的感覺，不去賦予它任何直接意義。我不會因為疼痛感到羞愧或自責。不管怎樣，即使我做了什麼而引起疼痛，那個做出這些事情的我也只是過去的跑者，並不是今天醒來的馬修。我不會開始把疼痛誇大到「今天所有事情都無法應對」，只是陳述事實：馬修感到疼痛。就這樣。

接著，我會保持冷靜。冷靜，是因為我以前經歷過這種情況，並且走出來了。我知道疼痛會有波動，有好日子和壞日子，有好時段和壞時段，所以它不會永遠維持在八分。曾經，在我頭痛之前，光是耳朵裡的嗡嗡聲就足以讓我陷入恐慌，隨後進入麻木的憂鬱黑洞。現在我幾乎不會特別想到它。有時，我甚至有點享受嗡嗡聲——是不是很怪？晚上我多半會吹著風扇，或者播某種白噪音，但有時在路上就沒辦法使用這些東西。夜晚躺在床上，耳朵裡的嗡嗡聲在安靜的房間裡顯得特別靠近，坐在那裡聽著，竟然感覺有點溫馨，就像一位教會了我許多的老朋友。我會說：「啊，你來了，老朋友。拉把椅子，來我旁邊坐坐。」

我已經非常熟悉自己的症狀。我們一起經歷了這麼多。它們是我的老師，讓我成為更好的教練和領導者。這些經歷持續教會我同理心，也讓我更了解那些生活更煎熬的人。我從這位老朋友身上學到許多我最珍視的東西，對此心存感激。

然後在這個狀態下，我開始做一些可能有幫助的事情。你最近幾天有運動嗎？沒有，這就是問題的一部分，傻瓜。你有好好吃飯嗎？沒有，好，那我們今天來吃些健康的食物吧。你因為這本書產生很多壓力和焦慮嗎？對，好吧，這只是一本書，別把它看得太嚴重。最重要的是，我會評估自己目前生活的狀態。我是不是一直緊握著拳頭？如果是，我就鬆開手。我告訴自己，今天能做到哪就做到哪，做不到的就算了。這就是我現在能做到的最好表現了。

最後，我會對自己說聲感謝。

謝謝你，馬修，過去七年來，即使感覺非常不適，你依然走到了今天。謝謝你在困難的日子裡，每天都能起床。謝謝你在各方面幫助他人和家人。謝謝你選擇從這段經歷中成長。謝謝你從未放棄的每一刻。謝謝你在學會與這些痛苦共處時展現的堅強品格。謝謝你在意識到這段時間是學會接受而不是抗拒的過程中，所展現出的靈活性。謝謝你，馬修，我的朋友。感謝你在這段期間照顧我們，盡你所能不讓我們的生活崩潰，並且利用這段經歷成為一個更加豐富的人，擁有比以往更多的能力去付出。

我不喜歡公開談論我的疼痛，其中一個原因是別人會急著提供解決方案。他們巴不得替你想方法，讓你的痛苦消失。但他們沒有意識到的是，我已經成功管理與痛苦的關係，這就是我不需要他們幫忙找解決方案的原因。

我希望你能從中了解到，不管是心碎或渴望伴侶所帶來的慢性疼痛，不僅可以管理，還能成為啟發你的老師之一，是力量和感激的兩大來源。這就是痛苦的真相。你的任務是去理解。如果需要幫助，這裡有一些關於尋找愛情時的痛苦真相，可以幫助你入門。

- **真相**：談戀愛也不保證會帶來幸福。有些人在大家面前看起來很幸福，私下卻很痛苦。擁有關係，不等於擁有幸福。
- **真相**：即使是讓你感到幸福的關係，也不能保證你不會再次感到孤獨。我們可能找到一直尋覓的人，生活卻把他從我們身邊帶走。通往親密關係的道路不是直線。唯一能陪伴我們走到生命盡頭的關係，就是與自己的關係。
- **真相**：你已經從這種痛苦中學到了許多。你必須變得更堅強，學會如何充分體驗孤獨，學會如何自我安慰，在沒有戀情的時候，建立更深厚的友誼。你必須照顧好自己。如果你還沒有做到這些，那麼痛苦已經帶你到了可以起步的地方，就從讀這本書開始。如果沒有痛苦，你根本不會踏上這段旅程。
- **真相**：你對於其他經歷這種痛苦的人有了全然不同的同理心。因此，你現在可以表現出別人可能沒有的敏感和同情心。你能夠與正在受苦的人建立情感連結，並且真正幫助到他們。
- **真相**：你正在學習無論有沒有戀情都能感到足夠幸福，這讓你擁有了一種無敵的心境。這就是核心自信的本質：無論自我認同如何變化，你都知道自己會感到足夠幸福。如果錯的人出現，你會有能力對他說不。遇到值得期待的人時，你會活在當下，真正享受這段關係，而不是整天擔心他有一天可能離開，並帶走你的幸福。只有當你感到足夠幸福，才能真正享受你所擁有的感情。

- **真相**：你現在的生活很棒，有許多值得感恩的事物，包括那些你沒有因為發生可怕事件而抱怨的情況。一切都是額外的收穫。

足夠幸福，讓你更具吸引力

透過前述的工具和真相，你可以為自己的人生創造出完全不同的視角。這不僅會讓你更愛自己的生活，還會改變別人對你的看法。慢性疼痛，無論是情感上還是身體上，會使我們的大腦產生消極、焦慮、恐慌、怨恨、壓力和絕望等情緒。這些情緒狀態會造成雙重負面影響：帶來負面的生活體驗，使我們更難吸引到想要的伴侶。當我們不斷哀悼生活中得不到的東西，因無法改變的事情而感到焦慮或恐慌，或者完全專注於控制自己的痛苦時，就會散發出一股讓人退避三舍的能量。

這使得我們更難找到想要的東西。不得不面對這些事情，不是我們的錯：我們無法選擇自己的外貌、基因、環境，或是父母傳下來的關係模式，甚至也無法選擇遭受伴侶傷害的經歷。我們持續遭受痛苦的折磨時，往往會更難吸引到別人的關注和興趣。這樣的循環，只會引發巨大的怨恨和苦澀。

這就是為什麼，人常常會陷入惡性循環。這是可以理解的，因為生活本來就不容易。選擇創造並嘗試用這些困難食材做出絕佳料理，需要勇氣，對於那些勇於挑戰的人，生命會給予特別的獎勵。我們能掌控的事情不多，但有一樣東西可以控制：我們的能量。能量，正是我們吸引他人的最大資產。讓自己對現狀感到幸福，並善用當下的情境，是吸引他人最強大且美好的方式。

這些工具會幫助我們與痛苦建立一種可以掌控、甚至積極的關係。一旦達到這個狀態，就能像所有偉大的人一樣，創造出奇蹟。

別等待魔法，去創造它

多數人一生都在追尋魔法。這些人追求夢想的職業、夢想的伴侶、夢想的房子和夢想的國度。無論他們想像什麼，似乎都能帶來他們所尋找的魔法，於是便不斷追逐。

十三歲的時候，父母第一次帶我去美國。像許多存夠錢去美國旅遊的英國人一樣，我們去了佛羅里達州的奧蘭多。目的地：環球影城和迪士尼世界。

如果你比當時的我更成熟，或許會覺得這些大型主題公園既俗氣又商業化，但對我來說，那是難忘的時光。登上返回英國的班機時，我感覺非常沮喪，心中暗自發誓一定要再回去。

這個願望沒有隨著我長大而改變。在那裡，我覺得內心的某些東西甦醒了。在那一切人工、精心打造的夢幻場景中，從工作人員（迪士尼稱他們為「演員」）向我打招呼的方式，到將我帶進全新世界的精緻布景設計，我找到某種與內心深處產生共鳴的魔法。我記得造訪環球影城的萬聖節驚魂夜，驚嘆於他們為打造身歷其境的鬼屋所投入的心力，滿街都是裝扮成惡魔和瘋狂小丑的演員，隨時從各個角落跳出來嚇人。

我們真的算是最奇怪的物種。

我深受感染。許多旅客顯然也是如此，即使家附近就有主題公園可以去，仍然專程遠渡重洋來到這裡。不過，雖然其他主題公園也有遊樂設施，但這兩個地方卻創造出屬於自己的獨特世界。透過講述精彩的故事，以及對每一個小細節的極致講究，營造出一個完整且沉浸式的體驗，這是你在其他地方無法感受到的。瑪雅・安吉羅（Maya Angelou，後來為迪士尼總統大廳錄製旁白）說得對：「人們會忘記你說過什麼，忘記你做過什麼，但永遠不會忘記你讓他們感受到什麼。」

我懷念那個捨不得離開的小男孩。不只是因為我更喜歡在陽光明媚的主題樂園裡遊玩，不想回到潮濕陰鬱的英國上學，更是因為內心深處的某個部分活了過來。我感受到一種不想失去的情感連結與興奮感。為什麼生活不能一直這樣呢？

魔法在那些地方生根發芽。當飛機起飛，佛羅里達州從我座位旁邊的窗戶逐漸消失，我傷心欲絕地回到自己的世界。多少人曾經有過這樣的感覺：失去一段感情，生命中的魔法也隨之消失？又有多少人在一次美好的約會後，為了挽回那份魔法而竭盡所能，卻發現對方並不在乎？

我們都曾掉入尋找魔法的陷阱。但在某個時刻，我們必須從魔法尋找者轉變成魔法創造者。我們需要改變焦點，從向外界尋找魔法，變成魔法本身的源泉。當我們創造魔法，就會成為別人生活中的魔法，因為他們在我們身邊、在我們的世界中可以感受到那種魔法般的情感。

創造魔法的方法很多：把糟糕的情況轉化為美好的意義，就像優秀的廚師處理困難的食材；幫助身陷困境的人發掘潛力，將困境變成美好的事情；我們不再模仿他人的魅力、自信或吸引力，而是開始探索、創造自己的特色；向世界表達自己的熱情；出於愛而創作的產物，不論是一本書、一件藝術品、家裡的一個房間、一段美好的友誼，或是替孩子們搭建的沙發堡壘；發現他人的特別之處，並告訴他們；對人展露笑顏或逗他們開懷大笑……這些都是創造魔法的方式。

成為魔法創造者的最佳方式之一，就是擁有慷慨的精神。我們透過簡訊或電話聯絡某人，認可他們的努力，注意到他們的特別之處，或鼓勵他們的潛力，讓他們知道，在這個快速變動的世界中，仍然有人真正看見他們，見證他們的旅程。如果你讓別人變得比遇見你之前更好，你就是這個世界的魔法源泉。這與討好他人不同；討好心態是源於恐懼，而這是從豐盛中付出愛。付出愛的同時，我們也被愛充滿。此時，我們不再尋找愛，因為我們就是愛。

我知道有些人永遠不會滿足。我認識一些人，只要有更好的選擇，就永遠不會對所住的飯店感到滿意；只要更好看的人走進房間，就永遠不會對目前的伴侶感到滿意；只要有更多錢可以賺，就永遠不會對自己擁有的財富感到滿意。這些人就是我之前提到的「永不滿足」類型。但是，讓自己感到足夠幸福的方法，就是對所擁有的感到滿意。

我表弟比利是這方面的高手。讓我來說說那頂帽子的故事，這也是他逢人就講的事情。他買了一頂「Kwik-E-Mart」帽子，就是《辛普森家庭》中那家便利商店的名稱。比利總是戴著這頂帽子。說到這頂帽子，他毫不掩飾自己的感受——「無論我去哪裡，小馬，都找不到比這頂更好的帽子了。這頂帽子太棒了。」——認識比利的朋友都知道，他是一位魔法創造者。我前陣子去馬德里參加他的單身派對。他邀請二十位朋友到市中心一家三星級飯店。那裡有個小小的觀景平台，配一個冰冷的泳池，大部分男生沒勇氣下水。我們把幾張躺椅排成圈，放在水泥地磚上，這樣大家就能坐下來聊天。有些人住在馬德里的四季酒店，卻抱怨，那裡不如六分鐘路程外的文華東方酒店好。那些人是尋找魔法的人，比利則是創造魔法的人。大家圍坐在那裡聊天，他在陽台上走來走去，不停說：「我們真幸運！這個小平台太完美了！戶外有可以享受陽光的椅子，還能俯瞰城市的美景，熱了還有泳池可以泡一下，一切安排都恰到好處！」我愛他。這一直是他身上我最欣賞的特質，和其他認識他的人一樣。這個特質讓人想要一直和他在一起。比利不只懂得知足常樂，和他在一起，讓「足夠」的感覺變得更加美好。別人常說，比利是他們認識的人當中最幸運的一個，因為好事似乎總降臨在他身上。我相信，比利所帶來的能量會吸引更多美好的事物向他靠攏。但我仍然認為，有些人沒有看透這一點……因為比利真正的魔法，在於無論是驚喜的日子還是平凡無奇的日子，當我們用他的角度看待世界時，一切都變得美好無比。這就是比利的魔法帽。

成為魔法創造者，對熱愛生活來說不可或缺，因為生活中任何外在的事物都沒有保證。人會來來去去，職業會改變，我們會失去摯愛的人，會碰上疾病，還可能不得不搬離那棟曾是我們驕傲和快樂的房子。我們會失去一些從未想過會失去的東西。但魔法是我們所能掌控的；只要我們致力於創造魔法，它就是一個保證。

我們隨時可以下定決心，不再等待魔法出現在生活中，而是開始創造魔法。我們都可以成為自己生命中的魔法。當我們成為自己生命中的魔法，往往會間接達成我們最初想要的結果。我個人熱愛將那些幫助我生活的工具，轉化成不知道有沒有人看的影片，結果讓我來到了美國。我的妻子一直夢想著找到真愛，花了多年時間專注於內心的平靜、健康的心態以及堅定的標準，這些恰好是讓我愛上她的原因。這也印證了牛津大學教授約翰．凱（John Kay）在著作《迂迴的力量》（Obliquity）中所主張的：實現生活中的目標，最有效的方式通常是間接達成的。

此外，與你已擁有的魔法連結也很重要，不只是關乎你未來要創造什麼，有時為了感受到自信，我們只需要重新找回自己本來的樣子。遭逢艱難時期，我們往往會忘記這一點。當我看到有人正在經歷失戀的悲傷，我知道，他們認為自己失去了生命中最寶貴的東西。我必須提醒他們，對於那段關係，他們所懷念的有百分之五十其實是他們自己。想想你上一次分手，那段關係之所以變得特別，有多少是因為你的貢獻？你的犧牲、你的妥協、你在這段關係中所付出的細心和關注，你的驚喜和禮物，你對他需求的預測，你提出的、讓彼此敞開心扉進而加深彼此情感連結的問題，你對他的關心，讓他感到安全和被愛的瞬間。你多麼純粹地愛著他，讓他即使在那些不容易被愛的部分也感到被接納。讀到這裡，你也許會發現，你在這段關係中的貢獻遠遠不止百分之五十。在傷痛之際，我們容易高估對方在關係中所帶來的價值，卻忽略了自己付出多少努力，讓這段關係變得特別或持久。這樣做，只是把我們的力量交給了外人。你懷念過去關係中的魔法，或希望曾經擁有的魔法，有多少其實是你自己擁有的魔法？你或許失去了一個人，但並沒有失去魔法。魔法就是你，而且，你不需要任何藉口來重新釋放它。

「死亡是一場華麗的冒險」

對於尚未找到自己所追求事物的人來說，足夠幸福是一種哲學思考；對於那些已經擁有所追求事物的人來說，也是個重要的運作模式。即使我們在人生某個階段擁有了想要的東西，也不能保證它未來不會被奪走。事實上，幾乎可以確定，我們有一天會失去所擁有的東西。那一刻到來時，我們必須學會重新愛上自己的生活。

人生唯一確定的事情，就是我們會經歷死亡。活著的時候，我們不只經歷一次死亡，而是很多次「小型死亡」。失戀，是我們與某人共度未來的期望死去；離婚，是彼此的承諾死去；失望，是內心珍視的念想死去；不孕，是我們建立家庭的具體規劃死去；失敗和被拒絕，是自我死去。你我都經歷過其中某些小型死亡，未來還會經歷更多。

如果你讀過J M・巴利（J. M. Barrie）的《彼得潘》，這本啟發了眾多電影和戲劇靈感的書，就會知道這是一本讓人揪心的成人讀物。我好幾次看到忍不住熱淚盈眶，但有一句話特別令我印象深刻。在與虎克船長的戰鬥中，彼得潘受了重傷，倒在即將漲潮的岩石上。巴利描寫到彼得潘在思考自己即將面對的死亡：

> 彼得潘跟其他男孩不太一樣，但終究也感到害怕了。一陣顫動傳遍他全身，就像掠過海面的顫動。海面上，顫動一波接著一波，出現上百次，但彼得潘只感受到那一次。下一刻，他又挺直身子站在岩石上，臉上掛著微笑，內心鼓聲在敲打，像是告訴他：「死亡是一場華麗的冒險。」

你最近經歷過什麼樣的死亡？或者，現在正經歷什麼樣的死亡？是一段關係的結束？還是你一直珍視的理想生活逐漸破滅？或是過去你一直堅持的自我認同消逝？又或者是自我的死亡？這些死亡，如何能成為你下一次偉大冒險的鑰匙？

有時候，失去會讓我們遇到更好的事物、那些在過去生活中無法看到的東西。我們失去了一段不願失去的關係，而這次失去，卻為更好的人預備道路。有時候，痛苦會有所回報，讓我們成為現在的我們。痛苦是巨大的轉變力量。舊的我們死去，新的、更成熟的我們會歸來。《魔戒》中，甘道夫被拖入摩瑞亞的地底深淵，大家都以為他死了。的確，但不是我們想的那樣。灰袍甘道夫走了，但白袍甘道夫回來了。**自信的核心，在於領悟到：我們確實能夠從這些創傷中存活下來。我們像破碎的器皿，但依然能發揮作用**。

這些都不代表我們不能哀悼人生中經歷的死亡。悲傷是生活的一部分，是不該被忽視、甚至值得珍惜的體驗。誰沒有過明知道會掉淚或感傷，卻還是去看那部電影或聽那首歌曲？多少次你在流淚時，心裡想著「終於……真是鬆了一口氣」？生活不只有美好的時光，每個體驗都是生活，艱難時刻也只是經歷的一種，一切都有意義。

然而，我們應該警惕將悲傷過度美化的傾向，彷彿上次經歷的失落，是人生中無法改變的事實。實際上，當一個故事結束，還有無數個故事正等待被講述。我們是否能在自己與悲傷之間騰出足夠的空間，來看見這些新的可能性？放下悲傷並不會讓內心變得空虛，反而會為新事物開闢空間。足夠幸福並非消極接受現狀。你不是勉強接受既定的人生，而是接受當下，下定決心去開啟新的故事。這些故事的起點，正是你此刻所處的位置。

未來的一年中，你的生活會如何改變，沒有人能預料得到。無論你是否已經找到愛情，未來的故事都可能完全不同。這就是為什麼好奇心是追求足夠幸福的驅動力。所謂的足夠幸福，是滿足於當下所擁有的，好奇心則讓我們不會認為目前擁有的一切，就是所能得到的全部。好奇心告訴我們：「等一下，我真的不知道。我完全不曉得接下來會發生什麼！我不知道明年或五年後的自己會變成什麼樣的人。我不知道這次失戀在六個月後，甚至下個星期，會帶來什麼樣的感受。我無法想像有什麼機會正向我走來。」這種未知，是不是讓人有點興奮？

無論我們現在如何，都不要浪費時間渴望那些根本不存在的徹底改變，比如從頭來過或是全新的開始。我們有過全新的開始嗎？我們都是從父母那裡接下爛攤子開始的，其中一些混亂幾乎會原封不動地給下一代。全新的開始不過是自我的幻影，就像無可挑剔的紀錄或完美的分數。不可能有毫無錯誤或遺憾的人生。但是，你可以依靠進步，雖然這是一條艱難而混亂的路，必須一寸一寸地爭取。生活中幾乎沒有什麼事是容易的。當我們試著去熱愛生活，生活不一定會回報我們。儘管如此，仍然要堅持你與生活的關係，還有你與自己的關係。這兩段關係，會陪伴你到生命盡頭。對生活進行實驗，質疑那些關於自己的舊觀念，嘗試新的生活方式，享受這個過程。把你那美麗的混亂，雕刻成每天都讓你感到自豪的樣子。今天的變化可能微不足道，但隨著時間推移，會產生奇蹟般的結果。就像你現在的情況：看看你經歷了什麼、克服了多少困難。經過重重難關，你依然在這裡，成為了現在的自己。如此堅韌的你，有什麼做不到呢？

致謝

首先，感謝我出色的妻子，奧黛麗。能和奧黛麗這位始終與我共度艱難時刻的女子結婚，我很幸運。自從我們相遇的那一天起，你總是能將我的焦點拉回生命中真正重要的事物上。感謝你在我應對寫書過程的各種壓力和生活中的其他挑戰時所展現的耐心。沒有你那超凡的洞察力、同理心以及幫助他人的創意，本書不可能成為今天的樣子。謝謝你對我所做的一切都給予真誠的支持，無論是我的工作還是我的生活，你讓一切變得更好。

感謝我的出版商及摯友凱倫・里納迪，以及她在 Harper Wave 出版社的熱情團隊，包括傑出的 Amanda Pritzker、Kirby Sandmeyer 和 Tina Andreadis。凱倫在十多年前出版了我的第一本書，有幸成為她當時創立的新出版社所發行的第一本書。從那時起，凱倫每年都會問我何時出版下一本書。每年她都耐心等待，因為我都會告訴她，我還沒準備好。謝謝你的等待，凱倫。謝謝你多年來對我的信任，也感謝你出於關愛，願意與我進行艱難的對話，因為你知道我可以做得更好。這是一段十年的旅程，朋友。我期待未來的許多年，我們可以共同分享喜悅和戰傷，並一起笑看一切。

感謝我的編輯兼寫作教練 Kevin Conley，過去兩年來你不辭辛勞與我合作，讓這本書成為我們無比驕傲的作品。沒有你的指導，我無法寫出現在這樣的水準。謝謝你，不只是我寫作過程中的真正夥伴，還慷慨地教導我如何成為更好的作家。你的這份禮物，讓我在寫完本書後還能繼續受益。

感謝 Michele Reverte，自第一天起就協助我整理素材、編輯資料、校對（經常遇到緊急情況！）並在過程中大力支持我。這樣一位朋友的支持無可比擬。

致我的公司團隊 320 Media LLC，非常感激你們為我們的事業所付出的辛勞，讓我們每天都能幫助全球各地的人，幫助他們找到更愛自己生活的新觀點和策略。特別感謝我的執行團隊，Audrey Le Strat Hussey、Chet Gass、Lauren McNeill、Daniel Hyde 和 Suzanne Willis，感謝你們過去幾年的努力。感謝詹姆森・喬丹的忠誠與愛，以及在過去十年中，為我們共同製作的大量影片所付出的努力與創意。還有 Stephen、Harry、Billy、Celia、Courtney、Charlotte 和 Vic，感謝你們各自領導的團隊，為公司創造了許多奇蹟。感謝我親愛的助理兼好友 Annik，總是陪伴在我和家人的身邊，替我想到所有我沒想到的細節，沒有你，我無法做到這些。

感謝我的顧問、朋友兼執行長 Dan Hyde。有時候，人生中會出現一個人，事後回過頭看，你根本無法想像如果沒有他，該如何應對某個時刻。Dan 就是這樣的人。有些人給你所需的智慧，有些人幫助你將這些智慧付諸實行；Dan 兩者兼具。感謝你每一天的支持，很驕傲能稱你為朋友，你為我付出的一切，我永遠不會忘記。特別感謝我的朋友 James Abrahart，如黑暗時期的一盞明燈，在我最需要的時候不斷關心我。

特別提及幾位朋友：Lewis Howes，感謝你邀情我進入先前未曾涉足的圈子，帶來更多友誼，慷慨分享你的珍貴資源，還在美國各地的桑拿房中與我進行了許多充滿啟發的對話。傑西．伊茲勒，感謝你的觀點、智慧和那座山，Dr. Ramani，感謝你對我的信任、對人際關係的專業見解，以及在我的節目中擔任導師。

感謝我的家人，你們總是提醒我，生活的中心若充滿愛，其他便只是額外的獎勵或自我滿足。愛，讓你敢於在生活中大膽嘗試，因為你已經在家中感到安全。感謝你們讓我覺得自己像是喬治．貝利——「鎮上最富有的人」。

致我的母親：你可能不知道，但過去兩年來，你在這個人生階段的成長已經成為我最大的啟發，也是我所選擇這條路的最大肯定。你證明了成長和學習新事物永遠不會太晚。而這樣的成長，不僅是勇敢的表現，更是對生活周圍的愛。我為你感到無比驕傲，媽媽。我永遠感激你一生給我的無限母愛。如今能夠展現這份感激，是我的榮幸。

最後，我要向過去十五年來一直支持我的聽眾說聲謝謝，無論是老朋友還是新朋友。感謝你們參加我的活動、觀看我的影片、支持我的節目，並為我加油。謝謝你們在尋找愛的同時，還願意給予我愛。其中有許多人已經是很久的朋友了，我們一起成長。你們真誠分享的故事和問題，幫助我完成這本書。在我成長、改變、發現自己的過程中，你們一直對我保持耐心。成長的同時，必須面對自己多年來公開表達的想法，是一件困難的事情，但你們總是鼓勵我。每當我願意重新審視生活時，你們都慷慨相助。由衷感謝我們之間的關係，期待未來能繼續一起成長。

戀愛旅程的資源

接下來該讀什麼？

感謝你撥出時間閱讀我的書。我本身不是個速讀者，讀完一本書需要花費相當多的時間和心力，因此，真的很感激你選擇與我共度這段時光。我承諾會免費提供這些便於取得的見解、工具和支援給大家，如果你喜歡《你的 Right One 正在路上》，並且想閱讀更多我寫的內容，誠摯邀請你加入我的行列。

每週免費的電子報將包含我最新的文章和內容，訂閱後，也可以第一時間得知我的新專案。為了讓大家有個輕鬆愉快的開始，在你註冊後，我會寄給你未公開的特別章節。礙於篇幅限制，這章節沒有收錄在本書，但對我來說意義非凡。

到這裡註冊：matthewhussey.com/newsletter

Love Life 俱樂部

你已經在書中讀過一些 Love Life 俱樂部學員的故事。如果想了解更多，Love Life 俱樂部是我的線上社群和學員專案，我每個月都會在這裡提供指導。本書是個很好的起點，但如果你需要全方位的支援和指導，將這些內容付諸實踐，Love Life 俱樂部正是為此設立。這是一個以健康心態、成長和愛的支持為基礎的社群。

現在就加入：matthewhussey.com/club

實體活動

實體活動一直是我最大的熱情所在，未來可能也是如此。這些活動讓我們每個人（包括我自己）有機會暫時脫離日常生活，嘗試一些能改變我們的新事物。不只是學習，還創造了一段回憶。親臨現場活動的感覺無可比擬，我們花了多年時間，在活動中營造出獨一無二的氛圍和文化。希望我設計的活動能像這本書一樣，充滿娛樂性、富有洞察力，讓每個人感到賓至如歸。期待有機會與你見面。

到這裡報名：matthewhussey.com/live

國家圖書館出版品預行編目資料

你的 Right One 正在路上【下船、療傷、脫單適用】打造核心自信，對的人會來找你 / 馬修．赫西（Matthew Hussey）著；陳珮榆譯.
-- 臺北市：三采文化股份有限公司，2025.02
面；　公分. -- (Mind Map；285)
譯自：Love Life：How to Raise Your Standards, Find Your Person, and Live Happily (No Matter What)
ISBN 978-626-358-589-8(平裝)

1.CST: 兩性關係 2.CST: 戀愛

544.7　　113019425

Mind Map 285

你的 Right One 正在路上

【下船、療傷、脫單適用】打造核心自信，對的人會來找你

作者｜馬修．赫西（Matthew Hussey）　翻譯｜陳珮榆
編輯三部 副總編輯｜喬郁珊　責任編輯｜吳佳錡　校對｜黃薇霓
美術主編｜藍秀婷　書封設計｜方曉君　內頁編排｜顏麟驊　版權副理｜杜曉涵
行銷協理｜張育珊　行銷企劃主任｜陳穎姿

發行人｜張輝明　總編輯長｜曾雅青　發行所｜三采文化股份有限公司
地址｜台北市內湖區瑞光路 513 巷 33 號 8 樓
傳訊｜TEL:8797-1234　FAX:8797-1688　網址｜www.suncolor.com.tw
郵政劃撥｜帳號：14319060　戶名：三采文化股份有限公司
本版發行｜2025 年 2 月 27 日　定價｜NT$450